학영광郝永光

2016년 9월에 한국 국비장학생으로 한국학중앙연구원 박사과정에 입학하여 2021년 2월에 문학 박사 학위를 취득하였다. 2021년 6월부터 중국음악학원에 박사후연구원을 거쳐 현재 같은 대학교 조교수 와 중국음악연구기지中國音樂硏究基地의 전임 연구원으로 재직하고 있다. 주로 민족음악학, 한·중 전 통음악학, 음악교육학에 관심을 갖고 연구 중에 있다.

2018년 2월에 한국음악교육학회가 주최하는 "차세대 음악교육학자 우수논문상"을 수상하였으며, 2022년 11월에는 중국전통음악학회가 주최하는 "제2회 중청년 논문 평선"에서 "청년부 2등상"을 수상 하였다.

민속원 아르케북스 254 minsokwon archebooks

동아시아 양금사
東亞細亞 洋琴史

| 학영광 郝永光 |

민속원

축사

　학영광선생은 중국에서 학부와 석사 과정를 마치고 한국으로 유학하여 한국학중앙연구원 박사과정에서 소정의 과정을 수료한 뒤,「동아시아의 洋琴 流入과 傳承 연구」로 박사학위를 취득하였다. 그는 젊은 연구자답게 자료의 수집과 탐독에 누구보다 빠른 동작으로 움직이고, 수집한 자료를 빠르게 읽어내는 부지런하면서 재치 있는 연구자이다. 남들과 동일한 시간에 더 많은 자료를 구하여 빠르게 읽어내니 그의 독서량은 다른 사람보다 훨씬 웃돌 수밖에 없다. 내가 평소 한·중 음악에 관심이 많은 터라 공부 도중 문득 중국측 자료가 필요할 때가 종종 발생하는데 그때마다 주저 없이, 그리고 습관적으로 학선생을 찾게 된다. 그가 곧바로 자료를 구하여 보내주기 때문이다. 학선생 역시 남다른 열성을 가지고 연구에 매진하는 연구자이기 때문에 나에게 이런저런 문의가 잦다. 문의가 잦다는 것은 그가 평소 얼마나 연구에 몰두하고 있는 지를 말해준다.

　이제 본인의 박사학위논문을 수정 보완하여 책으로 출판한다는 소식을 들으니 학위논문을 쓸 때의 모습이 새삼 떠오른다. 그가 박사학위논문을 준비하면서 읽은 책과 논문의 양은 실로 방대하였다. 그는 엄청난 분량의 자료를 빠르게 섭렵하면서 그 가운데 취사선택할 내용을 가려내 문장으로 엮어내곤 하였다. 그의 학위논문에 명시된 참고문헌의 수가 실로 엄청난데, 혹자는 그저 기존 자료를 제목만 수집하여 올린 것이 아닐까 오해의 소지가 있을 정도이다. 그러나 그는 그것들을 모두 읽고 소화한 뒤 글을 씀으로써 나를 놀라게 하곤 하였다.

중국 음악학자들에게서 부러운 점은 수평적으로나 수직적으로나 우리가 가지지 못한 많은 자료들을 경험할 수 있다는 점이다. 우리나라의 음악학자들은 늘 사료의 부족으로 고심을 많이 하고 있기 때문이다. 이 책의 참고문헌에 명시된 여러 저술들과 논문들 역시 동아시아의 양금에 관한 여러 정보를 제공해주는 기회가 될 것이다. 무엇보다 이 책이 출간됨으로써 이 방면의 연구자들에게 유익하게 활용되기를 바란다. 아울러 책의 출간을 축하하며 저자의 노고에 심심한 격려의 박수를 보낸다.

　　　　　　　　　　　　　　　　　　　청주대학교 명예교수 정화순

축사

    2021년 학영광 박사가 졸업 논문으로 써낸 동아시아의 양금 유입과 전승에 관한 연구가 책으로 나오게 되어 기쁘게 생각합니다. 2016년 한국학중앙연구원의 박사 과정으로 입학하여 5년 만에 맺은 결실이기도 한 이 책은 학영광 박사의 개인적 성취를 넘어 한중 음악연구의 디딤돌 중 하나가 될 것입니다.

    동양 문화권에서 양금은 유럽에서 들어왔다고 하여 서양금西洋琴, 혹은 양금洋琴이라 불리지만 서아시아에서 기원했다는 설이 유력합니다. 덜시머Dulcimer, 산투르Santur, 침발롬Cimbalom, 솔터리Psaltery, 창Chang 등 다양한 이름과 형태로서, 연주법 또한 해머로 치기도 하고 직접 손으로 뜯는 등의 방식으로 세계 여러 나라에 퍼져 있습니다.

    우리나라에서 양금은 전통 국악기로 알려져 있지만, 사실은 18세기 조선 영ㆍ정조 시기에 문인 관료들에 의해 중국에서 전래된 것입니다. 중국에는 명나라 만력(1573~1620) 연간에 이탈리아 예수회 선교사 마테오리치Matteo Ricci(1552~1610)가 가지고 왔다는 사실이 공식화되어 있습니다. 오늘날과 같은 국가 개념이 성립되기 이전 옛 유구국流球國에서는 청나라와 교역으로 이미 1600년대 양금이 연주됩니다. 오늘날 신강자치구로 편입된 위구르 지역에는 이슬람문화의 영향으로 산투르 계통 악기가 더 일찍 전래되었다고 합니다. 지리적으로는 동서교역을 상징하는 악기이자 서세동점의 세계사적 흐름과 근대 음악사를 이해하는 하나의 실마리가 되는 악기가 바로 양금입니다. 그동안 양금 계통의 연구는 한국과 중국에서 비교적 활발하게 이뤄진 편이었으나 거시적인 안목으로 접근한 사례는 많지 않았습니다. 학영광 박사는 많은 자료를 섭렵하고 객관적 관점을 유지하여 동아시아 음악사의 한 축을 이해하는 데 도움이 되는 연구를 내놓았습니다. 정작 중국에는 남아 있지 않은 초기 동아시아 양금의 조율체계에 대한 정보를 한국의 고악보와 일본의 양금을 통해 유추한 것은 흥미로운 성과라 할 것입니다.

이 책은 학영광 박사 본인의 관심과 능력, 그리고 장점이 어우러져 이루어낸 좋은 본보기라고 생각합니다. 그는 음악교육을 전공하여 구체적인 사실의 발견과 비교 및 통합의 안목을 키웠으며 현장에 대한 감각과 응용력이 뛰어납니다. 한국학중앙연구원에서는 음악학의 본질에 대한 성찰의 자세와 연구 방법론에 대한 훈련을 덧붙였습니다. 결국 그는 각종 웹사이트를 통해 자료를 찾거나 중국에서 직접 마땅한 문헌을 입수하는 부지런함으로, 한편으로 정확한 분석력으로 주어진 주제를 풀어갔습니다.

중국 학계에서 이루어지고 있는 방대한 양의 성과를 따라가기에는 지도에 한계가 분명하여 당시 정년을 앞두고 계셨던 청주대학교 정화순 교수님께 공동지도를 부탁드렸습니다. 한·중 비교음악학에 관한 균형 잡힌 안목은 정화순 교수님의 지도로 가능했다고 할 것입니다. 이 자리를 빌어 깊은 감사의 인사를 드립니다.

이 책은 '동아시아'와 '양금', 그리고 '유입과 전승'이라는 세 가지 키워드로 이루어져 있습니다. 기존의 지역 개념을 동아시아로 확대하여 고찰하였고, 양금이 각각의 나라에 유입되고 전승되는 측면을 문헌 연구를 통해 역사적 관점에서 검토하였으며, 더불어 양금이라는 악기의 구조에 대한 이해와 악기학적 해석이 곁들여 있습니다. 이 같은 종합적인 비교 연구를 통해 오늘날 한국과 중국, 일본의 서로 다른 지역과 문화에서 양금이 어떻게 수용되어 전승되고 있는지를 밝히고 있습니다. 간단치 않은 연구를 언어의 장벽과 이질적인 연구 환경에도 불구하고 이루어 낸 것을 대견하게 생각합니다.

박사학위는 연구자로서 첫 출발을 인정받는 하나의 자격증이라 할 수 있습니다. 이제부터가 본격적인 시작이므로 한 걸음 한 걸음씩 자기만의 세계를 구축해 나아가야 할 것입니다. 학영광 박사의 첫 연구서 출간을 축하하며 늘 초심으로 정진하기를 바랍니다.

한국학중앙연구원 음악과 교수   김인숙

머리말

소암 권오성 교수님께서 중국 복건사범대학교에서 "한국 전통음악의 역사와 발전"에 대해 강의하셨던 2014년 3월 4일은 제 인생과 학문의 중요한 전환점이었습니다. 저의 동아시아 전통음악에 대한 관심은 그 강의를 통해 저의 한국 유학을 결심하게 하였고, 그로부터 한국과 인연을 맺은 지 어느덧 10년이 되었습니다. 유감스럽게도 이 책은 권오성 교수님께서 읽으실 수 없지만, 저에게 새로운 삶의 방향을 제시해 주신 교수님께 감사드리며 이 책을 존경하는 권오성 교수님께 드립니다.

2016년 1학기부터 한국학중앙연구원 한국학대학원에서 성기련 교수님의 지도 아래 차세대 교환학생으로 공부하게 되었고, 다음 학기부터는 권오성 교수님의 추천으로 국비장학금을 받으면서 김인숙 교수님께 지도받으며 박사과정을 시작하였습니다. 학위과정 동안 감사하게도 권오성 교수님뿐 아니라 이보형 교수님, 신대철 교수님 등 여러 스승님들을 따라다니며 한국 전통음악을 배울 수 있었습니다. 저를 이끌어 주신 모든 교수님들께 이 자리를 빌려 특별히 감사의 말씀을 올립니다.

2019년 초, 저는 김인숙 교수님의 지도 아래 박사학위논문의 주제를 '한중일 양금 비교 연구'로 정하였고, 교수님께서는 특별히 저를 위해 정화순 교수님을 초청하여 공동 지도해 주셨습니다. 두 분 교수님께서는 학문적 조예와 엄밀한 연구 자세를 몸소 가르쳐 주셨을 뿐만 아니라 어려움과 도전에 직면했을 때 소중한 조언과 따뜻한 격려도 아끼지 않으셨습니다. 정화순 교수님께서는 "논문 작성 방식을 보면 내 제자 논문임을 알 수 있다"는 농담을 자주 하셨습니다. 그 말씀을 못 잊고 지금도 말버릇처럼 되뇌곤 합니다. 제가 매현 5가닥 한 벌의 양금을 발견했을 때 두 분 모두 무척 기뻐하시던 모습을 떠올리며 새삼 으쓱해지기도 합니다. 두 분의 세심한 지도가 없었다면 무사히 박사논문을 완성할 수 없었을 것입니다. 두 분 교수님께 가장 깊은 경의와 감사를 올립니다.

2021년 2월, 저는 한국학중앙연구원에서 "동아시아의 양금 유입과 전승 연구"라는 제목으로 박사학위를 받았습니다. 논문 심사하시며 소중한 의견 아낌없이 보태 주신 김우진 교수님, 성기련 교수님, 박은옥 교수님께도 깊이 감사드립니다. 그리고 손 많이 가는 제 논문의 교열과 윤문을 선뜻 맡아주신 선배 이수경님께도 깊이 감사드립니다.

박사과정 재학 중 김인숙 교수님이 흥미로운 과제와 고민할 지점들을 많이 일깨워주신 덕분에 지금까지 관련 연구를 수행하고 있습니다. 2023년에는 한국학중앙연구원의 해외 지원 프로그램에 응모하여 '중국 문헌의 한반도 수용 연구'를 진행하였고, 현재 '한중 기보법 비교 연구'를 탐색하고 있습니다.

제가 한국에서 뵌 변미혜 교수님, 민경훈 교수님, 김수현 교수님, 주재근 교수님 등 모두 제가 평생 감사할 분들입니다. 그리고 남경화 선배, 오지혜 선배, 이지예 선배, 종팡팡 선배, 조대웅 선배, 조종훈 선배, 임영선 선배, 이동희 선배, 권단은 선배 등, 그리고 친한 벗 김연수와 최세은 등이 늘 저를 챙겨주었습니다. 그들은 제가 필요할 때 항상 도움의 손길을 내주었고, 기쁨과 슬픔을 함께 나누었습니다. 문득 그때가 그리워질 때면 남 선배에게 졸업 기념으로 받은 이 시를 꺼내 보곤 합니다.

감 따고 앵두 따고 놀기에 정신 팔려,
꿈속에 깨어난 용 뉘인지 몰랐다네.
뼈 시리는 추위 없이 매향은 얻을 수 없다 하였나,
일깨움 남다르니 과연 사도師道의 첫걸음일세.

摘柿摛櫻惟思玩, 夢中覺龍不知誰

不經骨寒不得香, 諱生挺出果一步

    이 학문적 여정에서 저를 음으로 양으로 지지해주신 모든 분께 감사드립니다. 당신들이 없었다면 이 책도 없었을 것입니다.

    마지막으로, 제 미흡한 논문이 이렇게 책으로 나올 수 있도록 소개해 주신 김수현 교수님과 무한한 지지해 주신 변미혜 교수님, 출판을 허락해 주신 민속원 홍종화 사장님께 감사드립니다.

학영광

2024년 8월

중국음악학원에서

차례

제1장

서론

—

서론

1. 문제 제기 및 연구 목적

양금[1]은 악기 분류법[2]상 "314.122 공진기共振器(또는 공명통) 박스(박스 치터)"[3] 가운데 하

---

1   양금은 동아시아에서 여러 가지 명칭으로 불렸는데, 현재 한국에서는 일반적으로 洋琴이라는 명칭으로 부르고 있지만 중국에서는 초기에는 洋琴으로 불리다가 현재 揚琴이라는 명칭으로 통일되어 있다. 이 책에서는 가능한한 한글 양금의 명칭을 사용하되 필요한 경우 한자를 겸용하기로 한다.

2   Erich M. von Hornbostel과 Curt Sachs의 "Classification of Musical Instruments: Translated from the Original German by Anthony Baines and Klaus P. Wachsmann"(*The Galpin Society Journal*, Vol. 14, 1961, pp. 3-29)에서 모든 악기는 어떻게 소리가 나느냐에 따라, 체명악기(Idiophones), 피명악기(Membranophones), 현명악기(Chordophones)와 공명악기(Aerophones) 이상 네 가지로 분류되었다. (장사훈 · 한만영 공저의 『國樂槪論』에서는 몸울림악기(Idiophones)를 체명악기, 막울림악기(Membranophones)를 피명악기, 줄울림악기(Chordophones)를 현명악기, 공기울림악기(Aerophones)를 공명악기라 하였고, 이후의 학자들은 그러한 용어를 따르고 있다.)

3   Erich M. von Hornbostel과 Curt Sachs의 위 논문에 원문은 "With resonator box(box zither) The resonator is made from slats Zither, Hackbrett, pianoforte"이다. 또 Stanley Sadie의 *The New Grove Dictionary of Music and Musicians Volume 10*(Oxford University Press, 2001, p.644)에 의하여 "Hackbrett"는 "DULCIMER" 악기류 가운데 하나다. 다시 정리하자면: 3 CHORDOPHONES → 31 Simple chordophones or zithers → 314 Board zithers → 314.1 Ture board zithers → 314.12 With resonator → 314.122 With resonator box(box zither).

나로서 오늘날 동아시아 문화권의 전통악기 가운데 금속 타현악기[4]이다. 양금은 서양 음악문화가 동양에 전면적으로 대두되기 이전에 먼저 유입되어 정착한 악기로, 근현대 시기 외래문화의 정착에 성공한 첫 번째 사례에 속한다. 또한 양금은 아시아, 유럽, 아메리카, 호주, 아프리카 등 여러 대륙에서 널리 사용되고 있다는 점에서 세계성을 지닌 악기라 할 수 있다. 동아시아 전통음악 문화의 입장에서는 전혀 다른 문명적 배경을 가진 "서양악기"이면서, 그 수용과정에서 각 지역의 고유성과 결합 또는 동화되었다는 점에서 독특한 민족적 성격을 지닌 악기라고도 할 수 있다. 따라서 양금은 한국이나 중국을 포함한 동아시아 음악문화권에서의 세계성과 민족성을 동시에 지니고 있는 전통악기이다. [5]

중국의 항조화項祖華(1934~2017)는 일찍이 세계의 양금을 형제形制의 특징과 연주 방법에 따라 유럽파 양금, 서아시아 · 남아시아파 양금, 중국파 양금 등 세 유파流派[6]로 구분한 바 있다. 이 세 가지 양금 유파의 상호관계를 살펴보면, 양금은 페르시아, 아라비아에서 기원하여 동서로 전파되었는데, 가장 먼저 유럽으로 전파되었으며, 중국으로는 그 이후에 전파되었다고 보았다. 양금의 동전東傳은 중국을 포함한 동아시아와 동남아시아까지 영향을 미쳤다.

이 글은 동북아시아 문화권 즉 한국과 중국 및 일본에서 볼 수 있는 양금이 각각 어떤 연원을 가지고 있는지, 즉, 각각 어떻게 수용되었는지, 각자의 정착과정의 특징 등은 무엇인지, 결국 그 음악문화적 특징은 어떻게 다른지를 비교하는 데 목적이 있다.

---

4 호른보스텔 · 쿠르트 작스가 제시한 악기분류방식은 동아시아 전통악기 가운데 양금을 작은 범위에서 쉽게 분별할 수 있는 방식이다. 그런데 크게 보면 세계 양금은 이렇게 분류할 수 없다. 왜냐하면 손가락이나 피크 홀더(Peak Holde)로 현을 뜯어 연주하는 방법도 있기 때문이다.
5 양금은 일본 전통악기가 아니기 때문에 일본 학자 하야시 겐조(林謙三, 1899~1976)의『東亞樂器考』에는 양금에 대해 기록하지 않았다. (林謙三(著), 錢稻孫(譯) 의『東亞樂器考』(上海: 上海書店出版社, 2013) 참고)
6 項祖華,「世界揚琴三大體系」,『演藝設備與科技』, 2005(9), 38-41頁.

2. 선행 연구 검토

한국과 중국 및 일본에서 진행된 양금의 전승 양상에 관한 연구에 대하여 크게 동아시아 국가별 양금문화 비교에 관한 논의, 양금의 동아시아 기원, 유입과 전파에 관한 논의, 음악문화 속의 수용된 양금에 관한 논의, 양금 형제에 관한 논의 그리고 양금음악 기보법에 관한 논의 등 이상 다섯 가지로 나누어 살펴보고자 한다.

먼저 동아시아 양금문화를 국가별로 비교하거나, 동아시아의 양금사에 대한 선행연구를 살펴보면 본 연구와 유사한 직접적인 연구 성과는 없다. 다만, 전홍도(2006)는 한국 전통양금, 한국 개량양금, 중국 개량양금, 북한 개량양금의 구조로부터 연주법에 이르기까지 중심으로 간략하게 소개하고 비교했는데 북한 개량양금은 한국 전통양금보다 음역, 음색, 주법 등 다양한 장점을 가지고, 한국 양금 창작곡 연주에 중요한 악기가 될 수 있다고 결론 내렸다.[7] 그러나 북한의 개량양금은 한국의 전통양금과 비교할 만한 것이 없고, 그리고 북한과 남한의 교류 활동이 없었기 때문에, 북한의 개량양금은 한국의 양금 창작음악에 큰 영향을 미치지 않았다고 본다. 나아가 역사에서 중국의 양금문화와 한국의 양금문화에 어떤 영향을 미쳤는지, 현재 한·중 음악 교류가 많아지면서 이는 현재 한국에서 진행 중인 양금 개량 작업도 영향이 있었는지 등, 이를 고려하여 한·중 전통양금과 개량양금의 역사적 맥락과 형제, 양금음악, 기보법 등의 특징을 면밀히 비교 연구할 필요가 있다고 본다.

둘째, 동아시아 양금 기원, 유입과 전파에 관해서는 비교적 다양한 논의가 이루어졌다. 호운적胡運籍·사이고릉斯爾古楞(1979)[8]과 이향영李向穎(2000)[9]은 양금은 동아시아 전통악기인 축筑에서 기원한다고 주장한다. 또 『12무카무』(1960)[10]에서는 카롱[卡龍]은 양

---

7 전홍도, 「한국 전통양금과 개량양금, 북한양금, 중국양금의 비교: 북한 양금을 중심으로」, 부산대학교 석사학위논문, 2006.

8 胡運籍, 斯爾古楞, 「揚琴·洋琴」, 『樂器科技』, 1979(4), 50頁.

9 李向穎, 「揚琴起源諸說述評」, 『中國音樂』, 2000(4), 75-76+51頁.

10 新疆維晉爾自治區文化廳十二木卡姆整理工作組, 『十二木卡姆』, 北京: 音樂出版社, 民族出版社, 1960, 75頁.

금의 전신前身이라고 추론했다. 구학주丘鶴儔(1919)[11]는 중국 양주揚州 지역에서 기원한다고 서술했다. 장호張昊(1996)[12]와 모청방毛清芳(1998)[13]은 양금은 전통악기 쟁이라 추정했다. 청나라의 주상현朱象賢(1806)[14]은 양금의 기원설이 동아시아 전통악기인 격금擊琴과 관련한다고 썼다. 그런데 항조화項祖華(1981)[15], 왕량王亮·오환현吳煥賢(1999)[16], 조석연(2008)[17] 등은 모두 양금이 중앙아시아의 페르시아에서 기원한 것이라고 여겼다. 이러한 연구를 비롯하여 동아시아 양금의 기원에 대한 제론적인 연구는 많이 이루어졌지만, 이 책과 직결된 연구는 아니므로 생략하기로 한다.

서평심徐平心(1992)[18]은 중국 양금과 서양 양금을 비교했는데, 중국 양금의 유입 시기가 불분명하다고 보았는데 오경吳瓊(2016)[19]은 명대에 유입했다고 하였다. 다만 항조화(1981)는 일찍 1601년에 유입했다고 하였다. 그리고 주청보周菁葆(2010)[20]는 중국 양금이 실크로드를 통하여 중국에 유입되었다고 연구했으나, 양금의 중국 유입 배경을 언급하지 않았다. 한국의 상황을 보면, 송지원(1999)[21]은 조선의 중화주의의 음악적 실현의 배경에서 양금 수용을 고찰했으며 양금의 유입 시기를 1770년대로 보았다. 조유회(2005)[22]는 1757년경에 한국에 이미 양금이 있었음을 주장했다. 안선희(2008, 2009)[23]는 〈선묘조제

---

11 丘鶴儔, 『琴學新編』, 香港: 香港正昌隆號出版, 1920, 11頁.

12 張昊, 「中樂西樂的婚嫁」, 『省交樂訊』, 1996(59), 비지(扉紙).

13 毛清芳, 「揚琴歷史淵源與流變軌跡覓踪」, 『交響·西安音樂學院學報』, 1998(3), 50-52頁.

14 (淸)朱象賢, 『聞見偶錄』⇨『昭代叢書』庚集卷(23), 嘉慶十一年(1806). 70頁.

15 項祖華, 「揚琴的源流及其發展」, 『中國音樂』, 1981(3), 30-32頁.

16 王亮, 吳煥賢, 「從三件外來的民族樂器看我國音樂傳統的發展」, 『中國音樂』, 1999(3), 2-4頁.

17 조석연, 「양금(덜시머)의 유형과 기원에 관한 연구」, 『한국음악사학보』, 2008(41), 131-148쪽.

18 徐平心, 「中外揚琴的發展與比較」, 『樂器』, 1992(01), 7-10頁; 徐平心, 「中外揚琴的發展與比較[續]」, 『樂器』, 1992(02), 11-15頁; 徐平心, 「中外揚琴的發展與比較[續]」, 『樂器』, 1992(03), 1-5頁; 徐平心, 「中外揚琴的發展與比較[續]」, 『樂器』, 1992(04), 8-11頁.

19 吳瓊, 「揚琴傳入中國考」, 『歌海』, 2016(4), 58-65頁.

20 周菁葆, 「絲綢之路上的揚琴(上)」, 『樂器』, 2010(01), 58-61頁; 周菁葆, 「絲綢之路上的揚琴(下)」, 『樂器』, 2010(02), 60-63頁; 周菁葆, 「絲綢之路上的揚琴源流考」, 『中國音樂』, 2010(02), 13-18+26頁.

21 송지원, 「朝鮮 中華主義의 음악적 실현과 淸文物 수용의 의의」, 『국악원논문집』, 1999(11), 231-250쪽.

22 조유회, 「양금의 수용: 문헌으로 본 양금의 수용과 정착」, 『한국전통음악학』, 2005(6), 737-752쪽.

23 안선희, 「양금의 한국 유입에 관한 고찰」, 영남대학교 석사학위논문, 2008; 안선희, 「양금의 기원과 유입에 관한 연구」, 『국악교육』, 2009(27), 185-210쪽.

재경수도宣廟朝諸宰慶壽宴圖〉를 근거로 1605년에 이미 한국에 양금이 유입되었다고 말하였으며, 그 기원은 페르시아(이란)로 간주하였다. 그런데 이상주(2015)[24]에 의하면 1605년의 〈선묘조제재경수도〉의 원화原畵는 병자호란 때 없어지고 후학들이 남긴 5종의 모사본만 전한다. 즉, 서울역사박물관에 소장된 모사본, 국립문화재연구소에 소장된 모사본, 고려대 박물관에 소장된 모사본, 홍익대 박물관에 소장된 모사본과 서울대 중앙도서관에 소장된 모사본이 그섯이다. 따라서 안선희(2009)가 인용한 〈선묘조제재경수도〉는 1605년의 견해는 받아들이기 어렵다. 이밖에도 송혜진(2002)[25]은 여러 고문헌을 통하여 중국 양금이 한국에 수용된 과정을 살펴봤다. 중국 양금은 분명히 서양에서 유입되었는데 그 유입 시기는 분명하지 않다. 한국 양금은 중국에서 유입되었다는 연구가 많지만 일본(유구국) 양금의 수용에 대한 연구 및 동아시아 양금 기원, 유입과 전파에 대한 비교적인 연구가 없다. 이에 동아시아 양금의 유입 경로와 배경을 다시 살펴보고 비교할 필요가 있다.

셋째, 동아시아 음악문화 속의 수용된 양금에 관한 연구가 한국과 중국 학계에서 많이 이루어졌다. 중국의 경우는 지역별 양금의 수용에 대한 논의가 많고 한국은 양금의 선율 연구가 많다. 김우진(2009)[26]은 한국 양금의 수용 과정을 궁정과 민간으로 나누어 살펴보았다. 최선아(2008)[27]는 『구라철사금자보歐邏鐵絲琴字譜』에 나타난 한국 초기의 조율 이론은 한국 음악의 연주와 다르다고 했다.

주소정周少婧(2010)[28]은 양금이 중국화된 요인이 "兼具彈弦樂器與敲擊樂器的雙重優勢"이라고 하며, 조율 특징인 내부 이유와 상업적 목적인 외부 이유로 설명했는데 중국화 혹은 상업화에 대한 근본적 이유는 자세히 언급하지 않았다. 반려潘黎(2000)[29]는 현재 양

24 이상주, 「『慶壽圖帖』에 실린 申仲淹의 慶壽宴圖에 대한 고찰」, 『열상고전연구회』, 2015(47), 418-419쪽.
25 송혜진, 「조선 후기 중국 악기의 수용과 정악 문화의 성격: 양금, 생황, 칠현금을 중심으로」, 『동양예술』, 2002(5), 127-142쪽.
26 김우진, 「양금 수용과정에 관한 연구」, 『한국음악연구』, 2009(46), 31-48쪽.
27 최선아, 「『구라철사금자보』의 칠조」, 『한국음악연구』, 2008(44), 215-231쪽.
28 周少婧, 「從"洋琴"到"揚琴" - 揚琴中國化的成因分析研究」, 上海音樂學院 碩士學位論文, 2010.
29 潘黎, 「論揚琴的調律」, 『樂府新聲 · 瀋陽音樂學院學報』, 2000(01), 57-58.

금이 순4도, 순5도, 순8도로 조율한다고 연구했으며, 이성투李成渝(1992)[30]는 중국 사천 양금의 조율법이 5도 상생과 장 3도 관계인 것은 서술했지만, 중국에서 양금이 언제부터 이러한 조율체계를 가지게 되었는지는 설명하지 않았다. 초자박肖子博(2018)[31]은 개량양 금의 조율 방법은 서양의 양측 조율법을 차용했다고 하였다. 이외에 중국에서 여러 가지 민간 음악에 활용하고 있는 양금에 대한 구역이나 극종劇種 연구들[32]이 많고 대표적이지 만, 계통적인 연구가 필요하다. 부유傅瑜(2012)[33]는 중국에서 양금이 피아노보다 먼저 정 착하였고, 오늘날 그 연주법은 많이 변화하였다고 하였으나, 주체적으로 어떠한 변화가 있었는지를 언급하지 않았다. 장취란張翠蘭(2005, 2006, 2007, 2011)[34]은 중국 청대의 양금 과 관련된 다수의 사료를 연구하였다. 조염방趙艷芳(2001)[35]은 양금이 중국에서 정착할 수 있었던 원인이 중국 사람의 심미심리審美心理 때문이라고 보았다.

중국 학계 양금 유파에 대한 연구를 보면, 유안량劉安良(1991)[36], 유한력劉寒力(1998)[37],

30 李成渝, 「四川揚琴宮調研究」, 『中國音樂學』, 1992(1), 88-97頁.
31 肖子博, 「揚琴採用雙側調音的優勢分析」, 『樂器』, 2018(12), 19-21頁.
32 王義茹, 「揚琴在說唱音樂伴奏中的運用」, 『山東師大學報(社會科學版)』, 1997(04), 108+111頁; 邱懷生, 韓曉莉, 「"二人台"音樂中的揚琴」, 『中國音樂』, 2002(03), 42-44頁; 徐治, 「中國揚琴及其演奏藝術的發展 沿革」, 『運城學院學報』, 2003(04), 58-59頁; 王楊, 「揚琴藝術在北京的發展史研究」, 首都師範大學 碩士學 位論文, 2007; 陳鳳蘭, 「揚琴在二人台音樂中的藝術表現」, 『音樂創作』, 2008(06), 149-150頁; 張劍婷, 「山 西地方劇種中的揚琴」, 山西大學 碩士學位論文, 2009; 吳迪, 「粵派揚琴音樂之變遷」, 星海音樂學院 碩士 學位論文, 2009; 錢偉宏, 「揚琴演奏與京劇音樂的深度交織」, 『戲曲藝術』, 2009(03), 100-102頁; 錢偉宏, 「揚琴地方戲曲風格演奏技巧研究」, 『戲曲藝術』, 2013(04), 126-128頁; 錢偉宏, 「揚琴在呂劇發展演變中 的作用與伴奏技巧研究」, 『藝術教育』, 2018(03), 100-101頁; 周景春, 「揚琴在山東琴書中的伴奏藝術特 色」, 『菏澤學院學報』, 2011(03), 106-111頁; 孫雪, 「淺論揚琴在山東琴書中的地位和作用」, 西安音樂學院 碩士學位論文, 2012; 楊奕坤, 「梅花大鼓中的揚琴伴奏研究」, 天津音樂學院 碩士學位論文, 2016; 張欣, 「蘇劇伴奏音樂中的揚琴演奏研究」, 蘇州科技大學 碩士學位論文, 2017 등.
33 傅瑜, 「揚琴的傳入與流變」, 四川師範大學 碩士學位論文, 2012.
34 張翠蘭, 「『清稗類鈔』洋琴史料考源」, 『南京藝術學院學報(音樂與表演版)』, 2005(04), 45-49+64頁; 張翠 蘭, 「稀見清代洋琴史料二題」, 『中國音樂』, 2006(03), 55-58頁; 張翠蘭, 「『百戲竹枝詞』洋琴史料考釋」, 『藝 術百家』, 2007(01), 92-94+119頁; 張翠蘭, 「『續揚州竹枝詞』洋琴史料考釋」, 『黃鐘·武漢音樂學院學報』, 2007(04), 65-71頁; 張翠蘭, 「清代政書所見洋琴資料叢考」, 『中國音樂』, 2007(04), 133-138頁; 張翠蘭, 「稀見清詞中的洋琴史料」, 『江蘇教育學院學報(社會科學版)』, 2007(06), 99-101頁; 張翠蘭, 「存見清代洋 琴考述」, 『人民音樂』, 2007(12), 50-52頁; 張翠蘭, 「中國揚琴史料研究 - 江南"洋琴"稀見史料三則」, 『南京 藝術學院學報(音樂與表演版)』, 2011(02), 30-38頁.
35 趙艷芳, 「揚琴在中國發展的文化機理」, 『中國音樂學』, 2001(1), 104-110頁.

조몽기曹夢琪(2017)[38] 등은 동북파 양금의 큰 공헌자는 조전학趙殿學이고 반주악기로서 사용했다고 보았다. 변수봉卞秀峰(2012)[39]과 장민張敏(2009)[40] 등은 강남파 양금과 강남사족이 서로 영향을 받았으므로 지역 문화에 융합한 사례였다고 했다. 대재우代梓又(2006)[41]는 사천 양금의 유입, 지역마다의 특징, 형제 개혁, 연주된 음악의 성격 들을 정리했다. 그리고 왕진王珍(2006)[42], 초은분肖銀芬(2007)[43], 여문이呂文怡(2009)[44], 도찬塗贊(2015)[45] 등은 중국 양금의 4가지 유파의 특징, 연주법, 음악을 비교했는데, 양금의 4가지 유파가 중국 양금의 역사에서 어떤 역할을 담당하고 있는지는 설명하지 않았다.

왕첩王婕(2009)[46], 양강가梁江歌(2002)[47], 양가동梁嘉桐(2016)[48], 장영제張榮弟(1999)[49] 등은 양금이 처음에 들어올 때부터 이미 반주 악기로서 사용되었고, 주로 선율을 반주했다고 했다. 그런데 양금이 반주 악기로서 어떤 음악문화를 형성했는지, 왜 이런 음악을 반주했는지의 이유를 밝히지 않았다.

전통양금곡과 창작 양금곡 관련 연구를 살펴보면, 이동복(1987)[50], 손경남(1990)[51], 고영미(2000)[52], 임은정(2003)[53], 박민정(2006)[54], 김은경(2007)[55], 구은희(2008)[56], 설보라

36 劉安良,「東北揚琴的衍生與發展」,『交響·西安音樂學院學報』, 1991(02), 24-28頁.
37 劉寒力,「東北揚琴學派的形成與發展」,『中國音樂』, 1998(01), 29-32頁.
38 曹夢琪,「民族音樂文化視域下東北揚琴藝術流派風格研究」, 吉林大學 碩士學位論文, 2017.
39 卞秀峰,「江南絲竹對中國揚琴藝術影響之探究」,『音樂創作』, 2012(9), 127-129頁.
40 張敏,「江南絲竹音樂對揚琴發展的影響」, 山西大學 碩士學位論文, 2009.
41 代梓又,『四川揚琴史稿』, 上海音樂學院出版社, 2006.
42 王珍,「揚琴流派再研究」, 山西大學 碩士學位論文, 2006.
43 肖銀芬,「中國揚琴傳統流派比較研究」, 西北師範大學 碩士學位論文, 2007.
44 呂文怡,「中國揚琴傳統流派差異特徵研究」, 河北師範大學 碩士學位論文, 2009.
45 塗贊,「中國揚琴四大流派風格的比較」, 湖南師範大學 碩士學位論文, 2015.
46 王婕,「論中國揚琴伴奏藝術」, 西安音樂學院 碩士學位論文, 2009.
47 梁江歌,「論中國揚琴伴奏藝術」, 南京師範大學 碩士學位論文, 2002.
48 梁嘉桐,「中國揚琴伴奏藝術」, 哈爾濱師範大學 碩士學位論文, 2016.
49 張榮弟,「論揚琴伴奏藝術」,『中國音樂』, 1999(03), 66-67頁.
50 이동복,『歐邏鐵絲琴字譜』와『遊藝志』中「洋琴字譜」의 比較研究」,『경대논문집』, 1987(43), 105-150쪽.
51 손경남,「양금과 가야금의 旋律比較: 靈山會上과 千年萬歲에 基하여」, 이화여자대학교 석사학위논문, 1990.
52 고영미,「구라철사금자보와 현행양금보의 비교 연구 - 영산회상 상령산의 선율을 중심으로」, 단국대학교 석사학위논문, 2000.

(2009)[57], 도희주(2013)[58], 이수은(2015)[59], 김아름낭(2015)[60], 이서윤(2016)[61], 최윤진(2016, 2019)[62], 정진(2018)[63] 등의 논문에서 전통양금 음악의 선율을 분석했다. 홍선숙(2005)[64]은 「서역향」을 분석하여 양금이 하프시코드 경우처럼 셈여림을 낼 수 없으므로 다른 악기들을 동원해서 셈여림의 폭을 확대했다고 밝혔다. 송승은(2005)[65]은 "개량양금과 25현 가야금을 위한 '한오백년'"의 양금 선율을 분석했다. 유음선劉音璇(2018)[66]은 「광상곡狂想曲」을 분석하여 이 음악이 서양음악 작곡이론에 따라 창작한 곡이란 결론지었다.

넷째, 동아시아 양금 형제에 관한 연구는 많지 않다. 한국 양금의 실물을 보면 금현이 모두 4가닥 1벌로 되지 않았음에도 이에 대해 주목한 연구가 없다. 중국의 연구를 보면, 곽장화郭薔華(2012)[67]는 청대 양금의 형제가 크게 변화하지 않았다고 결론지었는데 양금 실물을 보면 청대 양금의 형제가 크게 변화했음을 알 수 잇다. 연윤連贇(2003)[68]은 중국

53 임은정, 「영산회상의 양금 선율 비교 연구: 1930년대 고음반과 현행 가락을 중심으로」, 한양대학교 석사학위논문, 2003.
54 박민정, 「『방산한씨금보』 영산회상 가야금과 양금의 선율비교」, 이화여자대학교 석사학위논문, 2006.
55 김은정, 「서공철류 양금 산조와 가야금 산조에 관한 연구」, 이화여자대학교 석사학위논문, 2007.
56 구은희, 「洋琴古樂譜의 旋律에 關한 硏究: 靈山會相 中 上靈山을 中心으로」, 경북대학교 석사학위논문, 2008.
57 설보라, 「양금고악보에 수록된 영산회상 종지선율 연구」, 서울대학교 석사학위논문, 2009.
58 도희주, 「羽調 初數大葉의 旋律 比較 硏究: 洋琴 古樂譜를 中心으로」, 경북대학교 석사학위논문, 2013.
59 이수은, 「현행 與民樂의 가야금과 양금 선율 비교 분석」, 이화여자대학교 박사학위논문, 2015.
60 김아름낭, 「『黑紅琴譜』와 현행『正樂洋琴譜』의 선율 비교에 관한 연구 -『黑紅琴譜』中 下絃을 중심으로」, 경북대학교 석사학위논문, 2015.
61 이서윤, 「별곡의 해금과 양금 선율형태 비교」, 이화여자대학교 석사학위논문, 2016.
62 최윤진, 「19세기 초기 양금 선율 연구 - 구라철사금자보(歐邏鐵絲琴字譜)·동대가야금보(東大伽倻琴譜)·동대금보(東大琴譜)의 '상령산'을 중심으로」, 『우리춤과 과학기술』, 2016(35), 115-137쪽; 최윤진, 「19·20세기 초기 영산회상 현악선율 연구: 양금과 거문고·가야금 선율비교를 중심으로」, 한양대학교 박사학위논문, 2019.
63 정진, 「현행 步虛詞의 가야금과 양금 선율 비교 연구」, 경북대학교 석사학위논문, 2018.
64 홍선숙, 「이종구 작곡〈서역향〉분석연구: 양금연주법을 중심으로」, 한양대학교 석사학위논문, 2005.
65 송승은, 「박위철 작곡 "개량 양금과 25현 가야금을 위한 '한오백년'" 분석: 양금 선율을 중심으로」, 중앙대학교 석사학위논문, 2005.
66 劉音璇, 「點線相間 絲絲入扣──揚琴協奏曲《狂想曲》的技法處理及表現特徵」, 『天津音樂學院學報』, 2018(4), 81-90頁.
67 郭薔華, 「揚琴在清代的傳播與接受」, 武漢音樂學院 碩士學位論文, 2012.
68 連贇, 「論中國揚琴形制的演變」, 南京藝術學院 碩士學位論文, 2003.

전통양금부터 개량양금까지 형제의 변화에 대하여 서술했는데 전통양금 자체의 변화에 대해서는 정작 언급하지 않았다. 양가楊佳(2016)[69]는 중국 양금의 형제 변화에 대해 주로 현지조사 연구 방법을 동하여 진행했으며, 중국 사람의 심미 이념 및 제작 수준을 인증하고 있다고 했는데 중국 두 가지 양금의 형제에 대한 문헌적인 연구가 부족하다. 전극검田克儉(1998)[70]은 개혁 401양금의 음위 특징을 12평균율으로 소개하였으며, 이영영李玲玲(2014)[71]은 개량양금에 대하여 음색, 무게, 음위 배열 통일화, 음역 확장 등 요소를 고려해야 한다고 주장했다. 이상 살펴본 바와 같이 중국 양금의 형제 변화에 대한 내용도 고문헌, 양금 실물을 종합해서 다시 정리할 필요가 있다. 나아가 동아시아 양금의 형제 특징을 비교할 필요가 있다.

마지막으로 동아시아 양금음악의 기보법에 관한 연구는 한국에서 많이 이루어졌지만 중국에서는 그렇지 못하다. 안소현(2019)[72]은 한국 전통양금의 역사적인 조현법과 구음기보 특징을 연구했다. 김영운[73]은 양금 고악보의 기보법을 자세히 살폈다. 윤은화·양미지(2015)[74]는 한국의 개량양금의 연주법과 기보법을 중국의 개량양금과 비교했는데, 전통양금의 기보법의 음고 기보법이나 시가 기보법까지 논술하지는 않았다. 진봉령陳鳳玲(1998)[75]은 중국 양금의 선율 기보법은 오선보와 숫자보 두 가지가 있다고 서술했는데 양금의 연주법 기보법에 대하여 언급하지 않았다. 이향양李向陽(2006)[76]은 현재 양금의 기보법은 오선보로 기보해야 한다고 주장했다. 윤은화(2015)[77]는 중국 개량양금의 창작

69 楊佳, 「揚琴中國化硏究」, 中國音樂學院 博士學位論文, 2016.

70 田克儉, 「談談中國揚琴的形成及發展」, 『樂器』, 1998(02), 37-38頁.

71 李玲玲, 「揚琴改革的歷史和思考」, 『中國音樂』, 2014(01), 225-228頁.

72 안소현, 「양금 조현법과 기보에 대한 역사적 고찰」, 한국학중앙연구원 석사학위논문, 2019.

73 김영운, 「洋琴古樂譜의 三條標 解析에 關한 硏究 - 上靈山·細靈山·念佛도드리·打令에 基하여」, 『한국음악연구』, 1998(26), 115-148쪽; 김영운, 「洋琴 古樂譜의 記譜法에 關한 硏究 -『協律大成』洋琴譜의 時價記譜法을 中心으로」, 『한국음악연구』, 1986(15), 67-92쪽.

74 윤은화·양미지, 「한국과 중국의 양금기보법 비교연구: 개량양금 기술표현체계 개발을 전제로」, 『음악과 문화』, 2015(32), 137-175쪽.

75 陳鳳玲, 「也談揚琴演奏中的記譜法問題」, 『樂府新聲·瀋陽音樂學院學報』, 1998(04), 23-25頁.

76 李向陽, 「揚琴記譜法改革淺談」, 『當代戱劇』, 2006(05), 42-43頁.

77 윤은화, 「중국 양금 연습 99수 연주 기법 연구: 黃河著 연습 교본을 중심으로」, 중앙대학교 석사학위논문,

곡의 연주기법을 소개하였다. 조유회(2013)[78]는 20세기 초에 창작곡 시작했으며, 가야 금, 중국 양금, 서양 양금의 연주기법을 참고 해서 한국 양금 기보법을 통일해야 할 거라 고 결론냈다. 원우가(2012)[79]는 중국 양금의 연주기법과 비교를 했으므로 한국 양금의 연 주 기법을 검토했는데 중국 양금의 연주기법이 한국보다 많다고 했다. 연주기법이라면 이런 연주기법이 양금악보에 어떻게 나타나고 있는지 설명할 필요가 있다. 그래서 한 · 중 · 일 양금음악의 기보법을 살펴볼 필요가 있다.

이상 여러 선행 연구를 검토한 결과, 중국 양금의 기원설, 한국 유입 과정, 형제, 연주형 식, 양금음악 등에 대한 연구가 산재한 상황임을 확인하였다. 그러나 동아시아 전체를 아우르는 연구 및 시각은 부족한 상태다. 따라서 동아시아 한국과 중국 및 일본의 양금 유입과 정착, 전승 과정을 함께 다루어 서양악기의 유입과 현지화하는 배경에 비교 논의 하는 연구가 필요하다.

이 책에서는 그동안의 연구를 보완하여 한 · 중 · 일 양금 문화에 관해 비교 연구하고 자 하는데, 이 글이 지니는 차별점과 의미는 세 가지로 요약된다. 첫째, 이상의 많은 연구 는 문헌 자료의 연구에 중점을 두고 있어 세계 각지의 박물관에 소장되어 있는 양금 실물 자료의 중요성을 간과하고 있다. 이 책에서는 문헌 자료와 함께 실물 악기에 중점을 둘 것이다. 둘째, 기존 연구들은 대부분 표면적 자료에 치중함으로써 자료에 대한 심층적인 논의가 이루어졌다고 보기 어렵다. 셋째, 중국이나 한국에서 자국의 양금 문화에 관한 연구는 많지만, 일본 양금에 관한 연구는 중국에서만 볼 수 있다. 다만, 중국학자들은 이 런 일본의 양금 문화를 중국 양금 문화의 하나로 간주하는 경향이 있는데, 이 책에서는 일본의 양금 문화역시 단독 문화로서 다루고자 한다. 즉, 한 · 중 · 일 삼국의 독자적 입장 을 반영한 연구가 필요하다. 그동안 일본(유구국)의 양금은 중국 양금의 일부로 간주되어 온 경향을 극복할 필요가 있다. 이 책에서는 한국의 양금 문화, 중국의 양금 문화, 일본의

2015.

78 조유회, 「한국 양금의 연주기법에 관한 연구」, 『한국음악사학보』, 2013(50), 319-349쪽.

79 원우가, 「중국 양금과 비교를 통한 한국 양금의 발전방향 연구 - 연주 기법을 중심으로 - 」, 중앙대학교 석사학위논문, 2012.

양금 문화에 대해 국가별로 각각 검토하여, 외래악기인 양금이 동아시아에 유입되어 오늘날 전승되는 양상을 비교하고자 한다. 이어서 국가별 전승 과정에서 드러나는 공통점과 차이점을 살펴보고자 한다.

3. 연구 내용 및 연구 방법

이 책은 한국과 중국 및 일본에서 양금의 유입과 전승 양상을 검토하여 비교하는 것을 목적으로 삼는다. 연구 내용은 동아시아 양금사의 정리를 중심으로 다음과 같은 순서와 방법으로 진행될 것이다.

첫째, 양금의 동아시아 유입과 전파에 대해 살펴보겠다. 고문헌, 음악고고학 실물, 고악보와 기초 연구 논저 등 자료를 통하여 동아시아의 한국과 중국 및 일본에서 양금이 언제 어떻게 유입되었는지 그 유입 배경과 경로를 확인해 본다. 단, 한국과 일본(유구국)의 양금이 중국으로부터 전래되었다는 점을 고려하여 본장에서는 먼저 중국 양금의 유입 과정을 고찰해 보고, 그런 뒤에 한국과 일본(유구국)으로 다시 전파된 상황을 검토해보고자 한다. 특히, 중국 양금에 대해서는 종래 논의되어온 양금의 동아시아 기원설과 해상 실크로드 외에 또 다른 경로가 있었는지 그 유입 경로를 집중적으로 추적하겠다.

둘째, 한 · 중 · 일 음악문화 속의 수용된 양금에 대해 살펴보겠다. 고악보, 고문헌, 신문 기사, 유성기음반과 이습회 연주곡목肄習會演奏曲目 등 자료를 참고하여, 양금의 조율 체계가 어떻게 현지화 하였는지, 어떤 음악 갈래 속에 수용되었는지, 어떤 음악을 연주했는지, 연주법은 어떻게 발달해 있는지를 각각 살펴보고자 한다.

셋째, 한 · 중 · 일 양금의 형제 특징과 변모에 대해 살펴보겠다. 정사正史, 지방지, 시집 등 고문헌, 박물관에 소장된 양금 실물과 고악보 등 자료를 통하여 한국과 중국 및 일본에서 양금의 형제적 변모 과정을 검토하고자 하며, 세 나라 개량양금의 개량 계기, 배경과 특징 각각을 살펴보고자 한다. 양금의 형제는 본체인 금체琴體와 그것을 연주하는 채로 구성되는데 금체는 공명상자의 모양 및 재질, 금현의 수량 및 재질, 괘의 모양과 수량 및 재질을 포함하며, 채 역시 모양과 수량 및 재질을 포함한다.

　넷째, 한 · 중 · 일 양금 기보법에 대하여 살펴보겠다. 고악보와 현재의 악보집 등 자료에 의하여 한국과 중국 및 일본에서 연주된 전통양금음악과 현재 연주되는 양금음악(전통음악, 각색음악 및 창작음악)의 전통과 서양식 기보 성격과 기보 방식을 각각 살펴보고자 한다.

동아시아 양금의
유입流入과 전파傳播

동아시아 양금의 유입流入과 전파傳播

오늘날 동아시아 한자문화권에서는 양금이 서양에서 유입된 악기로 인식되고 있다. 그런데 중국에서는 양금이 정착하여 중국 전통음악 문화에서 한몫을 차지하고 있으므로 중국의 후학들은 여러 이유를 들어 양금의 동아시아 기원설을 역설하기도 한다. 이러한 가설假說의 성립 배경 즉, 한자문화권 양금 유래설의 원인과 근거를 분석적으로 조망해 볼 필요가 있다.

한편, 중국 신강 지역에는 위에 언급한 한·중·일 양금과 유사한 소위 신강의 양금이라 일컫는 창Chang이라는 악기가 있다. 뿐만 아니라 이와 계통은 다르지만 상관성 여부를 논해온 카롱[卡龍]이라는 발현악기도 있다. 일반적으로 중국의 양금은 해상 실크로드를 통해 유입된 것으로 논의되어왔다. 그렇다면 신강 지역의 창도 역시 해상 실크로드를 통해 유입되었을지, 그 유입 경로와 과정이 궁금하다. 이를 밝히는 일은 동아시아 양금의 유입에 해상 실크로드 외에 또 다른 경로가 있었는지 확인하는 작업이 될 것이다.

본 장의 목적은 동아시아의 한국과 중국 및 일본에서 양금이 언제 어떻게 유입되었는지 그 유입 배경과 경로를 확인하려는 데 있다. 단, 한국과 일본(유구국)의 양금이 중국으로부터 전래되었다는 점을 고려하여 본장에서는 먼저 중국 양금의 유입 과정을 고찰해

보고, 이후 한국과 일본(유구국)으로 다시 전파된 상황을 검토해보고자 한다. 중국 양금에 대해서는 종래 논의되어온 양금의 동아시아 기원설과 해상 실크로드 외에 또 다른 경로가 있었는지 그 유입 경로에 대하여 집중적으로 살펴보기로 하겠다.

1. 양금의 중국 유입 배경과 경로

중국 학계에서는 한자문화권 양금의 동아시아 기원설을 역설하기도 하였는데, 이 책에서는 그러한 설들을 가설로 간주하고 어떻게 이러한 가설이 성립될 수 있었는지, 그 기원 가설들이 제기된 원인과 근거를 분석해보고, 아울러 그러한 가설들이 성립되지 않는 이유에 대하여 검토해보고자 한다.

한편, 중국의 양금은 문화권에 따라 크게 한자문화권의 양금과 신강 지역의 창 두 가지 구분되는데 모두 해상 또는 육상의 실크로드[1]를 통하여 중국으로 전해진 것으로 알려져 있다. 한자문화권 양금의 모양은 사다리꼴형과 나비형이고, 신강 지역의 창은 사다리꼴형이다. 중국에서 일반적으로 사용하는 양금은 대부분 해상 실크로드를 통해 중국의 마카오로 처음 유입된 사다리꼴형 양금인데, 신강 지역의 창도 사다리꼴형인 점에서는 애초 중국의 마카오로 유입된 양금과 같다. 그렇다면 신강의 양금인 창은 어떠한 경로로 신강에 전해졌고, 신강의 창 역시 중국의 마카오로 유입된 양금이 다시 신강으로 전해진 것인지, 신강의 창은 한·중·일 한자문화권의 양금과 어떤 관계가 있는지에 대해 고찰해볼 필요가 있다. 이제 한자문화권의 양금과 신강 지역의 창이 각각 중국에 유입된 배경과 유입 경로에 대해 살펴나가기로 하겠다.

---

1   실크로드는 고대 동서 문화교류, 물품 교화와 경제 무역의 길을 가리키며, 이는 1877년에 독일의 페르디난트 폰 리히트호펜(Ferdinand von Richthofen, 1833~1905)이 처음으로 제시하였다. (Ferdinand von Richthofen, *China: Ergebnisse eigener Reisen und darauf gegründeter Studien*, Berlin: Dietrich Reimer, 1877, p. 507. 독일어로 "Seidenstrasse"를 썼다.)

1) 중국 양금의 기원설

중국 학계에서 논의되는 양금 기원설은 전통악기인 "축筑", "쟁"과 "격금擊琴" 기원설, 신강 악기인 "카룽[卡龍]" 기원설, 중국 "양주揚州" 지역 기원설 등 다섯 가지가 있다. 이 책에서는 이러한 기원설들은 모두 가설로 간주하여 그 주장 내용은 물론, 그러한 주장을 하게 된 배경과 원인에 대하여 검토해 보기로 한다. 이제 그것들에 대해 하나씩 논의해 나가기로 하겠다.

(1) 축筑 기원설

양금은 동아시아 전통악기인 축과 같이 채로 현을 치는 타현악기이기 때문에 서로 관련성이 있다고 논한 바[2] 있다. 축에 대해서는 『사기史記』[3], 『수서隋書』[4], 『구당서舊唐書』[5], 『악서樂書』[6], 『석명釋名』[7]과 『통지通志』[8] 등의 여러 문헌 자료들을 통하여 대나무로 현을 치

---

2 胡運籍, 斯爾古楞, 앞의 논문(1979), 50頁; 李向穎, 앞의 논문(2000), 75-76+51頁.
3 (漢)司馬遷, 『史記』⇨ 王雲五(主編), 『國學基本叢書610 史記 一』, 台北: 台灣商務印書館, 1969, 54頁에서 재인용. 「卷八 高祖本紀第八」의 원문: "高祖擊筑. 集解, 韋昭曰筑古樂有弦擊之不鼓, 正義. 音竹應劭云狀似瑟而大頭安弦以竹擊之故名曰筑. 顏師古云今筑形似瑟而小細項". 또한 『國學基本叢書612 史記 三』, 78頁. 「卷八十六 刺客列傳第二十六」의 원문: "高漸離擊筑, 荊軻和而歌, 為變徵之聲".
4 (唐)魏徵, 『隋書』⇨『文淵閣四庫全書 史部二二 正史類』, 台北: 台灣商務印書館, 1983, 264-1058頁에서 재인용. 「卷七十五 列傳第四十」의 원문: "自聖賢己下多習樂者. 至如伏羲減瑟, 文王足琴, 仲尼擊磬, 子路鼓瑟, 漢高擊筑, 元帝吹簫".
5 (五代)劉昫, 『舊唐書』⇨『文淵閣四庫全書 史部二六 正史類』, 台北: 台灣商務印書館, 1983, 268-714頁에서 재인용. 「卷二十九 志第九」의 원문: "筑如箏, 細頸以竹繫之, 如繫琴".
6 (宋)陳暘, 『樂書』⇨『文淵閣四庫全書 經部二〇五 樂類』, 台北: 台灣商務印書館, 1983, 211-671頁에서 재인용. 「卷一百四十六」에 원문: "擊筑. 筑之為器, 大抵類箏. 其頸細其肩圓, 以竹鼓之如擊琴. 然又有形如頌琴, 施十三弦. 身長四尺二寸, 頸長三寸, 圍四寸五分, 首長廣七寸五分, 闊六寸五分, 品聲按柱左手振之. 右手以竹尺擊之, 隨調應律焉. 高漸離擊之於燕, 漢高祖擊之於沛, 而戚夫人亦善焉, 至唐置於雅部. 長四尺五寸折九尺之半為法, 是不知特世俗之樂非雅頌之音也. 聖朝浻襲唐制設柱同箏法, 第一弦黃鍾正聲次第十二正聲全, 第十二弦黃鍾清聲. 箏以指彈, 筑以筋擊, 大同小異. 其按習並依鍾律彈擊之法, 降之俗部可也".
7 (漢)劉熙, 『釋名』⇨『文淵閣四庫全書 經部二一五 小學類』, 台北: 台灣商務印書館, 1983, 221-415頁에서 재인용. 「釋名卷七 釋樂器」에 원문: "筑以竹鼓之, 筑秘之也".
8 (宋)鄭樵, 『通志』⇨『文淵閣四庫全書 史部一三二 別史類』, 台北: 台灣商務印書館, 1983, 374-44頁에서

는 방식[擊]으로 연주하는 타현악기임을 알 수 있다. 연주할 때 연주자는 한 손으로 축의 꼬리를 잡고, 다른 한 손으로는 대나무로 만든 채를 잡고 현을 두드리는 방식으로 연주하는데, 이 때 축의 한쪽은 땅에 닿게 한다. 축의 모양은 "頸細其肩圓"이라고 한다. 특히, 『설문해자주說文解字注』[9]에 의하면 그 모양이 쟁이나 슬과 비슷하다고 한다.

1973년 중국 호남성 장사長沙시의 마왕퇴馬王堆 3호묘 유적지에서 출토된 축(현재 중국 호남성 박물관에 소장, 〈그림 Ⅱ-1〉 참조)의 모습[10]을 보면 양금의 모양과는 거리가 멀다. 그 축의 길이는 31㎝인데, 그것은 비록 명기冥器이지만 선진과 양한兩漢 시기에 유행한 악기였던 오현 현악기의 모습을 보여주고 있다. 꼬리는 가늘고 길며 꼬리 끝은 약간 팽창되어 그 몸체가 긴 막대기와 비슷하다. 두 끝에는 각각 다섯 개의 작은 대나무 못이 일정한 간격을 이루면서 일자형으로 박여있는데, 원래 다섯 개의 현이 그 위에 놓였

〈그림 Ⅱ-1〉 중국 마왕퇴 3호 한묘에서 출토된 축

재인용.「卷五十 樂略第二」에 원문: "筑不知誰所造也. 史籍惟云: 高漸離善擊筑, 漢高祖過沛所擊. 釋名曰: 筑似箏細項, 按今制身長四尺三寸, 項長三寸, 圍四寸五分, 頭七寸五分, 上闊七寸五分, 下闊六寸五分". 그런데『釋名』에서 이런 기록이 없어 확인할 수 없다.

9   (淸)段玉裁,『說文解字注』⇨ 王雲五(主編),『國學基本叢書160 說文解字注 二』, 台北: 台灣商務印書館, 1969, 37-38頁에서 재인용.「卷五 篇上」에 원문: "以竹曲五弦之樂也. 以竹曲不可通. 廣韻作以竹爲亦繆. 惟吳都賦李注作似箏. 五弦之樂也近是. 箏下云五弦築身. 然則築似箏也. 但高注淮南曰. 築曲二十一弦. 可見此器累呼之名築曲. 釋名築以鼓之也. 御覽引樂書云. 以竹尺擊之. 如擊琴然. 今審定其文. 當云築曲以竹鼓弦之樂也. 高云二十一弦. 樂書云十三弦. 築弦數未審. 古者箏五弦. 說文殆築下鼓弦與箏下五弦互譌耳. 箏下云築身. 則築下不必云似箏. 恐李善亦昧於築曲而改之从. 竹持而擊之也. 持之也. 樂書曰, 項細肩圓. 鼓法以左手扼項. 右手以竹尺擊之. 史云善擊築者高漸離. 竹亦聲. 張六切三部. 箏. 五弦築身樂也. 各本作鼓弦竹身不可通. 今依太平御覽正. 風俗通曰. 箏. 謹按樂記. 五弦築身也. 今幷梁二州箏形如瑟. 不知誰所改作也. 或曰秦蒙恬所造. 據此知古箏五弦. 恬乃改十二弦. 變形如瑟耳. 魏晉以後. 箏皆如瑟十二弦. 唐至今十三弦築似箏細項古箏與箏相似不同瑟也. 言築身者以見形如瑟者之非古也. 言五弦築身者. 以見箏之弦少於築也. 宋書樂志改築身爲瑟身誤矣. 从竹. 築本竹聲. 故从竹卽从築省也. 築箏皆木爲之. 爭聲. 側莖切十一部".

10   중국 호남성 박물관(http://www.hnmuseum.com, 2019. 5. 4.)

을 것으로 추정된다. 이와 같이 마왕퇴 3호묘에서 출토된 축의 모습은 양금과 확연히 다르다.

축은 비록 채를 사용하여 현을 두드려 연주하는 타현악기라는 점에서 양금과 공통점이 있지만, 악기의 모양(〈그림 Ⅱ-1〉 참조)과 악기의 금현, 한 손으로만 연주하는 면에서 양금과 완전히 다르다. 단지 채로 쳐서 연주한다는 공통점 하나만으로 양금이 동아시아 축에서 기원하였다고 하는 설은 합리적이라 할 수 없다.

(2) 쟁 기원설

대만의 장호張昊(1912~2003)는 일찍이 동유럽의 침발롬Cimbalom[11]이 중국 진秦나라의 쟁과 관계가 있다고 논한 바[12] 있다. 즉, 진나라의 쟁이 흉노匈奴인을 통하여 헝가리로 전해진 뒤 악기 이름을 침발롬Cimbalom이라고 개칭했다고 한다. 그리고 모청방毛淸芳은 이 기원설을 찬성하여 양자의 관계를 더 자세하게 논하였다.[13] 모청방의 주장에 의하면, 침발롬의 첫 번째 발음인 "침"은 진나라의 진秦(qín)과 같아 그것이 헝가리에서 침발롬이라고 불린 것은 우연이 아니라고 한다. 그래서 양금은 2,000년 전의 중국의 음악문화와 밀접한 관계가 있다고 한다. 그리고 그 기원 악기는 진쟁이 아닌 진筝(qín)이라고 추론한다. 어쨌든 쟁이든지 진筝이든지, 문헌자료나 고고학 유물이 없는 상황에서 단지 언어학적 관점에 의거하여 음악 분야의 난제難題를 풀어낸 결과는 설득력이 있다고 보기 어렵다.

---

11 침발롬(Cimbalom)은 주로 헝가리에서 사용된다. 두 가지 사례로 나뉘는데, 하나는 16세기로 거슬러 올라가는 작은 휴대(携帶)용인 침발롬으로 그 모양이 덜시머와 비슷하다. 다른 하나는 부다페스트(Budapest)에서 1870년경에 Schunda Vencel József(1818~1893)가 발명한 페달이 있는 커다란 침발롬이다. 이 대형 침발롬은 교향악단 콘서트에서만 사용된다. Stanley Sadie, *Op. cit.*, 2001(5), p.855.
12 張昊, 앞의 논문(1996), 비지(扉紙). 원문은 "秦朝的箏經匈奴馬背上傳到匈牙利就改名'秦琵羅尼'(Cimbalom) 匈人又叫做Duleimer(意為柔音琴), 再由阿拉伯海印度洋傳回廣東娘家, 卻被我們自己叫做'洋琴'又作'揚琴'"이다.
13 毛淸芳, 앞의 논문(1998), 51頁.

(3) 격금擊琴 기원설

양금의 연주는 채로 현을 치는[혹은 두드리는] 방식으로 연주한다. 현을 "친다[두드린다]" 는 뜻을 지닌 한자는 "타打" 혹은 "격擊"이다. 그런데 중국 전통악기 가운데 격금이라는 고악기가 있었다. 청대 건륭 연간(1736~1796)[14]에 주상현朱象賢(?~?)이 집필한『문견우록 聞見偶錄』에 의하면, 양금이 중국의 격금과 관련이 있다고 하였다. 이는 양금의 기원설에 관한 가장 이른 시기의 기록으로서 그 원문은 다음 〈인용문 II-1〉과 같다.

〈인용문 II-1〉

数十年来, 始见洋琴, 形制半于琴而略闊, 鋭其上而寬其下, 以銅絲為絃, 急張於上, 用鎚擊之. 鎚 形如筯, 其音有似箏、築. 來自海外, 今中國亦有造者. 予聞宋之柳惲賦詩未就, 以筆捶琴, 客有以 筯和之, 惲驚其哀韻, 乃製為雅音. 後之擊琴蓋自惲始, 但以後未有講及者. 今海外之法, 必向時 自中國流傳于外, 彼處乃另造器具, 專供捶擊而不可彈. 今竟為蠻方之樂而傳於中國也.[15]

위의 인용문을 보면, 중국 남조 송나라[즉 유송] 때 채로 현을 치는 악기인 격금이 있었는 데, 이 악기가 언젠가 해외로 전파되었고, 그 곳에서 별도로 악기 연주 도구를 만들고는 오로지 치기만 할 뿐 뜯어서는 안 되는 악기로 개량된 뒤, 다시 중국으로 유입되었다고 하였다. 이 기원설의 정확성에 관한 논의는 차치하고라도, 이 기록은 청대에 주상현에 의하여 처음으로 양금의 기원설이 논해졌다는 사실을 알게 한다는 점에서 주목할 만하다.

---

14 朱象賢의 생몰연대는 미상이라서『聞見偶錄』의 성서 시간도 자세히 모른다. 그런데 장취란(張翠蘭, 1958~ , 앞의 논문(2011), 35頁)은 "『聞見偶錄』是一部筆記體雜錄, 成書的具體年代不詳. 文本信息僅見: 1. 未署年月的作者自序; 2.『昭代叢書・庚集』收錄該書時的題跋時間 "丙寅仲春" (嘉慶十一年, 1806); 3. 書中所記相關事件的發生或見聞時間, 最早為康熙二十四年, 最晚為乾隆二十二年, 多見的為康熙五十二 年至乾隆十六年間見聞; 4. 據編者題跋, 嘉慶初年此書已是稀見藏本, 楊復吉續『昭代叢書・庚集』時需 多方轉借. 對於作者, 吳中友人已鮮有能舉其名者. 綜合分析可知, 該書乃作者自康熙中後期至乾隆初期 平生見聞的記述精要, 成書於乾隆年間, 記述内容的時間下限止於乾隆二十二年. 該書後出於『印典』, 四庫 系列未予收錄, 僅見於康熙年間初編, 乾隆年間續編的『昭代叢書』本"이라고 연구한 바가 있어 본문에서 이 책의 성서 연대를 건륭 연간으로 간주했다.
15 (清)朱象賢, 앞의 책, 70頁.

격금에 관한 기록은 『악서樂書』[16], 『통전通典』[17], 『남사南史』[18], 『구당서舊唐書』[19], 『문헌통고文獻通考』[20] 등 여러 문헌에서 산견된다. 주상현은 바로 이러한 문헌들을 통하여 격금에 대한 내용을 서술하게 된 것으로 보인다. 그런데 『악서樂書』의 211-468쪽에 명시된 격금의 모양은 〈그림 Ⅱ-2〉와 같다.

<그림 Ⅱ-2〉『樂書』 중의 격금 모양

그림을 보면 악기 이름 밑에 "五絃以竹管承之"라고 쓰여 있는 것으로 미루어 격금은 죽통으로 받치는 5현의 현악기임을 알 수 있다. 악기 그림에서도 5현이 분명하게 나타나 있다. 그런데 악기의 모양을 보면 흡사 칠현금과 같은데, 칠현금에 비하여 단지 현의 수만 2현이 적을 뿐이다. 이와 같은 격금의 모습은 양금과는 전혀 다르다. 뿐만 아니라 연주 방식도 양손에 채를 들고 치는 방식이 아니라 한 손으로는 음위를 짚고 다른 한 손으로 채를 잡고 현을 치는

---

16 (宋)陳暘, 『樂書』⇨ 『文淵閣四庫全書 經部二O五 樂類』, 台北: 台灣商務印書館, 1983, 211-648頁에서 재인용. 「卷一百四十一」의 원문: "擊琴, 梁柳世隆素善彈琴, 其子惲每奏父曲, 居常感思. 因變其體, 備寫古調, 嘗賦詩未就, 誤以筆捶琴, 坐客以節和之, 惲驚其哀韻, 乃制爲雅音. 而擊琴自此始矣. 蓋其制以管承絃, 又以竹片約而束之, 使絃急而聲亮, 舉以擊之, 以爲曲節江左有之非古制也".

17 (唐)杜佑(撰), 王文錦, 王永興, 劉俊文, 徐庭雲, 謝方(點校), 『通典』(第八冊), 北京: 中華書局, 2016, 3664頁. 「卷一百四十四 樂四」의 원문: "擊琴, 柳惲所作. 惲嘗爲文詠, 思有所屬, 搖筆誤中琴絃, 因爲此樂. 以管承絃, 又以片約而束之, 使絃急而聲亮, 舉以擊之, 以爲節曲".

18 (唐)李延壽, 『南史』(第四冊), 北京: 中華書局, 1975. 988頁에서 재인용. 「卷三十八 列傳第二十八」의 원문: "初, 惲父世隆彈琴, 爲士流第一, 惲每奏其父曲, 常感思. 復變體備寫古曲. 嘗賦詩未就, 以筆捶琴, 坐客過, 以節扣之, 惲驚其哀韻, 乃製爲雅音. 後傳擊琴自於此".

19 (五代)劉昫, 『舊唐書』⇨ 『文淵閣四庫全書 史部二六 正史類』, 台北: 台灣商務印書館, 1983, 268-714頁에서 재인용. 「卷二十九 誌第九」의 원문: "擊琴, 柳惲所造. 惲嘗爲文詠思有所屬, 搖筆誤中琴絃, 因爲此樂. 以管承絃, 又以片竹約而束之, 使絃急而聲亮, 舉竹擊之, 以爲節曲".

20 (元)馬端臨, 『文獻通考』(清乾隆戊辰年版本), 1216頁. 「卷一百三十七 樂考十」의 원문: "擊琴. 五絃以竹管承之. 梁柳世隆素善彈琴, 其子惲每奏父曲, 居常感思. 因變其體備寫古調, 嘗賦詩未就, 誤以筆撫琴, 坐客以節扣之, 惲驚其哀韻, 乃制爲雅音. 而擊琴自此始矣. 蓋其製, 以管承絃, 又以竹片約而束之, 使絃急而聲亮, 舉而擊之. 一爲曲節江左有之非古制也".

방식이어서 양금과는 차이가 있다. 결국 양금의 격금 기원설 역시 앞에서 언급한 축의 기원설과 마찬가지로 단지 타현악기라는 공통점에만 근거하여 연원관계를 논하였음을 알 수 있다. 이와 같이 형제가 전혀 다른 두 종류의 악기를 단지 연주 방식의 공통점에만 의거하여 상호 연계한 결과는 설득력이 너무 취약하다고 할 수 있다. 더구나 격금 기원설은 단지 오경吳瓊의 「양금전입중국고揚琴傳入中國考」에서만 언급되었을 뿐인데, 오경 역시 양금의 격금 기원설이 "무단武斷"이라고 하여 함부로 판단한 것이라고 서술하였다.[21]

(4) 카롱[卡龍] 기원설

『12무카무[十二木卡姆]』에 의하면, "카롱[卡龍]은 위그루족의 오랜 악기의 일종으로, 전해오는 말에 따르면 양금의 전신이라고 한다. 현재는 민간에서 비교적 보기가 드물다.[卡龍是維吾爾族一種古老的樂器, 據傳說是揚琴的前身, 現在民間比較稀見]"[22]이라고 하였다. 즉 카롱은 신강 지역의 위그루족이 오랜전부터 사용해온 악기로서 양금의 전신이라 하는 말에서 양금의 카롱 기원설이 언급되었음을 확인할 수 있다. 또한 청나라의 문헌인『회강지回疆志』[23]와『역조시약선历朝詩約選』[24]의 관련 기록들을 보면 양금을 카롱이라 칭하기도 하여 양자의 구별이 모호함을 발견하게 된다.

---

21 吳瓊, 앞의 논문(2016), 59頁.
22 新疆維晉爾自治區文化廳十二木卡姆整理工作組, 앞의 책(1960), 75頁.
23 (清)蘇爾德(?~1822),『回疆志』, 台北: 成文出版社, 1968, 60-61頁. 원문은 "洋琴長三尺, 寬二尺. 用十二雙鋼弦, 兩邊各一單鋼弦, 名曰喀淪"이다. "喀淪"은 "卡龍"과 같은 악기를 말한다.
24 (清)李楷,「洋琴歌」⇨ (清)劉大櫆,『历朝詩約選』(成書時間: 1985~1987, 所藏地: Harvard-Yenching Library), 曆朝詩選卷三十二, 3-4頁에서 재인용. 그 원문은 다음과 같다:
    "島中之木名莫知, 飲霜飫露凡幾時. 良工斷之解作片, 片片聲中青玻璃. 日雕月磨沃以漆, 黝黝玄光橫四尺. 空中坦外如几平, 四帀尋之無寸隙. 斯須蓋啟金樞轉, 霏微花石螺紋旋. 玉柱密插蟠螭身, 鳳眼低嵌雕龍片. 銀絲雙絃二十六, 一絃一聲聲勝肉. 別琢香檀曲撥多, 經緯縱橫絃下伏. 彈絃無事須銀甲, 但將檀撥輕挑壓. 滿耳玲瓏絃上鳴, 不知宮調何由恰. 初彈參差殊微細, 女兒私語翡翠幄. 鏗然一轉得秀整, 羅袂漫搖金釧冷. 三轉四轉曲入破, 蒼巖石罅幽泉過. 喁喁嗷嗷沙雁驚, 急雪亂攪飛花墮. 輕淫妖豔風習習, 曼聲浮蕩新聲聒. 碧眼蠻工一再彈, 歊歈北客天南泣. 吾聞中國聖人之樂, 和且平抑揚清濁. 皆正聲洋琴爾, 慎毋多鳴使人不識初古情." 이 문헌에 따라 그 언급된 양금은 은갑(銀甲)을 사용해야 현을 뜯는다고 말했다. 연주 기법은 挑나 壓이 있었다. 양금의 연주 기법과 다르게 나타난다. 즉 이 문헌에서 언급된 양금은 신강의 카롱으로 추측된다고 하였다. (楊佳, 앞의 논문, 31頁).

한편, 양음류楊蔭瀏(1899~1984)는 원나라의 『서사기西使記』[25]와 『원사元史』[26]에 언급된 72현비파를 현재 신강 지역의 카롱과 비교할 만한 악기라고 주장하였다.[27] 『중국악기도감中國樂器圖鑑』에는 카롱을 "위그루족의 탄현악기로서 일찍이 72현비파, 카르나[喀尔奈]라고 칭하였다."고 소개한 뒤 72현비파라는 명칭은 카롱이 중국으로 전입된 뒤에 붙여진 명칭일 것이라 하였다.[28] 반면, 주청보周菁葆(1945~)는 카롱이 16현이나 18현의 악기이고, 그 72현비파는 중아시아와 남아시아의 산투르Santur[29]로 추정된다고 하였다.[30] 우선 현재 중국 아극소박물관阿克蘇博物館[31]에 소장되고 있는 신강 카롱의 모양을 보면 〈그림 Ⅱ-3〉과 같다.

〈그림 Ⅱ-3〉 신강 악기 카롱

그림을 보면 왼쪽은 곡선으로, 오른쪽은 직선으로 이루어진 카롱의 모양은 양금 계통의 악기 가운데 살터리Psaltery[32]의 한가지와 같고,

---

25 (元)劉郁, 『西行記』⇨ 『文淵閣四庫全書 史部二一八 傳記類』, 台北: 台灣商務印書館, 1983, 460-926頁에서 재인용. 원문: "取布達國…(중략)…初哈里巴患頭痛, 醫不能治, 一伶人作新琵琶七十二絃, 聽之立解".

26 (明)宋濂, 『元史』⇨ 『文淵閣四庫全書 史部五三 正史類』, 台北: 台灣商務印書館, 1983, 295-34頁에서 재인용. 「卷一百四十九 列傳第三十六」에 원문은 "忽呼哩蘇勒坦降西戎大國也. 地方八千里父子相傳四十二世勝兵數十萬, 侃兵至破其兵, 七萬屠西城, 破其東城. 東城殿宇皆構以沉檀木, 擧火焚之, 香聞百里, 得七十二絃琵琶"이다.

27 楊蔭瀏, 『中國古代音樂史稿』, 北京: 人民音樂出版社, 1981, 727-728頁.

28 中國藝術研究院音樂研究所(編), 『中國樂器圖鑑』, 濟南: 山東教育出版社, 1992, 231頁.

29 산투르(Santur)는 고대 바빌로니아 시기와 네오 아시리아 시기로 거슬러 올라갈 수 있다. 산투르는 페르시아에서 터키에 이른 뒤 17세기에 이란으로 들어왔다. 이란의 양금은 사다리꼴형 공명통으로 4현을 한 벌로 하여 모두 18벌을 이룬다. 두 개의 채를 양손에 쥐고 좌우 손목의 힘을 이용하여 현을 두드린다. 현의 충격력을 줄이기 위하여 채의 끝부분을 천으로 감쌌다. Stanley Sadie, *Op. cit.*, 2001(7), p.681.

30 周菁葆, 앞의 논문(2010c), 17頁. 원문: "伊朗的"桑圖爾"Santur是72弦, 其中, 鋼絲弦36根, 絲弦36根。所以我認為, 元史記載的72弦琵琶實際上是"桑圖爾"."

31 중국 阿克蘇博物館(http://www.aksmuseum.com, 2019. 5. 5.)

32 살테리(Psaltery)의 어원은 기원전 3세기에 그리스어의 psallein(의미: 손가락으로 뜯기)으로 거슬러 올라간다. 이 악기는 삼각형과 직사각형 등 다양한 모양을 가지고 있으며, 중세기(476~1453)와 르네상스

발현의 방식으로 연주하는 점에서도 살터리와 같다. 더구나 카롱은 원래 신강 지역의 악기가 아니라 원나라 때 중앙아시아에서 유입되었다고 한다.[33] 이상과 같은 여러 정황들로 볼 때, 양금의 카롱 기원설은 설득력이 부족하다.

(5) 양주揚州 기원설

중국에서는 양금을 현재 "揚琴"으로 칭하고 있다. 명칭으로만 보면, 원래 "서양으로부터 유입되었다"는 의미를 지닌 "洋琴"의 성격은 이미 없어졌다고 할 수 있다. 언제부터 "洋琴"을 "揚琴"으로 칭하게 되었을지 궁금하다. "揚琴"의 명칭은 중국의 양주揚州 지역과 관련이 있고, 따라서 양금이 중국 양주에서 기원했다는 설이 제기되기도 하였다. 이러한 양주 기원설은 구학주丘鶴儔(1880~1942)의 『금학신편琴學新編』(1919)[34]에서 처음으로 언급되었다. 그 원문을 보면 다음 〈인용문 Ⅱ-2〉와 같다.

〈인용문 Ⅱ-2〉

揚琴之製, 俱用梧桐木, 其形如扇面一般。初出於揚州, 故名曰揚琴。後吾粤人乃有效而作之, 改其形如蚨蝶樣。若其形如扇面, 則名曰扇面揚琴; 其形如蚨蝶, 則名曰蚨蝶揚琴。[35]

위 인용문 중 "처음으로 양주에서 나왔기 때문에 이름을 양금揚琴이라 한다[初出於揚州, 故名曰揚琴]"는 내용이 바로 양금의 양주 기원설을 언급한 최초의 기록이다. 그러나 이 문구에 대한 학자들의 견해는 의견이 분분하다. 앞뒤의 문장을 살펴보면 양금이 양주에서

시대(1300~1600)에는 현을 손가락이나 피크 홀더(Peak Holde)로 뜯어 연주했다. 예를 들어 새의 깃털 또는 "dediles"(손가락에 깃털이 장식된 반지)이다. Stanley Sadie, *Op. cit.*, 2001(20), pp. 520-525. 그리고 기시베 시게오(岸邊成雄, 1912~2005)의 『伊斯蘭音樂』(岸邊成雄(著), 郎櫻(譯), 『伊斯蘭音樂』, 上海: 上海文藝出版社, 1983, 47頁.)에서도 "卡龍(Kalon)是古代東方的皮薩泰里琴(Pasltery)"으로 인식했다.

33 賈曉莉, 「中國民族樂器(之二十四) 卡龍」, 『音樂生活』, 2015(12), 57頁.

34 『琴學新編』의 출판 시간은 "中華民國九年新月初版"이라고 했는데 "自序"에서 "中華民國八年仲秋中澣"이라고 썼으니 이 책의 성서 시간이 1919년을 본다. (丘鶴儔, 앞의 책(1920), 12頁)

35 위의 책, 13頁.

처음 나왔다는 말이 아니라 부채형 양금이 처음으로 양주에서 나왔다는 말이고, 후에 광동廣東 사람들이 그것을 본받아서 만들었는데 모양을 나비형으로 바꾸었다는 내용으로 해석되기 때문이다.

최근의 한 연구에 의하면,[36] 구학주가 "처음으로 양주에서 나왔기 때문에 이름을 양금揚琴이라 한다[初出於揚州, 故名曰揚琴]"라고 한 말의 의미는 "양금의 제작 공예의 발전이 양주에서 시작되었다는 것으로서 바로 부채 모양과 같은 양금 외형의 개변이 양주에서 처음 시작되었다는 것"이라고 하였다. 뿐만 아니라 청대 양주 양금과 관련된 문헌인 『속양주죽지사續揚州竹枝詞』(1801)[37]를 보면, 청대에 양주 지역에서의 양금에 대한 호칭은 "揚琴"이 아니라 "洋琴"이었음이 확인된다.

이상의 정황으로 미루어 양금의 양주 기원설은 합리적이지 못할 뿐만 아니라 설득력이 없다고 할 수 있다.

이상 살펴본 바와 같이 중국 음악학계에서는 양금의 동아시아 기원설을 둘러싼 5종의 주장이 있었고, 그러한 기원설의 제기는 일찍이 중국 청대에 이미 시작된 것으로 간주하였음을 확인하였다. 하지만 양금의 동아시아 기원설에 대한 학계의 반응은 대체로 부정적이고, 오히려 페르시아 아라비아에서 발원하였다는 기원설에 대하여 여전히 긍정적이다. 기원 가설이 성립되었던 배경을 보면, 양금의 연주 방식, 양금의 명칭 발음, 구전 전설 등 세 가지 측면의 이유가 근거로 작용되었다. 중국 음악학계에서 제기되었던 여러 가지 기원 가설은 비록 근거가 미약하여 설득력은 없지만, 그러한 기원설이 제기되었다는 그 자체는 동아시아에서 양금이 정착되고 발전하였음을 확인케 하는 강력한 증거이기도 하다. 5가지 기원 가설들 중 동아시아 전통악기인 축과 격금 기원설은 양금의 연주 방식과 관련된 기원 가설에 속하고, 중국 양주지역 기원설은 양금의 명칭과 관련된 기원 가설에 속하고, 동아시아 전통악기인 쟁 기원설은 양금의 발음과 관련된 기원 가설에 속

---

36 李陽, 「明末淸初中國揚琴形成學說與流變軌跡探索」, 西安音樂學院 碩士學位論文, 2017, 3頁.

37 (淸)林蘇門, 『續揚州竹枝詞』의 원문: "成群三五少年狂, 抱得洋琴只一床, 但藉閒遊尋夜樂, 聲聲網調唱吾鄕". (李坦, 劉立人, 陳應鐘, 『揚州歷代詩詞(三)』, 北京: 人民文學出版社, 1998, 412頁 에서 재인용)

하며, 신강의 전통악기인 카롱 기원설은 중국 구전 전설과 관련된 기원 가설에 속한다. 이러한 동북아시아 한자문화권의 양금 기원설이 제기될 수 있었던 이면에는 어느 정도 중화주의를 바탕으로 민족적 자존심과 자부심을 발견하려는 의도와 노력이 있었다고 평가할 수 있다. 뿐만 아니라 외래악기로서의 양금이 유입 이후 얼마나 신속하게 동아시아의 여러 가지 전통음악 활동에 잘 융합되었는지를 설명하고 증명해 주는 것이다.

2) 중국 양금의 유입 시기와 경로

중국 양금은 명나라 만력萬曆(1572~1620) 연간에 이탈리아 예수회Jesuits 선교사 마테오 리치Matteo Ricci(또는 이마두, 1552~1610)에 의해 유입되었다는 설이 지배적이다. 『리마두전집利瑪竇全集4 · 서신집書信集』 중 마테오 리치가 1600년에 명 신종神宗(1563~1620)에게 양금을 헌상했다는 기록이 있고, 그로 인하여 양금의 유입 시기를 만력 연간(1572~1620)으로 꼽는다. 마테오 리치가 어떠한 배경 하에 중국으로 입국하게 되었는지 궁금하다. 그가 신종에게 양금을 헌상한 때는 1600년이지만, 그가 마카오에 들어온 때는 1582년이기 때문에 그가 마카오에 들어온 때(1582)로부터 1600년까지의 행적도 살펴볼 필요가 있다. 다른 한편, 『청패류초淸稗類鈔』와 『문견우록聞見偶錄』의 기록에 근거하여 양금의 유입 시기를 강희 연간(1611~1722)으로 보는 견해도 있다. 이와 같이 양금의 유입 시기와 경로에 대한 상이한 견해를 논점으로 『원사元史』와 『서사기西使記』에 나타난 "72현 비파"를 신강 지역의 카롱이나 창과 연결하여 연구가 이루어지기도 하였다. 따라서 신강 지역의 창은 한자문화권의 양금과 어떤 관계가 있는지에 대해서도 검토해볼 필요가 있다. 우선 양금이 일반적으로 해상 실크로드를 통해 유입되었다는 설의 배경과 경로에 대하여 살펴보고, 이어서 육상 실크로드를 통해 유입되었다는 설의 배경과 경로에 대하여 살펴보기로 하겠다.

(1) 해상 실크로드를 통한 유입

가. 유입 배경

앞서 언급한 바와 같이, 중국 한자문화권의 양금은 명나라 만력萬曆(1572~1620) 연간에 마테오 리치에 의해 해상 실크로드를 통하여 중국에 전해진 것으로 논의되어 왔다. 당시 마테오 리치가 어떤 계기와 배경에서 양금을 중국으로 가지고 왔을지 의문이다. 주지하는 바와 같이, 명나라는 건국 초기부터 강력한 "해금정책海禁政策"[38]을 실시하였다. 정화 鄭和(1371~1433)는 1405년부터 1433년까지 해상 실크로드를 통하여 모두 7차에 걸쳐 서양과 물품을 교환하였는데 주로 공식 무역에 의한 것이었다. 이후 1567년(隆庆 원년)에 명 목종穆宗은 개인적인 해외 무역을 허용하였는데[39] 이 사건이 바로 역사적으로 유명한 "융경개방隆慶開放" 정책이다. 그로 인해 해상 무역이 활발해졌지만, 만력萬曆(1573~1620) 말년에 이르러 실크로드를 통한 무역은 점차 감소했다[40]. 그럼에도 불구하고 명나라 말기에는 중국과 서양 사이에 문화와 무역 교류를 장려하는 긍정적인 태도가 있었다. 서양 기독교 선교사들은 이 "융경개방" 정책을 계기로 동아시아로 들어와 선교 활동을 시작하였다고 판단된다.

한편, 16세기 유럽의 음악은 르네상스Renaissance(14세기~16세기) 음악의 절정기에 있

---

38 명나라는 홍무 연간(洪武, 1368~1398)에 수차례에 걸쳐 "해금정책"을 강조하였다. 예를 들면, 1371년(洪武 四年) 11月에 명령했던 "禁瀕海民不得私出海"(中央研究院歷史語言研究所(編),『明太祖実録』卷70, 台北: 中央研究院, 1962, 1300頁), 1381년(洪武 十四年) 10月에 발표됐던 "禁瀕海民私通海外諸國"(『明太祖実録』卷139, 2197頁), 1390년(洪武 二十三年) 10月에 공포했던 "詔戶部申嚴交通外番之禁. 上以中國金銀, 銅錢, 段疋(匹), 兵器等物, 自前代以來不許與番. 今兩廣, 浙江, 福建愚民無知, 徃徃(往往)交通外番私貿貨物, 故嚴禁之. 沿海軍民官司縱令私相交易者, 悉治以罪."(『明太祖実録』卷205, 3067頁), 1397년 (洪武 三十年) 4月에 발표됐던 "申禁人民無得擅出海與外國互市"(『明太祖実録』卷252, 3640頁) 등 수차례에 해금정책이 실시되었다.

39 (明)張燮,『東西洋考』⇨ 王雲五(主編),『國學基本叢書554 東西洋考 徐霞客遊記 一』, 台北: 台灣商務印書館, 1968, 89頁에서 재인용. 「卷七 餉稅考」의 원문: "隆慶改元. 福建巡撫都御史塗澤民, 請開海禁. 準販東西二洋. 蓋東洋若呂宋, 蘇祿, 諸國. 西洋若交阯, 占城, 暹羅, 諸國. 皆我羈縻外臣. 無侵叛. 而特嚴禁販倭奴者. 比於通番接濟之例. 此商舶之大原也."

40 馮之餘,「明代"隆慶開放"與海上貿易發展」,『社科縱橫』, 2008(2), 139-141頁.

었는데, 르네상스 시기의 음악은 주로 종교음악이 기반이 되었지만, 세속음악도 발전했다. 종교 개혁 운동에 따라 종교를 해외로 전파했으며[41] 이를 계기로 종교음악에 사용된 서양음악 문화(악기)는 선교 목적으로 동아시아의 중국에 왔던 선교사들에게 중요한 전파 수단이 될 수 있었다고 본다. 그들이 제공한 서양음악 문화는 동아시아인들에게 신선한 모습으로 비추어졌다고 할 수 있다. 니콜라 트리고Nicolas Trigault(1577~1628)는 선교사 마테오 리치Matthew Ricci(또는 이마두, 1552~1610)가 중국에서 머물면서 선교할 때 쓴 일기를 정리하여 출판하였는데, 그것은 중국에서『이마두중국찰기利瑪竇中國札記』로 알려져 있다. 그것에 의하면, 그는 1582년(만력 10) 8월에 마카오에 도착했으며[42], 그때 중국 사람들은 자기들이 가져온 서양악기를 부러워하였고, 그 악기의 부드러운 소리와 신선한 구조를 좋아하였다고 하였다. 그 내용은 다음 〈인용문 Ⅱ-3〉과 같다.

〈인용문 Ⅱ-3〉
他們表示很欣賞風琴的音樂以及他們迄今所聽到過的我們所有的樂器[43]

위의 〈인용문 Ⅱ-3〉을 보면, 풍금만 언급되었을 뿐, 마테오 리치가 가져온 모든 악기의 이름이 명시되지 않았지만, 당시 중국 광동의 조경肇慶 사람들은 마테오 리치가 선교 수단으로 중국으로 가져왔던 서양악기를 매우 좋아하였음을 알 수 있다. 당시 서양악기를 좋아했던 중국 사람들에 의하여 이 악기는 간접적인 선교 성과를 이루는 데 일조하였다. 마테오 리치의 선교 수단의 일환으로 중국으로 전해진 서양악기들이 많았는데 중국은

---

41 1540년 9월 27일 로마 바오로 3세(Paulus PP. Ⅲ, 1468~1549) 교황은 예수회(Society of Jesus)의 설립을 승인함으로써 예수회는 해외로 확장을 시작하게 되었다. 예수회 창립자 가운데 하나인 프란시스코 사비에르(San Francisco Xavier, 1506~1552)는 여러 가지 노력을 통해 중국에서 선교 활동을 바랐지만, 중국의 "해금정책" 때문에 중국에 선교하지 못했다. 그는 참으로 선교사를 중국에 파견한 최초의 인물이었다. (劉海玲, 「沙勿略遠東傳教活動的研究」, 浙江大學 博士學位論文, 2015, 64-80頁)

42 利瑪竇(Matthew Ricci), 金尼閣(Nicolas Trigault)(著), 何高濟, 王尊仲, 李申(譯), 『利瑪竇中國札記』, 北京: 中華書局, 1983, 중국어 역자 서언의 2頁.

43 위의 책, 24頁.

서양악기 유입에 대하여 매우 흥미로워 하였다. 양금도 이런 역사적 배경 하에 중국으로 들어왔다.

나. 유입 시기와 경로

역사상, 양금이 중국에 유입된 시기와 경로 및 방식에 대하여는 문헌마다 각각 다른 내용이 수록되어 전한다. 이제 그것들을 각각 검토해 보기로 한다.

가) 만력 연간에 해상 실크로드를 통한 유입

양금이 만력 연간(1572~1620)에 해상 실크로드를 통해 유입되었다는 견해는 마테오 리치가 1582년에 해상 실크로드를 통하여 처음 마카오에 도착하였으며, 그가 1600년에 신종에게 양금을 헌상하였다는 기록[44]에 근거한 것이다. 그런데 이러한 견해에는 막연히 만력 연간(1572~1620)이라 하였을 뿐, 보다 구체적인 시기가 제시되지 않았다. 즉 마테오 리치가 처음 마카오에 도착한 시기인 1582년부터 신종에게 양금을 헌상한 1600년까지 18년간 마테오 리치의 행적이 고려되지 않았다. 신종에게 양금을 헌상한 1600년 이전에 이미 민간에 전파되었을 가능성이 높기 때문에 1582년부터 1600년 사이에 양금이 중국에서 어떻게 전파되었는지 추적해볼 필요가 있다.

관련 문헌의 부족으로 인하여 비록 양금의 구체적인 전파 경로를 확정할 수 없지만, 1582년부터 1600년 사이 마테오 리치의 행적을 통하여 이 기간에 양금이 민간에 전파되었을 가능성을 충분히 짐작할 수 있다. 마테오 리치는 1582년부터 광동의 마카오를 시작으로 광동의 조경과 소주邵州, 강서江西의 남창南昌, 강소江蘇의 남경南京 등 여러 지역에서 선교활동을 하였다[45]. 그는 중국에서 장기간 머물면서 선교할 목적으로 장기 거주 신분을 얻기 위하여[46] 1598년에 처음 북경행을 시도했지만 그의 첫 방문은 실패하였다[47]. 왜냐면

---

44 利瑪竇(Matthew Ricci)(著), 羅漁(譯), 『利瑪竇全集4』, 書信集(下), 台北: 光啟出版社, 輔仁大學出版社, 1986, 551-552頁.

45 利瑪竇(Matthew Ricci), 金尼閣(Nicolas Trigault)(著), 何高濟, 王尊仲, 李申(譯), 앞의 책, 중국어 역자 서언의 2頁.

당시 일본의 조선 침략으로 인한 전쟁소문이 파다하였고, 또 일본이 중국을 침략하려는 야욕을 품고 있다는 정보를 입수한 상태라 중국 사람들은 외국 사람에 대한 호감이 없었고, 따라서 외국인인 마테오 리치를 황제에게 추천할 사람이 없었기 때문이다. 결국 그의 북경행은 1600년 두 번째 시도에서 이루어졌다. 이때 그는 신종을 만나 양금을 선물로 헌상하였는데, 이러한 사실은 그가 선교 수단으로 활용한 서양악기가 양금이거나 혹은 양금을 포함한 악기들임을 말해준다. 1582년부터 이루어진 그의 선교활동 행적과 서양 악기를 선교의 수단으로 활용하였다는 점을 고려할 때, 1600년 이전 선교 과정에서 양금이 이미 중국의 많은 지역에 전파되었을 가능성이 높았으리라 추정된다. 그 구체적 시기는 그가 처음 마카오에 도착하여 선교활동을 시작한 1582년으로 꼽아야 할 것이다.

마테오 리치가 명 신종에게 선물을 바쳤다는 기록은『이마두전집利瑪竇全集4·서신집書信集』중 1600년(만력 28) 12월 24일의 "利氏向大明皇帝萬曆呈現禮物的奏疏"에서 확인된다. 그 내용은 다음〈인용문 Ⅱ-4〉와 같다.

〈인용문 Ⅱ-4〉

伏念堂堂天朝, 方且招徠四夷, 雖奮志趨闕廷, 謹以原攜本國土物, 所有天帝圖像一幅, 天帝天母圖像二幅, 天帝經一本, 珍珠鑲嵌十字架一座, 報時自鳴鐘二架, 萬國輿圖一冊, 西琴一張等物, 陳獻御前.[48]

위의〈인용문 Ⅱ-4〉에 따르면 마테오 리치가 신종에게 자명종 등과 함께 서금西琴 한 장張을 선물로 헌상하였음을 알 수 있다. 또 이 주소奏疏의 뒷면에는 공물 목록[貢品清單]이 첨부되어 있었는데, 서금西琴은 "大西洋琴壹張"[49]이라고 기록되었다. 이로써 양금은 1600년에 명나라의 궁정으로 유입되었음이 확인된다. 이 대서양금이 현재 말하는 양금

---

46 위의 책, 314頁.
47 위의 책, 334頁.
48 利瑪竇(Matthew Ricci)(著), 羅漁(譯), 앞의 책, 551頁.
49 위의 책, 552頁.

이라는 사실은 다음 두 기록에서 보다 분명하게 드러난다.

〈인용문 II-5〉

萬曆辛巳, 歐羅巴國利瑪竇, 入中國. 始到肇慶, 劉司憲某, 待以賓禮. 持其貢, 表達闕庭. 所貢耶
蘇像、萬國圖、自鳴鐘、鐵絲琴等, 上啟視嘉歎.[50]

〈인용문 II-6〉

餘至京, 有外國道人利瑪竇, 贈子倭扇四柄. 合之不能一指, 甚輕而有風, 又堅緻. 道人又出番琴,
其製異于中國. 用銅鐵絲為絃, 不用指彈, 只以小板案. 其聲更清越.[51]

유동劉侗(1593~1637)의 『제경경물략帝京景物略』(〈인용문 II-5〉 참고)에서는 철사금鐵絲琴
이라고 칭하였으며, 풍시가馮時可(1542~?)의 『봉창속록蓬窗續錄』(〈인용문 II-6〉 참고)에서
는 번금番琴이라고 칭함과 동시에 "동철사로 현을 만든다.", "손가락으로 연주하지 않고
작은 나무판으로 연주하는데 그 소리가 아주 맑다."는 말로써 양금을 서술하였다. 특히
〈인용문 II-6〉을 통하여 마테오 리치가 가져온 번금番琴이라는 악기는 손가락으로 연주
하지 않고 작은 나무 판자[板案]로 연주한다는 점을 밝히고 있다. 비록 번금이라 칭하여
양금으로 단정할 수 없지만, 이어진 연결문의 악기 설명 내용을 통하여 그 번금이 바로
양금임을 알 수 있다.

그밖에 한국 문헌인 『열하일기熱河日記』 중에 포함되어 있는 「망양록亡羊錄」[52]을 통하
여 명나라 만력 연간(1573~1620)에 풍시가가 마테오 리치를 북경에서 만났고, 그때 "구라
동현소금(박지원의 칭호)"을 처음 봤다는 것을 알 수 있다. 그리고 『열하일기熱河日記』의

---

50 (明)劉侗, 於奕正, 『帝京景物略』, 北京: 北京古籍出版社, 1980, 207頁.

51 (明)馮時可, 『蓬窗續錄』 ⇨ 『續修四庫全書』 編纂委員會(編), 『續修四庫全書 1190』, 上海: 上海古籍出版
社, 2002, 505-506頁에서 재인용.

52 (조선)박지원, 『연암집』(권13), 별집 · 「열하일기」, 「망양록」, 46-70쪽. 원문은 "余問歐邏銅絃小琴行自何
時? 鵠汀曰: 不知起自何時, 而要之百年以外事也. 亭山曰: 明萬曆時, 吳郡馮時可逢西洋人利瑪竇於京師,
聞其琴, 又有所持自鳴鍾, 已自有記, 蓋萬曆時始入中國也."이다.

「동란섭필銅蘭涉筆」[53]에 따르면 박지원은 풍시가의 말(『봉창속록蓬窗續錄』)을 인용하여 "구라철사금"을 소개하였음을 알 수 있다. 『열하일기熱河日記』에 실린 양금의 관련 기록에 의하여 위의 〈인용문 Ⅱ-6〉에서 언급된 번금이 바로 양금이라는 사실이 더욱 극명하게 드러난다.

뿐만 아니라, 다나베 히사오田邊尚雄(1882~1984)의 『중국음악사』[54]에서도 양금은 마테오 리치가 중국에 처음에 소개했다는 내용이 보인다. 그런데 다나베 히사오는 양금이 1600년(만력 28)에 중국에 유입됐다고 했는데, 이는 『이마두전집利瑪竇全集4 · 서신집書信集』에 기록된 "利氏向大明皇帝萬曆呈現禮物的奏疏"의 내용에 근거한 견해로서 전술한 바와 같이 1600년은 양금이 명나라 궁정에 전입된 시기일 뿐, 중국에 양금이 유입된 시기는 그보다 더 이른 시기(1582년부터 1600년 이전)로 소급되어야 할 것이다.

나) 강희 연간(1661~1722)에 해상 실크로드를 통한 유입

청대의 일부 문헌들 중에는 양금이 강희 연간(1661~1722)에 유입되었다고 하는 기록들이 발견된다. 예컨대 서가徐珂(1869-1928)의 『청패류초清稗類鈔』가운데 관련 기록을 보면 다음 〈인용문 Ⅱ-7〉과 같다.

〈인용문 Ⅱ-7〉

洋琴: 康熙時 有自海外輸入之樂器, 曰洋琴。半於琴而畧(略)闊, 銳其上而寬其下, 兩端有銅釘, 以銅絲為弦, 張於上, 用錘擊之, 錘形如筋. 其音似箏、筑, 其形似扇, 我國亦能自造之矣.[55]

---

53 (조선)박지원, 『연암집』(권15), 별집 · 「열하일기」, 「동란섭필」, 34-60쪽. 원문은 "歐邏鐵絲琴: 吾東謂之西洋琴, 西洋人稱天琴, 中國人稱番琴亦稱天琴. 此器之出我東, 未知何時, 而其以土調解曲, 始于洪德保. 乾隆壬辰六月十八日, 余坐洪軒, 酉刻立見其解此琴也. 概見洪之敏於番彔, 而雖小藝, 既系朔始, 故余詳錄其日時. 其傳遂廣, 于今九年之間, 諸琴師無不會彈. 吳郡馮時可, 始至京得之. 利瑪竇以銅鐵絲為絃, 不用指彈, 只以小板案. 其聲更清越云."이다.

54 田邊尚雄(著), 陳清泉(譯), 『中國音樂史』, 上海: 上海書店出版社, 1984, 240頁. 원문: "根據續文獻通考有七十二絃琴者, 為明萬曆二十八年, 基督教宣教師利瑪竇所獻. 此殆為批霞那(Piano)前身之達爾希麻, 其後又由此宣教師輸入小型之達爾希麻, 名之為洋琴, 一名陽琴. 不惟中國, 即於朝鮮, 今亦盛行之." 그중 "達爾希麻"는 Dulcimer의 한자 발음 이름이다.

즉 서가는 양금을 강희제 때 해외로부터 수입된 악기로서 설명하였다. 그런데 이 문장에 언급된 양금에 대한 해설 내용은 앞서 언급한『문견우록聞見偶錄』의 양금 관련 기록(〈인용문 Ⅱ-1〉 참고)과 비교된다. 양금의 해외 유입설뿐만 아니라 악기의 모양, 현의 재료, 연주 도구와 연주법 등에 대한 형용은 물론, 심지어 중국에서도 양금이 제작되고 있다는 사실을 언급한 점에서도 두 기록은 상통하고 있다. 이러한 사실은『청패류초淸稗類鈔』의 양금 관련 기록이『문견우록』의 양금 관련 내용에 근거하여 이루어졌음을 말해준다. 그런데 주상현의『문견우록』에는 강희제 때 양금이 유입되었다는 말이 없다. 그렇다면 서가는 무엇에 근거하여 양금을 강희제 때 해외로부터 수입된 악기로 간주하였는지 살펴볼 필요가 있다.

서가가 양금을 강희제 때 해외로부터 수입된 악기로 간주하게 된 배경에는 바로『문견우록聞見偶錄』에서 주상현이 "몇 십 년 전에 처음으로 양금을 보았다[数十年来, 始见洋琴]"고 한 기록이 작용한 것으로 보인다. 주상현은 몇 십 년 전에 양금을 처음 보았다고 한 뒤, 그것이 해외로부터 전래하였다는 사실, 당시 중국에서도 만드는 사람이 있다는 사실에 대하여 언급하였다.[56]『문견우록』이 건륭연간(1736~1796)에 이루어진 책이라는 사실로 미루어 주상현이 양금을 처음 보았다는 몇 십 년 전이란 시점은 강희 연간(1661~1722)일 수도 있고, 건륭 연간(1736~1796)일 수도 있다. 그리고 그 몇 십 년 전이란 시점은 주상현이 양금을 처음 보았다는 것이지, 양금이 처음 유입된 대를 말하는 것이 아니다. 그럼에도 불구하고 서가는 주상현의 "수십년래数十年来, 시견양금始见洋琴"이라는 내용에 의거하여 양금이 청나라 강희 연간(1661~1722)에 중국으로 유입되었다는 결론을 냈다. 그러므로 양금이 강희제 시기에 두 번째로 중국으로 유입되었다고 보는 견해는 합리적이라고 보기 어렵다.

요컨대, 명나라가 "해금정책"을 계속 강하게 실시했음에도 불구하고 "융경개방" 정책을 계기로 1582년 8월에 마테오 리치가 양금을 포함한 여러 서양악기를 가지고 마카오에

55 (淸)徐珂(編),『淸稗類鈔』音樂(36), 上海: 商務印書館, 1917, 55頁.
56 (淸)朱象賢, 앞의 책, 70頁.

도착함으로써 이 시기에 양금이 처음으로 동아시아로 유입되었음을 확인하게 되었다. 양금이 명나라의 궁정으로 들어간 것은 그로부터 18년 뒤인 1600년(만력 28) 12월 24일의 일이다. 비록 명왕조의 쇠퇴로 인하여 양금이 정착되지는 못하였지만, 양금의 최초 유입 시기는 명 신종 시기임이 분명하다. 따라서 청대의 문헌에 의거하여 양금의 최초 유입 시기를 강희제 연간(1661~1722)으로 간주하는 것은 합리적이지 못하다고 본다.

(2) 육상 실크로드를 통한 유입

가. 유입 배경

주청보는 일찍이 티무르 제국帖木兒王朝(Timurid dynasty, 1370~1507)으로 인하여 양금이 육상 실크로드를 통하여 신강 지역까지 전파되었다고 논한 바 있다.[57] 그의 연구결과에 의하면, 양금은 육상 실크로드를 통해서 남아시아의 인도 등지에도 전해졌지만, 중국의 신강 지역으로도 전해졌는데, 바로 중국의 신강위구르자치구新疆維吾爾自治區가 중요한 경로가 되었다고 하였다. 티무르 제국은 티무르가 중앙아시아 지역에 건국한 이슬람 왕조로서 중앙아시아, 이란, 아프가니스탄을 지배하였다. 전성기의 영토는 "북동쪽으로는 동투르키스탄, 남동쪽으로은 인더스 강, 북서쪽은 볼가 강, 남서쪽으로는 시리아, 아나톨리아 방면까지 이르러, 과거 몽골제국의 서남부 지역도 지배하였다"[58]고 할 정도로 광대하였는데, 그 중에는 중국 신강 지역의 일부도 포함되어 있었다.[59] 또한 티무르 제국의 수도인 사마르칸트Samarqand[60]는 당시 문화와 경제의 중심지였으며, 현재의 중국 신강 카스 지역과 매우 가까운 거리에 위치하였다. 말하자면 당시 신강 지역은 명나라의 수도인 북경보다는 티무르 제국과의 거리가 더 가까웠다. 그러한 지리적 조건으로 인하

---

57 周菁葆, 앞의 논문(2010c), 16頁. 이 논문에서는 Dulcimer라는 단어 대신 양금의 시조(始祖)인 Santur라는 단어를 사용했다.
58 加藤和秀, 『ティームール朝成立史の研究』, 北海道: 北海道大学大学図書刊行会, 1999, 280頁.
59 楊佳, 앞의 논문, 40頁.
60 현재는 우즈베키스탄의 영토이다.

여 중국 신강의 많은 지역은 이슬람문화의 영향을 많이 받았을 뿐만 아니라 그 문화 역시 많은 부분에서 중국보다는 중앙아시아의 문화와 매우 유사하다. 양금 역시 티무르 제국 시기에 육상 실크로드를 통하여 신강 지역까지 전해질 수 있었으며, 중국의 신강위구르 자치구가 중요한 경로가 되었다고 할 수 있다. 페르시아 아라비아는 양금의 최초 발원지와 동일한 문화권에 속하여 있어 음악문화의 교류가 보다 용이할 뿐만 아니라 다른 문화권으로 전파하는 것에 비하여 전파 속도가 훨씬 더 빨랐으리라 추정된다.

기실, 명나라 역시 티무르 제국과 교류 활동이 있었다. 명나라와 티무르 제국과의 교류 활동에 대한 정보는 주로 『서역행정기西域行程記』[61]와 『명태종실록明太宗實錄』[62]을 통하여 확인할 수 있다. 이 두 문헌은 1413년(영락 11) 당시 리부험봉사원외랑吏部驗封司員外郞인 진성陳誠(1365~1457)과 원마사청하감부신苑馬寺淸河監副臣인 이섬李暹(?~?)이 티무르 제국을 방문하면서 상세 일정은 물론, 경유 지역을 일일이 기록하여 남긴 것이다. 이 두 문헌을 통하여 육상 실크로드에서 명나라와 티무르 제국의 무역과 문화교류 활동이 입증될 수 있었는데, 그 경유지로서 중국의 신강 지역이 포함됨이 확인된다. 이런 환경적 조건 역시 신강의 창이 육상 실크로드를 통하여 유입되었음을 말해주고 있다고 할 수 있다.

나. 유입 시기

대재우代梓又는, 양금은 1275년에 이탈리아 여행자 마르코 폴로Marco Polo(1254~1324)가 육상 실크로드를 통하여 중국에 들여는 것이라 하였다. 그는 마르코 폴로의 글 가운데 "원대에는 대량의 서아시아 악기들이 들어와 있었다."라고 한 내용에 근거하여 양금이

---

61 (明)陳誠, 『西域行程記 西域番國志』, 北京: 中華書局, 1991. 『西域行程記』에 따르면 진성과 이섬 등은 陝西行都司肅州衛(현재 주천의 숙주구)에서 출발하고 玉門關(현재 楡關), 哈密, 土爾番城(현재 토로번), 衣裂河(현재 이리하), 達失干城(현재 우즈베키스탄의 타슈켄트), 俺都淮城(현재 북 아프가니스탄의 안득호이) 등 지역을 거쳐 哈烈(현재 아프가니스탄의 헤라트)에 도착했다.

62 中央研究院歷史語言研究所(編), 『明太宗实录』卷80, 台北: 中央研究院, 1962, 1077頁. 원문: "永樂六年七月 丁未 遣內官把泰 李達等齎敕往論八答黑商 葛忒郎 哈實哈兒等處開通道路 凡遣使往來行旅經商 一從所便 仍賜其王子頭目彩幣有差". 이번에 사신들은 "西走廊—塔里木盆地—帕米爾高原—中亞地區"로 哈烈에 도착했다. (範雅黎, 「帖木兒朝若干問題辨析」, 新疆師範大學 碩士學位論文, 2010, 12頁)

원대에 들어와 있었던 그 대량의 서아시아 악기들 가운데 한 종류가 아닐까라는 추측을 하였다[63]. 그러한 추정을 통하여 양금의 중국 유입을 1275년 이전으로 소급하고자 하는 의도를 읽을 수 있는데, 그것을 입증할 만한 어떠한 사료적 근거나 고고학적 사료가 전혀 발견되지 않는다. 따라서 그러한 추정은 전혀 설득력이 없다고 할 수 있다.

중국 신강위구르자치구新疆維吾爾自治區의 창[鏘 또는 chang][64]은 위구르족과 카르키조족 등 소수 민족에 의해 사용되며, 특히 신강의 12무카무[十二木卡姆]의 주요 반주 악기로 사용된다.[65] 그와 상관하여 먼저 『원사元史』[66]와 『서사기西使記』[67]에 보이는 72현 비파라는 악기에 대하여 살펴보고자 한다. 양음류는 72현 비파를 현재 신강 지역의 카롱과 같은 악기라고 주장한[68] 반면, 주청보周菁葆(1945~)는 이 72현 비파가 중아시아와 남아시아의 산투르Santur[69]로 추측된다고 하였다.[70] 주청보의 주장대로라면 이 72현 비파가 바로 현

---

63 代梓又, 앞의 책, 1-2頁. 원문은: "1275年(元汗八里時期), 著名的意大利威尼斯旅行家馬可‧波羅便是由大漠古道的"絲綢之路"來到元大都, 並寫下了第一部用歐洲文字較全面地介紹中國情況的書籍——《馬可波羅遊記》. 道路的暢通帶來了交流的便利, 元代便有很多西亞樂器傳人中國, 揚琴或許是此時期眾多傳人樂器中的一種."이다. 이를 통하여 1275년에 이탈리아의 여행자인 마르코 폴로(Marco Polo, 1254~1324)가 육상 실크로드를 통하여 중국에 들어왔다는 사실, 그가 들어왔을 당시 중국에는 서아시아의 악기들이 많이 들어와 있었다는 사실들을 알 수 있다. 代梓又는 이러한 사실들에 의하여 양금이 혹시 이 시기에 대량으로 전입된 악기들 중 한 종류가 아닐까 추측하였다. 이는 단지 추측일 뿐, 그것을 입증할 만한 어떠한 근거도 없다.

64 중앙아시아 지역에서는 창(chang)이라고 부르고 중국 신강 지역에서는 장(鏘)이라고 부르는데, 모두 같은 악기다.

65 方媛, 「新疆揚琴的源流探考」, 『昌吉學院學報』, 2012(5), 34頁.

66 (明)宋濂, 『元史』⇨『文淵閣四庫全書 史部五三 正史類』, 台北: 台灣商務印書館, 1983, 295-34頁에서 재인용. 『元史』卷149, 「列傳」第36, "郭宝玉"조에 "至乞石迷部, 忽里算滩降. 西戎大国也, 地方八千里, 父子相传四十二世, 胜兵数十万. 侃兵至. 又破其兵七万, 屠西城, 破其东城, 东城殿宇, 皆构以沉檀木, 举火焚之, 香闻百里, 得七十二弦琵琶、五尺珊瑚灯檠."라고 기록되어 있다.

67 (元)劉郁, 『西行記』⇨『文淵閣四庫全書 史部二一八 傳記類』, 台北: 台灣商務印書館, 1983, 460-926頁에서 재인용. 원문: "取布達國…(중략)…初哈里巴患頭痛, 醫不能治. 一伶人作新琵琶七十二絃, 聽之立解".

68 楊蔭瀏, 앞의 책, 727-728頁.

69 산투르(Santur)는 고대 바빌로니아 시기와 네오 아시리아 시기까지 거슬러 올라갈 수 있다. 산투르는 페르시아에서 터키에 이르러 17세기 이란에 들어갔다. 이란의 양금은 사다리꼴 공명통으로 4현이 한 쌍이 되어 개별 브리지(individual bridge)를 이루는데 모두 18개 묶음으로 되어 있다. 좌우 손목의 힘을 이용하여 두 개의 채로 현을 두드린다. 현의 충격력을 줄이기 위하여 채의 끝부분을 천으로 쌌다. (Stanley Sadie, Op. cit., 2001(7), p.681)

70 周菁葆, 앞의 논문(2010c), 17頁.

재 신강의 창이라는 말이 된다. 그러나 그것을 입증할 만한 역사 자료나 고고학 실물이 부족하기 때문에 이 72현 비파를 창으로 단정하기는 어려운 면이 있다. 그것이 만일 창이라면 창은 육상 실크로드를 통해 유입되었다는 말이 될 수 있을 것이다.

그렇다면 창이라는 악기는 과연 언제, 어떤 경로를 통하여 중국 신강에 유입되었는지 궁금하다. 현재 창의 유입에 관한 학계의 동향은 육상 실크로드를 통한 유입설 외에 해상 실크로드를 통한 유입설도 함께 거론되고 있다. 육상 실크로드를 통한 유입설은 주청보의 견해를 대표로 꼽을 수 있다. 그는 신강 지역 창의 연주 기법과 스타일이 중국파 양금(한자문화권 양금)과 다르고 오히려 페르시아의 양금 체계에 속한다고 판단하고는[71] 그것이 육상 실크로드를 통하여 유입되었다고 보았다. 장리張莉[72]와 서평심徐平心[73] 역시 창이 육상 실크로드를 통하여 유입되었음을 주장한다. 반면, 해상 실크로드를 통한 유입설은 서양의 논저인『새로운 그로브 음악 사전The New Grove Dictionary of Music and Musicians』과『The Hammered Dulcimer』에 명시된 양금의 전파 경로에서 확인된다.

먼저『새로운 그로브 음악 사전』권 7(684쪽)에 명시된 덜시머Dulcimer형 양금의 세계 전파 경로 지도는 다음〈그림 Ⅱ-4〉와 같다.

또한 Paul M. Gifford의『The Hammered Dulcimer』[74]에 명시된 동아시아 양금의 전파 경로 지도는 다음〈그림 Ⅱ-5〉와 같다.

---

71 위의 논문, 26頁.

72 張莉,「新疆揚琴研究」, 西北師範大學 碩士學位論文, 2008, 10頁. 원문: "公元十四世紀察合台汗國時期就流傳於維吾爾族民間, 由西亞擊奏弦鳴樂器"桑圖爾"演變而來, 是經絲綢之路由烏茲別克斯坦傳入新疆內地的".

73 徐平心, 앞의 논문(1992a), 9頁. 원문: "新疆揚琴過去稱"昌", 與原蘇聯幾個中亞加盟共和國一致. "昌"—chang這一名稱源於波斯, 而今中亞的chang的形制與波斯的santur仍很接近. 所以說chang很可能直接源於中亞, 而不可能是由沿海一帶傳去的".

74 Paul M. Gifford, *The Hammered Dulcimer*, The Scarecrow Press, Inc. Lanham, Maryland, and London, 2001, pp.204-205.

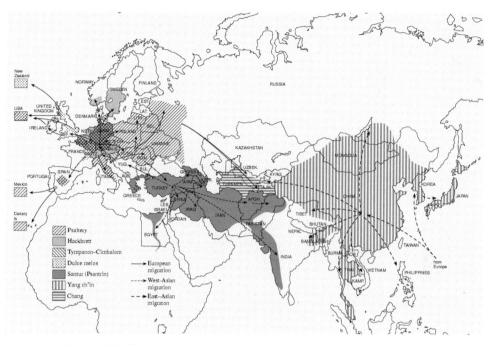

〈그림 Ⅱ-4〉 세계 양금 전파 경로 지도(https://www.oxfordmusiconline.com/grovemusic/ 인용)

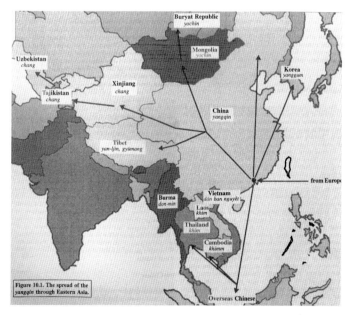

〈그림 Ⅱ-5〉 동아시아 양금
전파 경로 지도

위의 두 지도를 보면, 양금은 먼저 중국 남쪽에 도착한 뒤, 신강 등 중앙아시아 지역까지 전파된 것으로 나타난다. 즉, 신강 지역의 창이라 불리는 사다리꼴형 양금은 중앙아시아의 창과 같은 악기로서 먼저 중국 마카오에 유입되었으며, 그 덜시머형 양금은 중앙아시아 부분지역까지 전파되었음을 확인할 수 있다. 이와 같이 두 문헌자료에서는 중국 신강 지역 창이 해상 실크로드를 통하여 유입된 것으로 논하였다.

한편, 만동서萬桐書(1923~)는 그의 『유오이족악기維吾爾族樂器』에서 신강의 창은 해상과 육상 실크로드 두 가지 경로를 통해 각각 신강으로 전해졌다고 주장한다.[75] 즉, 해상 실크로드를 통해 마테오 리치가 가져왔던 양금이 18세기경 신강의 하미哈密로 전해졌을 뿐만 아니라 같은 시기에 육상 실크로드를 통하여도 중앙아시아로부터 양금이 현재의 신강 위그루자치구의 카슈가르Kashgar로 전해졌다고 주장한다. 그러나 방원方媛이 현장 조사를 통해 확인해본 결과, 현재 신강의 창은 한자문화권의 양금 금채처럼 대나무로 만든 금채를 사용하고 있지만, 그 조현에 있어서는 한자문화권의 조현법과 달리 각 현간 단3도의 음정관계는 포함되지 않고 매 현이 단2도를 이루는 중앙아시아 지역의 창의 조현법과 동일한 것으로 나타났다.[76] 즉, 연주 도구는 중국 한자문화권 양금의 그것과 같은 반면, 조현법은 아직 중앙아시아의 그것을 유지하고 있음을 말해준다. 결국 창의 유입 경로에 대해서는 문헌 자료나 고고학 자료의 부족으로 인하여 명확한 결론을 내리지 못한 채, 학계에서는 여전히 다양한 논쟁거리로 남아 있다. 그러나 일반적으로 현재의 창을 해상 실크로드와 육상 실크로드를 통하여 전래된 양금의 결합체라고 보는 경향이 강하게 자리하고 있다. 기실, 신강 지역은 중앙아시아와 가까워 그 문화적 영향을 많이 받아 왔으며, 신강 지역의 특수성과 신강의 일부 지역에 이슬람 문화가 있기 때문에 양금이 육상 실크로드를 통하여 직접 페르시아 아라비아에서 유입되었다는 것 추정하기 어렵지

---

[75] 萬桐書(編), 『維吾爾族樂器』, 烏魯木齊: 新疆人民出版社, 1986, 65頁. 원문: "公元十七世紀中, 從海路傳至中國廣東省沿海, 叫洋琴, 蝴蝶琴和扇面琴, 後廣為流傳, 約十八世紀傳到哈密。與此同時從另一路從中亞傳到喀什." 하미(哈密 또는 Kumul)는 신강성 동부의 오아시스 도시이고 카스(喀什 또는 Kashgar)는 신강성 서남부에 있는 도시이다.

[76] 方媛, 앞의 논문, 35-36頁.

않다. 뿐만 아니라 창의 발전과 전승 과정에서 해상 실크로드를 통하여 유입된 양금의 영향을 받았을 가능성도 배제할 수 없다. 결국 창의 조현이 한자문화권 양금의 조현법과 달리 중앙아시아 지역 창의 조현법과 동일하다는 사실은 해상 실크로드를 통하여 유입된 양금이 신강으로 전해졌다고 보기 어렵게 한다. 따라서 해상 실크로드를 통하여 유입된 양금이 신강은 물론 중앙아시아까지 전파되었다고 하는 서양 학자들의 견해는 설득력이 없다고 본다. 뿐만 아니라 이 악기가 언제 신강 지역으로 유입되었는지, 그 시기를 밝힐만한 문헌 자료나 고고학 자료가 아직 발견되지 않아 여전히 숙제로 남아있다.

요컨대, 현재 신강 지역 창의 음위 특징과 신강에 자리한 이슬람 문화에 비추어 창은 해상 실크로드보다는 육상 실크로드를 통해 신강으로 전해졌을 가능성이 높아 보인다. 그러나 창의 연주에 금채를 사용한다는 사실은 해상 실크로드를 통하여 전해진 양금이 신강 지역으로도 전해졌다는 증거가 된다. 따라서 신강은 해상 실크로드로 유입된 양금과 육상 실크로드로 유입된 창의 합류점合流點이며, 현재의 창은 바로 그 결합체라고 할 수 있다.

2. 중국 양금의 한국 전파

한국 양금에 대한 가장 이른 시기의 기록은 이규경李圭景(1788~1856)의 『구라철사금자보歐邏鐵絲琴字譜』이다. 양금이 한국에 유입된 시기에 대한 학계의 추정은 1610년대, 1757년경과 1770년대 세 가지이다. 이 세 가지 유입 시간에 대해 다시 검토할 필요가 있다. 그러면 양금의 유입 배경으로서 청나라와 조선 사이의 사신 교환에 대해 먼저 살펴보고자 한다.

1) 유입 배경

조선 전기에는 유학儒學 이념에 따라 명나라와 많은 음악 교류가 있었는데, 명나라가 멸망한 후에도 실학 이념이 대두하면서 음악 교류가 계속 진행되었다. 조선 왕조의 입장에서 명나라와 청나라의 왕조 교체 상황을 고려해볼 때, 조선이 청나라를 사회문화적으로 수용하기 위해서는 과도기적인 시간이 필요했을 것이다. 외래 민족으로서 중국에 침입한 청나라는 의심의 여지없이 당시 조선사회에 큰 충격을 주었을 것이며, 조선인들이 스스로의 의지로써 청나라에 순순히 굴복하기란 쉽지 않았을 것이다. 1637년부터 정축조약丁丑條約 때문에 조선은 청의 연호를 쓰게 되었고, 매년 청나라에 조공도 시작하였다.[77] 그런데 임진왜란 때 명나라의 "재조지은再造之恩"에 따라 조선 후기에는 조선중화주의 경향이 나타났다. 즉, 조선 후기는 "대청복수론對淸復讐論과 대명의리론對明義理論"[78]으로 성립된 특수한 시기였다.

　"존주론尊周論" 때문에 조선 후기는 중화주의의 영향을 전승했다. 음악적으로도 조선중화 의식인 대보단[79]의 황단악, 정조와 서명응의 악서편찬을 통한 음악의 이론적 정비 사업[80]과 농본국으로서 매우 중시한 친경 의식 및 친잠 의식에서 사용된 음악사상을 통하여 조선중화주의의 음악적 실현이 나타났다.[81]

　반면, "청조학술淸朝學術과 조선성리학朝鮮性理學"[82]에 따라 북학파[83]도 등장했다. 청나

77　처음에 조선은 매년 4회 조공했는데, 1645년 이후 조선은 "동지사"로 공식 방문했고 조선의 조공 횟수는 447회이고, 청나라의 사신이 조선에 온 횟수는 모두 1,468회였다. 김은자, 「朝鮮時代 使行을 통해 본 韓·中·日 音樂文化」, 한국학중앙연구원 박사학위논문, 2011, 33-34쪽.

78　정옥자, 『조선후기 조선중화사상연구』, 서울: 일지사, 2001, 15쪽. "대청복수론"을 북벌론으로, "대명의리론"을 존주론으로 나타냈다.

79　대보단은 임진왜란 때 원군을 파견하여 조선으로 하여금 재조지은을 입게 한 명나라 신종(神宗, 1563~1620)과 명나라의 마지막 황제인 의종(毅宗, 1611~1644)을 제사하기 위하여 1704년(숙종 30) 창덕궁에 창설한 제단이다.

80　정조가 편찬한 『악통』, 서명응이 편찬한 『시악화성』, 『원음론』, 『국조시악』, 『시악묘계』 등이 있다.

81　송지원, 앞의 논문(1999), 234-241쪽.

82　정재훈, 『조선시대의 학파와 사상』, 성남: 신구문화사, 2008, 231-259쪽.

83　북학파는 영조대 후반, 18세기 후반에 시작하는데 그 초기 주창자는 홍대용(洪大容, 1731~1783)과 박지원(朴趾源, 1737~1805)이며, 북학이 본 궤도에 오른 것은 박제가(朴齊家, 1750~1815), 이덕무(李德懋, 1741~1793), 유득공(柳得恭, 1749~?), 남공철(南公轍, 1760~1840), 이서구(李書九, 1754~1825) 등을 통해서이다. 김정희(金正喜, 1786~1856)는 바로 이들의 다음 세대로 북학의 영향을 직접 받았다. (위의 논문, 251쪽) 특히, 박제가의 『북학의』, 박지원의 『열하일기』, 홍대용의 『담헌연기』 등 기행문은 북학파의 대표 논저이다.

라의 선진 문화가 발전하면서 북벌은 점차 북학으로 바뀌었다. 당시 홍대용洪大容(1731~1783), 박지원朴趾源(1737~1805) 등 실학자들은 주로 연경에서 보고 듣고 교류했던 내용을 『연행록燕行錄』에 수록했는데, 이를 통하여 조선과 청나라의 문화교류 상황을 알 수 있으며, 청나라의 많은 선진 문화나 신기한 물품이 한국으로 소개되었다. 여기에는 청나라의 음악문화도 포함되었는데, 양금도 이 가운데 신기한 악기로써 연행을 통하여 한국에 유입되었다.

2) 유입 시기와 경로

이규경의『구라철사금자보歐邏鐵絲琴字譜』서문의 창래刱來에는 한국 양금의 유입 시기 관련 내용이 다음의 〈인용문 Ⅱ-8〉과 같이 나타난다.

〈인용문 Ⅱ-8〉

歐邏琴入于中華, 以帝京景物略攷之則, 自利瑪竇始. 名曰天琴, 卽鐵絲琴也. 池北偶談香山奧三吧寺有風琴, 銅弦彈之, 以和經唄奏. 御稿存回部, 旣平得其樂, 命於大饗, 所陳諸部末肄之. 其哭有洋琴之屬, 流出我東則幾止六十載. 終無翻曲徒作文房奇, 摩弄而已. 正祖朝[年當, 俟考年] 掌樂院典樂朴寶安者, 隨使入燕, 始學鼓法. 翻以東音自此傳習而以手相授. 若無字譜旋得隨失, 歲在丁丑仲春, 同典樂文命新講作此譜. [84]

위의 인용문을 보면 정축丁丑년은 1817인데, 이보다 60년 이전인 1750년대(1757)에 한국에 양금이 있었다는 것을 알 수 있다. 원문에 나오는 "육십재"라는 것은 대략적인 추정이기에 양금이 한국에 유입된 시기를 1757년으로 단정하기 어려우며, 따라서 1750년대에 양금이 존재했었다는 것으로 해석함이 합리적이다. 즉, 1750년대(1757) 한국에 양금이 있었다는 것이 확인된다. 그리고 정조 시기(1776~1800) 장악원 전악 박보안이 사신을

---

84   『歐邏鐵絲琴字譜』(韓國音樂學資料叢書 · 14), 국립국악원, 1984, 92쪽.

따라 북경에서 고법을 배웠다는 내용을 통해서도 1770년대 한국에 양금이 있었음이 확인된다. 특히, 한국 문헌에서 중국 명나라 만력 연간(1572~1620)에 선교사인 마테오 리치를 통하여 양금이 중국으로 들어왔음이 재확인된 것은 매우 큰 의미가 있다. 특히, 천금이라는 양금 명칭에서 중국의 『제경경물략帝京景物略』에 나타난 "天琴鐵絲絃, 隨所按, 音調如譜"[85]가 인용된다. 그런데 강세황姜世晃(1713~1791)의 『표암유고豹菴遺稿』에 따르면, 양금의 한국 유입 경로와 방식에 대해서는 알려진 바가 없다고 하는데, 이와 관련된 내용은 다음 〈인용문 Ⅱ-9〉와 같다.

〈인용문 Ⅱ-9〉

西洋琴. 西洋琴制, 以木作小函, 上狹而下廣. 以桐板加其面, 絚以銅絲四五十, 以兩木片依函面廣狹而斜拄之. 廣面之絃長而聲大, 狹面之絃短而聲細. 每四絃合作一聲, 以小竹篾叩之. 其聲鏘然可聽, 或大或細, 亦可隨曲作聲. 而但與琵琶有異, 不可作撚攏之勢. 則其音只似鍾磬與方響, 雖有淸濁高下, 似無悠揚韻折之致. 東人或有貿至者, 未知其鼓法與聲調之如何耳.[86]

위의 인용문에서 나타난 양금의 형제, 연주법 및 음색의 특징에 따라 한국 사람들이 중국에서 간혹 양금을 구입해 왔음이 확인된다. 양금은 비파 연주법과 다르다고 하고, 청탁고하만 있지 줄을 비틀거나 흔들지 못한다고 소개한다. 그러나 당시 한국의 양금은 누군가가 구입하여 얻은 것으로 그 연주법과 조현법을 알 수 없다고 서술하고 있지만, 『열하일기熱河日記』를 통하여 홍덕보가 조율했다는 내용을 참고하면 더 구체적인 시기를 살필 수 있을 것 같다. 박지원朴趾源(1737~1805)의 『열하일기熱河日記』 「망양록亡羊錄」(〈인용문 Ⅱ-10〉 참고)에서도 이와 같은 유입 경로가 소개되었다. 하지만 『열하일기』의 「동란섭필銅蘭涉筆」(〈인용문 Ⅱ-11〉 참고)에 의하면 양금이 한국에서 처음 연주된 상황이 확인된다. 이는 다음 인용문과 같다.

---

85 (明)劉侗, 於奕正, 앞의 책, 153頁.
86 (조선)강세황, 『豹菴遺稿』, 성남: 한국정신문화연구원 고전자료편찬실, 1979, 344쪽.

〈인용문 Ⅱ-10〉

余問歐邏銅絃小琴行自何時? 鵠汀曰: 不知起自何時, 而要之百年以外事也. 亨山曰: 明萬曆時, 吳郡馮時可逢西洋人利瑪竇於京師, 聞其琴又有所持自鳴鍾, 已自有記. 盖萬曆時始入中國也. 西人皆精曆法, 其幾何之術, 爭纖較忽, 凡所製造, 皆用此法. 中國累黍反屬龘莽, 且其文字, 以聲爲義. 鳥獸之音, 風雨之響, 莫不審於耳而形于舌. 自謂能識八方風, 能通萬國語, 亦自號其琴爲天琴. 問其紅籤所書是何所標, 鵠汀曰: 這是調絃工工尺尺, 貴國亦有是琴否? 余曰: 自中國貿歸, 初不識諧律, 但其絲絲丁東. 聲如盤珠, 最宜老人少睡, 小兒止啼. 二人皆大笑.[87]

〈인용문 Ⅱ-11〉

歐邏鐵絲琴. 吾東謂之西洋琴, 西洋人稱天琴, 中國人稱番琴亦稱天琴. 此器之出我東, 未知何時. 而其以土調解曲, 始于洪德保. 乾隆壬辰六月十八日, 余坐洪軒, 酉刻立見其解此琴也. 槪見洪之敏於番音, 而雖小藝, 旣系剏始, 故余詳錄其日時. 其傳遂廣, 于今九年之間, 諸琴師無不會彈. 吳君馮時可, 始至京得之. 利瑪竇以銅鐵絲爲絃, 不用指彈, 只以小板案. 其聲更淸越云. 又自鳴鐘, 僅如小香盒精金爲之. 一日十二時, 凡十二次. 鳴亦異云云, 并見篷熄續綠盖此兩器. 皇明萬曆時, 始入中國也. 余山中所有洋琴, 背烙印五音舒記. 製頗精好, 故今來中國, 爲人應求, 遍覽所谓五音舒, 而竟未得.[88]

위의 〈인용문 Ⅱ-10〉과 〈인용문 Ⅱ-11〉에서는 중국 명나라 만력 연간(1573~1620)에 선교사인 마테오 리치를 통하여 양금이 중국으로 들어왔다는 것도 재확인된다. 그리고 1772년(건륭 임진년) 6월 18일 오후 6시(유시)경에 박지원이 홍덕보의 집에서 홍덕보가 양금을 연주하는 모습을 처음 보았음을 알 수 있다. 즉, 양금이 한국에 유입된 시기에 대하여 안선희(2009, 205쪽)는 1605년으로 추정했고, 송지원(1999, 242쪽)은 1770년대로 추정했지만, 실은 한국에 양금이 유입된 시기는 1750년(1757)대로 보는 것(조유회, 2009, 229쪽)

---

87 (조선)박지원, 『연암집』(권13), 별집 · 「열하일기」, 「망양록」, 46-70쪽.
88 (조선)박지원, 『연암집』(권15), 별집 · 「열하일기」, 「동란섭필」, 34-60쪽.

이 합리적일 것이다.

다시 정리하자면, 양금의 한국 유입은 조선과 청나라 간 음악 교류의 중요한 증거이자, 조선 후기 소중화주의 사상의 성공을 보여주는 실례라 하겠다. 반대로 북학파인 실학사상이 형성되었다는 것도 증명된다. 강세황의 『표암유고豹菴遺稿』와 박지원의 『열하일기熱河日記』를 통하여 17세기 후반에 한국에 양금이 있었다는 것이 증명되고, 이규경의 『구라철사금자보歐邏鐵絲琴字譜』에 의하면 1750년대(1757)에 양금이 한국으로 유입되었음이 확인된다. 즉, 한국 양금이 중국에서 수입된 구체적 시기는 알 수 없지만 사신을 통하여 1750년대(1757) 한국에 양금이 있었음이 확인된다. 특히, 한국 문헌에서 중국 명나라 만력 연간(1573~1620)에 선교사 마테오 리치를 통하여 양금이 중국으로 들어온 것이 재확인됨은 의미가 매우 크다.

3. 중국 양금의 일본(유구국) 전파

일본 양금에 대한 최초 기록은 현재 오키나와가 유구국으로 존립하고 있었던 1663년, 청조의 책봉사가 이르렀을 때 유구국 궁정에서 행한 공연 중 양금[瑤琴]의 연주가 포함되어 있었다는 것이다. 이는 양금이 처음 중국으로 전해진 시기로부터 75년을 경과한 뒤의 일이고, 마테오 리치가 명 신종에게 양금을 헌상한 시기인 1600년보다 63년 뒤의 일이다. 현재 중국 학계에서는 당시 유입된 양금이 중국 초기 양금의 형태인 것으로 알려져 있다. 중국에서는 그 시기의 양금 실물이 발견되지 않고 있다. 먼저 중국과 유구국의 관계 및 양금의 유입 배경으로서 책봉사 파견에 대해 알아보고자 한다.

1) 유입 배경

일본 본토와 대만 사이에 위치하고 있는 오키나와 지역은 현재 일본 영토에 속하지만, 역사상 약 500년간 독립 국가로서 존속하였던 유구국이었다. 애초 유구 제도諸島에서 건립된 산남山南, 중산中山, 산북山北 3국이 있었으나 1429년에 중산왕에 의하여 삼국이 통일됨으로써 "삼산시대三山時代"[89]가 종식되었다.[90] 유구국은 중국, 조선, 동남아시아 및 일본과 무역을 하는 등 외교 활동을 하였다.[91] 유구국이 중국과 처음 외교를 시작한 것은 1372년(명 홍무 5)에 유구의 중산왕이 명나라에 사신을 파견하면서부터이다. 명나라도 1404년부터 책봉사冊封使를 유구국에 파견하면서 이 책봉사들을 통하여 교류 활동을 시작하였다.[92] 명나라의 책봉사冊封使가 유구국으로 가는 행로는 반드시 복건福建성을 경유하여야 했고, 그곳에서 준비해야 했다. 즉, 북경에서 황명皇命을 받은 후 복건성 복주福州시에 도착하여 그곳에서 책봉선의 건조[建造冊封舟], 선장의 조수 모집[招募船工舵手], 제사祭祀, 유구국의 영봉선迎封船을 기다리는 일[等待琉球迎封舟] 등 유구국으로 출발하는 모든 준비가 복주시에서 수행되었다.[93] 그곳에서 모든 준비가 완료되면 명나라의 책봉사는 현재의 복건성 소재의 민해閩海로부터 출발하여 유구국으로 향하였다. 명, 청시기 중국의 유구국에 대한 책봉사의 파견은 모두 23차에 걸쳐 이루어졌다. 유구국에 도착하여 거행된 책봉의식에서는 유구국의 연극演劇이 공연되기도 하였는데, 이 극은 중국의 사평희四平戲, 이원희梨園戲와 보선희莆仙戲 등 극중의 영향을 받았다고 한다.[94] 뿐만 아니라 양금도 역시 중국으로부터 책봉사를 통하여 유구국으로 전해지게 되었다.

2) 유입 시기와 경로

지금까지 알려진 바, 유구국에 전해진 양금에 관한 최초의 기록은 희명성소喜名盛昭(1944~)의 『충승여중국기능沖繩與中國技能』이다. 그것에 의하면 1663년에 청나라의 책봉

---

89 산남, 중산과 산북 이상 3개국이었다. 이 가운데 중산의 국력이 가장 강하고, 산북이 가장 약하다. (楊邦勇, 『琉球王朝500年』, 北京: 海洋出版社, 2018, 15頁.)

90 위의 책, 18頁.

91 위의 책, 25-39頁.

92 矢野輝雄(著), 金秋(譯), 「琉球對中國音樂的吸收」, 『中國音樂』, 1994(4), 54-56頁.

93 連晨曦, 「明代冊封琉球使臣的福州行跡」, 『三明學院學報』, 2016(33), 60-64頁.

94 葉長海, 「明淸冊封使記錄的琉球演劇」, 『文化遺産』, 2014(4), 87-99+158頁.

사신인 장학례張學禮(?~?)가 유구국에 와서 창곡唱
曲 공연 중에 양금[瑤琴]을 사용하였다는 것이다.[95]
이러한 기록은 1663년에 중국 사신에 의하여 유구
국에 처음으로 양금을 소개한 사실을 말해주고 있
다는 점에서 중요한 의의를 지닌다.

〈그림 II-6〉 츠와노번 가 소장 양금 1

또한, 왕요화王耀華(1942~)에 의하여 유구국
(1429~1879)의 어좌악御座樂[96]에서 양금을 사용했
다는 사실도 확인되었다. 왕요화는 유구국의 어좌
악 복원문제에 관여함으로써 현장 조사를 실시한
결과, 현재 시마네현 구 츠와노번 島根縣舊津和野
潘家에 두 대의 양금(〈그림 II-6〉[97]과 〈그림 II-7〉[98] 참
고)이 소장되어있고, 또 미토 도쿠가와水戶德川 가
家에도 양금 한 대(〈그림 II-8〉[99] 참고)가 소장되어 있
음을 확인했다.

〈그림 II-7〉 츠와노번 가 소장 양금 2

특히 위의 〈그림 II-6〉의 경우, 양금의 덮개에
"涼入堂 林鴻年"이라고 쓰여 있어서 그 양금의 원
소유자가 임홍년林鴻年(1804~1886)임을 알 수 있
다. 임홍년은 중국 복건성 후관현侯官縣(현재 복주
시) 출신으로 1838년에 책봉사로 유구국에 갔던 인

〈그림 II-8〉 도쿠가와 가 소장 양금

---

95 徐平心, 앞의 논문(1992a), 9頁에서 재인용.
96 "琉球御座樂是琉球王朝時代的一種儀式、宴餉音樂, 因在室內坐著為貴人演奏, 故名"御座樂"。包括用樂
    器演奏的器樂合奏的"樂"和加入歌唱的"唱曲"。其音樂深受中國明代, 清代音樂的影響。樂器使用中國樂
    器。主要在歡迎招待中國冊封使的儀式, 宴會上, 以及由江戶朝貢的使者們在江戶城和薩摩屋敷演奏。與
    此相對的還有路次樂, 大樂, 笙樂來赤頭樂等。因為自廢藩置縣以來, 伴隨著琉球王朝而消亡, 目前已不再
    傳承, 也沒有留下樂譜。"(王耀華,『琉球御座樂與中國音樂』, 北京: 人民教育出版社, 2003, 2-3頁)
97 위의 책, 162頁.
98 위의 책, 162頁.
99 위의 책, 169頁.

물이다. 음악 애호가였던 임홍년은 집안에 음악을 연주하는 공간인 "양입당凉入堂"을 설치했고, 책봉사로 임명되었을 때 자신이 평소 아끼던 양금을 가지고 유구국으로 간 뒤 그것을 그곳에 남겨두고 돌아왔다.[100] 이러한 사실은 중국과 유구 간 이루어졌던 음악 교류 상황의 일면을 말해줌과 동시에 19세기 초에 양금 문화가 복주시에서 유행했음을 보여준다. 나아가 〈그림 Ⅱ-6〉의 실물은 현재 중국 복건성의 양금음악 문화에 관한 문헌이 발견되지 않는 상황에서 19세기 초 복주시에서 연주되었던 양금의 실체를 확인할 수 있는 중요한 실물 자료로서 의의를 지닌다.

또한, 에도江戶로의 조공활동 중에도 어좌악을 사용하였는데, 특히 1752년(寶曆 2), 1790년(寬政 2), 1806년(文化 3), 1832년(天保 3)의 어좌악에 양금을 연주했음이 확인된다.[101] 에도의 조공사료에 기록되어 나타나는 양금은 네 가지 다른 명칭으로 쓰였다. 즉 정가당靜嘉堂의 『류구곡사주악의주琉球曲詞奏樂儀注』에서는 양금洋琴으로, 충승현박물관沖繩縣博物館의 『류구인좌악병무지도琉球人座樂並舞之圖』에서는 요금瑤琴으로,『류구국악기도琉球國樂器圖』에서는 야우금夜雨琴으로,『류구국악기琉球國樂器』에서 야우금夜雨金으로 각각 다르게 기록되었다. 비록 표기는 다르지만, 왕요화에 의하면 그것들은 모두 유사한 발음을 취하여 한자로 표현한 것이라고 한다.[102] 1832년(天保 3)의『류구국래빙기琉球國來聘記』에 명시된 양금도 (〈그림 Ⅱ-9〉 참고)는 다음과 같다.

왕요화의 『삼현예술론三絃藝術論』에 의하면, 1832년에 유구국의 사자使者가 에도에 갔을 때

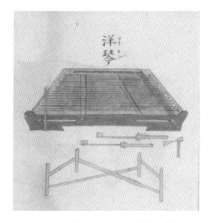

〈그림 Ⅱ-9〉『琉球國來聘記』중의 양금도

---

100 위의 책, 20頁.
101 위의 책, 33頁.
102 위의 책, 37頁.

유구국의 사은사謝恩使가 「복수가福壽歌」라는 노래를 불렀는데, 반주 악기로 요금瑤琴(또는 양금), 삼현三絃, 비파琵琶, 호금胡琴이 사용되었다고 한다.[103] 요금은 유구국에서 사용된 양금의 이칭으로서 「태평곡太平曲」의 반주 악기 중에도 요금(양금)이 포함되어 있었다고 하고, 그 곡조가 중국 복건성의 민극閩劇과 강남 민요 「말리화茉莉花」와 비슷한 점이 있다고 하였다.[104] 이로써 양금이 유구국의 음악에서 사용되었음이 확인되는데, 그 양금은 바로 중국 복건성에서 유입된 것이었다.

다시 정리하면, 청나라와 유구국의 책봉사를 통하여 양금은 1663년에 처음 유구국에 유입되었으며, 주로 중국 복건성의 음악문화를 많이 수용한 것이 확인된다. 이미 중국의 전통음악에 수용된 양금이 중국을 대표하는 외교 선물로서 유구국(오키나와)에 유입되었던 것이다. 외래악기인 양금은 중국에서 성숙하게 발전되었으며 선진先進한 중국 음악문화의 대표적인 요소 가운데 하나로 여겨왔기 때문이라고 본다. 양금은 중국과 유구국의 문화 교류의 다리 역할을 하고 있으며 중국의 외교 도구가 되었으니, 양금의 세속적 기능에서 정치적 기능으로의 변화는 악기 문화의 기능적 변화를 나타낸다고 할 수 있다.[105] 양금은 명·청 음악문화에 영향 받은 유구국 어좌악에 정착하게 되었으며, 유구국의 멸망과 함께 1879년에 일본 무대에서 사라졌고, 이제는 양금 유물과 양금이 들어 있는 고문헌 자료나 그림만이 남아 있다. 그런데 양금은 일본의 전통음악에 융합하지 못했다.[106] 즉 『동아악기고』에는 양금에 대한 기록이 없다.

4. 동아시아 양금 유입의 배경과 의미

본 장에서는 우선 중국 양금의 5가지 기원설을 정리하고 이를 모두 가설로 간주한다.

---

103 王耀華, 『三線藝術論』, 福州: 海峽文藝出版社, 1991, 59頁.
104 위의 책, 60頁.
105 楊佳, 앞의 논문, 150頁.
106 David Kettlewell, *Op. cit*, p.203.

그 다음으로 양금이 동아시아에 유입된 시간 순으로 중국과 한국 및 일본(유구국) 양금의 유입 경로, 유입 목적, 유입 배경과 유입 시기에 대해 살펴본 결과 다음과 같은 사실을 알 수 있다.

첫째, 세 나라 양금의 유입 경로가 다르다. 중국 양금은 주로 해상 실크로드와 육상 실크로드를 통해 유입되었다. 특히, 중국의 신강 지역은 해상 실크로드를 통해 유입된 양금과 육상 실크로드를 통해 유입된 창의 합류점合流點이며, 현재 신강의 창의 음위 특징과 신강의 이슬람 문화적 특수성에 따라, 창은 육상 실크로드를 통해 신강으로 전해졌을 가능성이 높다. 한자 문화권의 양금은 해상 실크로드를 통해 중국 마카오에 도착했다. 그런데 한국의 양금은 외교사절단 사신의 연행 길(육상)을 통하여 중국 북경에서 한국에 유입되었으며, 일본(오키나와)의 양금은 중국 복주에서 배를 타고(해상) 유구국에 유입되었다.

둘째, 세 나라 양금 유입의 목적이 다르다. 창은 한자 문화의 양금과 다르기 때문에 제외되고 양금은 선교 수단으로서 먼저 중국에 유입되었으며, 음악성 때문에 한국에 유입되었고, 외교 수단으로 일본(유구국)에 유입되었다.

셋째, 세 나라 양금 유입의 시기가 다르다. 중국 육상 실크로드를 통해 유입된 창의 구체적인 유입 시기는 문헌 사료와 고고학 실물의 부족으로 인해 파악하기 어렵다. 중국 한자문화권의 양금은 1582년 8월에 "융경개방" 정책을 계기로 마카오에 도착했으며, 한국의 양금은 1750년대 북학파가 실학사상에 따라 조공 사신의 연행길을 통하여 수입하였고, 일본(유구국)의 양금은 1663년에 명나라과 유구국의 조공 왕래를 통하여 유구국에 유입되었다. 특히, 중국이나 일본에서 양금 유입은 피동적인 데 반해 한국은 양금을 보다 주도적으로 수입한 면이 있다.

서양 종교와 문물의 유입으로 인해 양금이 동아시아에 전해졌는데, 이렇게 새로운 외래 악기가 동아시아 전통음악 문화에 충실히 수용될 수 있었다는 점은 양금 유입의 문화적 의의로서 부각되어야 할 것이다. 이에 대해서는 다음 장에서 더 자세히 살펴볼 것이다.

동아시아 음악문화 속의 양금

동아시아 음악문화 속의 양금

양금이 처음 동아시아에 유입했을 당시 그것은 당연히 외국 악기였다. 그러나 점차 시간이 지나며 한자문화권의 양금은 중국으로부터 한국과 일본(유구국)으로 전파되었고, 신강에도 전해졌다. 자국의 악기와는 다른 이질적인 악기를 마주했을 때 각 문화권[나라]에서는 이에 대해 어떤 반응을 보였는지, 그 악기에 대해 어떻게 생각하였는지를 알아볼 필요가 있다. 왜냐하면 악기에는 일정한 조율체계가 있고, 그 조율체계는 그 나라의 음악을 반영하고 있기 때문이다. 따라서 양금이라는 특별한 조율체계를 지닌 악기를 수용하며 각 나라에서 이 악기를 어떻게 이해하였는지가 중요한 문제가 된다.

또 한 가지, 조율에 대한 문제와 더불어 이 양금이라는 악기를 어떤 종류의 음악에 수용하여 연주하였는지에 대해 비교 논의할 수 있다. 특히 중국 양금이 동북아시아 지역에 전파되었을 때 중국의 양금음악 문화도 동시에 전파되었는지에 대해 검토할 필요가 있다.

이와 같이 한 · 중 · 일에 수용된 양금음악 문화를 국가 간의 비교와 아울러, 각 나라 개별의 시대적 변천에 대해서도 살펴보고자 한다.

1. 한국 음악문화 속의 양금

역사적으로 한국의 전통음악 문화 중에는 아악과 당악 등 중국에서 비롯되었거나 중국의 영향을 받은 것들이 있다. 한국은 양금을 수용하기 전에도 이미 많은 악기들을 중국으로부터 받아들였다. 그런데 1750년대 양금의 수용은 이전 시대 다른 중국 악기의 수용과 다른 점이 있다. 종래에는 중국음악을 연주하기 위하여 악기를 수입하였다면, 양금은 그 악기가 지닌 음악성 때문에 수용되었던 것이다. 그 당시 양금은 중국음악에도 외래악기였지만, 한국에 전할 수 있을 만큼 이미 중국 사회에 성공적으로 융합되어 있었다. 중국 양금은 조선 후기 연행사를 통해 음악적 실체 없이 단지 악기 자체로만 전해졌다. 이에 양금이 어떻게 한국에 뿌리 내릴 수 있었는지, 한국에서 양금의 조율체계는 어떻게 되었는지 등의 문제를 살펴보고자 한다. 양금이 어떤 갈래의 음악에 연주되었는지, 양금에 대해 어떤 반응을 보였는지, 양금이 어떻게 이해되었는지는 중요한 문제이다.

1) 양금의 조율체계

현재 한국에서 양금의 조율체계는 주로 두 가지가 있다. 하나는 전통양금의 조율체계이고 또 하나는 현대 개량양금의 조율체계이다. 지금 한국에서 사용하고 있는 개량양금은 18현 개량양금과 43현 개량양금이다. 이 두 가지 개량양금의 조율체계는 12율 평균율의 음고 체계가 아니며, 또한 악기 간에 서로 다르기도 하다. 이에 이 두 가지 개량양금의 조율체계가 전통양금의 조율체계와 어떤 차이를 지니는지 살펴볼 필요가 있다. 그리고 한국 음악에의 정착 과정에서 나타나는 전통양금의 조율체계 변화 양상을 살펴보고자 한다.

(1) 전통양금의 조율체계
전통양금의 조율체계에 대하여 주로 고문헌 자료와 양금 실물에 근거하여 살펴보고자 한다.

고문헌 자료를 보면, 18세기 강세황의 『표암유고豹菴遺稿』(〈인용문 Ⅱ-9〉참고)에는 "廣面之絃長而聲大, 狹面之絃短而聲細"와 같이 기술되어 있어, 악기 형태를 보아서도 알 수 있듯이 넓은 면[긴 현]에서 좁은 면[짧은 현]으로 올라갈수록 음고도 높아진다.

약 13종의 고악보에 양금 산형도를 수록하고 있는데, 이 중에 이규경의 『구라철사금자보歐邏鐵絲琴字譜』(1817년, 순조 17)[1]와 『유예지遊藝志』(1840년경[2])[3]의 산형도가 가장 이른 시기의 것이다.

〈그림 Ⅲ-1〉『歐邏鐵絲琴字譜』중의 양금 산형도

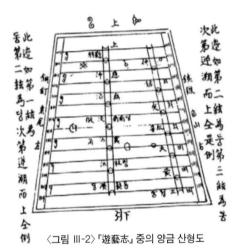

〈그림 Ⅲ-2〉『遊藝志』중의 양금 산형도

『구라철사금자보歐邏鐵絲琴字譜』와 『유예지遊藝志』의 산형도는 결과적으로 동일한 조율을 나타내고 있는데 주목되는 부분은 율명으로 나타나는 조율체계이다. 『구라철사금자보』를 예로 들면 우괘 좌측의 최저음부터 工,[4] 黃, 大, 太, 夾, 姑, 仲으로 이어지고, 좌괘

---

1   『歐邏鐵絲琴字譜』(韓國音樂學資料叢書 · 14), 국립국악원, 1984, 95쪽.
2   이동복은 앞의 논문(1987, 117쪽)에서 『遊藝志』의 연대를 약 1830~1845년 무렵으로 추정했는데, 이후 연구인 김우진의 앞의 논문(38쪽)에서는 1840년경으로 추정되었기에 이 책에서는 김우진의 견해를 수용한다.
3   『遊藝志』(韓國音樂學資料叢書 · 15), 국립국악원, 1984, 145쪽.
4   이 조율체계에서 공척보의 '工'은 㒇에 해당한다. 이 당시 탁성[倍聲]의 표기법이 따로 없었기 때문에 공척

우측의 최저음부터 살펴보면 蕤, 林, 夷, 南, 無, 應, 上이다. 또한 좌괘 좌측은 潢, 汰, 汰, 浹, 沽, 沖, 濱으로 조율되어 있다. 즉 반음체계로서 12율명이 모두 드러나 있다(〈그림 Ⅲ-3〉 참고). 또한 고정괘의 좌측 음과 우측 음의 음정은 증4도임을 알 수 있다.

이러한 양금의 조율체계는 당시는 물론 오늘날의 한국 전통양금에 사용되지 않는다. 당시 함께 수록된 악보 속의 음악 역시 이 산형도의 조율체계 대로 역보될 수 없다. 따라서 이 악보를 처음 역보한 장사훈은 산형도 상의 조율체계를 적용하지 않고 오늘날의 조율체계로써 역보한 바 있다.[5] 한국『구라철사금자보歐邏鐵絲琴字譜』와『유예지遊藝志』에 나타나는 반음씩의 조율체계는 이와 같이 지금까지 큰 의미가 없는 것으로 이해되고 있다.

그러나 필자는『구라철사금자보歐邏鐵絲琴字譜』와『유예지遊藝志』산형도의 조율체계에서 특별한 의미를 발견한다. 고정괘를 사용하는 양금의 조율은 본디 온음식 조율 diatonic scheme과 반음식 조율chromatic scheme이 공존해 왔기 때문이다.[6]『구라철사금자보』와『유예지』산형도는 그 가운데 반음식 조율체계에 속한다. 즉, 이 산형도는 유럽 양금의 조율체계를 그대로 반영하고 있는 것이라 하겠다. 이러한 조율체계는 양금 유입 당시의 모습을 그대로 보여주고 있는 사실로 받아들여야 할 것이다. 즉, 이 산형도는 한국 양금의 조율이라기보다 중국에서 들어온 초기 모습 그대로의 조율을 나타낸다고 볼 수 있다. 그렇다면 이 조율체계는 한국 유입 당시의 중국의 양금 조율, 더 나아가 유럽 양금의 중국 유입 당시의 형태로 확대 해석할 수 있다. 온음식 조율과 반음식 조율 두 가지의 종류 가운데 이 때 조선으로 들어온 양금은 반음식 조율체계를 가진 양금이었다고 추측할 수 있다.[7]

보를 빌어 표기했음을 알 수 있다.

5 장사훈은 이 산형도의 조율을 실제와 다른 점에서 오기(誤記)된 율명인 것으로 해석했다. (장사훈,『국악논고』, 서울: 서울대학교출판사, 1974, 319-325쪽)

6 Grove 사전에 의하면 온음 체계(diatonic scheme)의 경우 고정괘의 좌우 음이 완전5도(a.) 또는 완전4도(b.) 차이를 보이며, 반음 체계(chromatic scheme)의 경우 좌우가 완전5도(d.) 차이를 보이는 점이 다르다. (Stanley Sadie, *Op. cit*, 2001(7), p.682)

7 위의 각주에서 알 수 있는 바와 같이『歐邏鐵絲琴字譜』와『遊藝志』의 산형도의 경우 고정괘의 좌측 음과 우측 음의 음정 차가 증4도인 점에서 약간의 차이가 있다.

유럽의 양금이 중국으로 유입된 이래 중국에서는 양금이 주로 민간에서 구전에 의해 연주되었다. 중국 양금의 초기 조율체계를 알 수 있는 자료는 전혀 없다.『구라철금자보 歐邏鐵絲琴字譜』와『유예지遊藝志』의 산형도는 한국에서 가장 초기의 양금 악보라는 점, 그리고 한국 전통 음체계와 전혀 다른 모습을 띠고 있는 점에서 오히려 당시 중국의 양금 조율체계를 반영한다고 본다. 양금이 중국 전통음악에 수용된 이후 역시 중국에서도 중국음악 체계를 반영하는 조율 방식을 갖게 되었다. 즉, 한국『구라철사금자보』와『유예지』의 반음식 조율체계는 유럽 양금의 중국 유입 당시의 모습을 반영하는 자료로서 한국음악사는 물론 중국음악사에서도 주목해야 할 자료라고 생각한다.

참고로『구라철사금자보歐邏鐵絲琴字譜』와『유예지遊藝志』의 서양 음이름으로 나타난 양금 도해의 관계를 해석하면〈그림 Ⅲ-4〉와 같다.

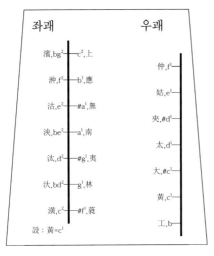

〈그림 Ⅲ-3〉양금 음위 배열 해설 1

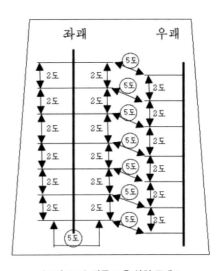

〈그림 Ⅲ-4〉양금 조율 산형 도해 1

한국의 초기 양금 악보인『구라철사금자보歐邏鐵絲琴字譜』와『유예지遊藝志』를 제외하면 이후 나타나는 악보의 양금 조율법은 오늘날의 그것과 대동소이하다. 한국 전통음악의 음체계를 그대로 나타내고 있다. 1876년 이후[8]의『협률대성協律大成』[9](〈그림 Ⅲ-5〉참고),

1884년(광서 10)에[10] 이향율李響聿(?~?)이 편찬한『율보律譜』의 "양금도洋琴圖"[11](〈그림 III-6〉 참고), 19세기 후반의『양금주책洋琴註冊』[12](〈그림 III-7〉 참고), 1906년의『양금여민악보楊琴與民樂譜』[13](〈그림 III-8〉 참고), 1910년경의『장금신보張琴新譜』[14](〈그림 III-9〉 참고), 1916년의『방산한씨금보芳山韓氏琴譜』[15](〈그림 III-10〉 참고), 1916년[16] 김학규金學圭(?~?)의『조선음률보朝鮮音律譜』[17](〈그림 III-11〉 참고), 1920년경[18]의『일사양금보一蓑洋琴譜』[19](〈그림 III-12〉 참고), 1940년경의『아양금보峨洋琴譜』[20](〈그림 III-13〉 참고), 일제시대[21]의『철현금보鐵絃琴譜』[22](〈그림 III-14〉 참고) 그리고 1964년의『창하유필蒼下遺筆』[23](〈그림 III-15〉 참고) 등에 나타난 양금 산형도에서는 구음으로 음고를 다르게 기보했지만 12율려의 음위 배열과 같은 것으로 보인다.

8 　안소현, 앞의 논문, 16쪽.
9 　『協律大成』(韓國音樂學資料叢書·14), 국립국악원, 1984, 26쪽.
10 　장사훈,「『律譜』解題」(韓國音樂學資料叢書·2), 국립국악원, 1980, 6쪽.
11 　『律譜』(韓國音樂學資料叢書·2), 국립국악원, 1980, 137쪽.
12 　『洋琴註冊』(韓國音樂學資料叢書·15), 국립국악원, 1984, 220쪽.
13 　『楊琴與民樂譜』(韓國音樂學資料叢書·19), 국립국악원, 1985, 139쪽.
14 　『張琴新譜』(韓國音樂學資料叢書·15), 국립국악원, 1984, 156쪽.
15 　『芳山韓氏琴譜』(韓國音樂學資料叢書·14), 국립국악원, 1984, 154쪽.
16 　『朝鮮音律譜』(韓國音樂學資料叢書·25), 국립국악원, 1988, 37쪽에 "大正五年八月二十日 太學書館 光東書局發行"이라고 기록했다.
17 　『朝鮮音律譜』(韓國音樂學資料叢書·25), 국립국악원, 1988, 38쪽.
18 　김우진, 앞의 논문(2009), 39쪽.
19 　『一蓑洋琴譜』(韓國音樂學資料叢書·7), 국립국악원, 1981, 103쪽.
20 　『峨洋琴譜』(韓國音樂學資料叢書·16), 국립국악원, 1984, 74쪽.
21 　김경희,「『鐵絃琴譜』解題」(韓國音樂學資料叢書·34), 국립국악원, 1999, 236쪽.
22 　『鐵絃琴譜』(韓國音樂學資料叢書·34), 국립국악원, 1999, 266쪽.
23 　『蒼下遺筆』(韓國音樂學資料叢書·39), 국립국악원, 2004, 316쪽.

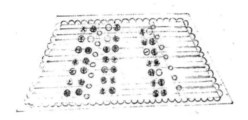

<그림 Ⅲ-5> 『協律大成』 중의 양금 산형도

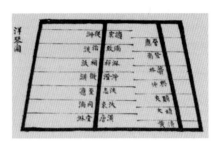

<그림 Ⅲ-6> 『律譜』 중의 양금 산형도

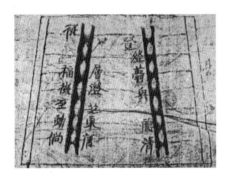

<그림 Ⅲ-7> 『洋琴註冊』 중의 양금 산형도

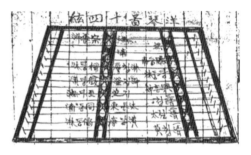

<그림 Ⅲ-8> 『楊琴與民樂譜』 중의 양금 산형도

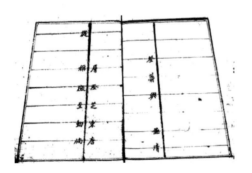

<그림 Ⅲ-9> 『張琴新譜』 중의 양금 산형도

<그림 Ⅲ-10> 『芳山韓氏琴譜』 중의 양금 산형도

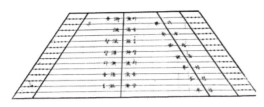

〈그림 Ⅲ-11〉『朝鮮音律譜』중의 양금 산형도

〈그림 Ⅲ-12〉『一蓑洋琴譜』중의 양금 산형도

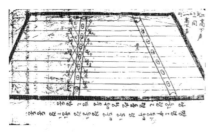

〈그림 Ⅲ-13〉『峨洋琴譜』중의 양금 산형도

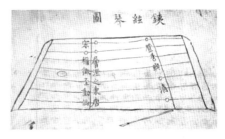

〈그림 Ⅲ-14〉『鐵絃琴譜』중의 양금 산형도

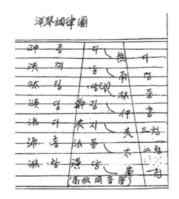

〈그림 Ⅲ-15〉『蒼下遺筆』중의 양금 산형도

위의 산형도에 나타난 음고를 표시하는 율려자[24]를 해석하면, 양금의 음위 배열은 다음 〈그림 III-16〉과 같으며 좌괘 양쪽의 동일한 금현의 음위 관계는 완전 5도 관계이고, 우괘 왼쪽의 상하 금현은 모두 2도 관계인 것을 알 수 있다. 다만, 여기 말하는 2도 관계는 장2도와 단2도가 모두 포함된 것인데, 앞서 언급한 『구라철사금자보歐邏鐵絲琴字譜』와 『유예지遊藝志』단2도만 존재하는 형태와는 다르다. 우괘 금현과 인접한 좌괘의 오른쪽 금현의 음위는 모두 8도관계로서, 『구라철사금자보』와 『유예지』의 5도 관계와는 차이가 있다. 이러한 조율 특징은 양금이 한국에 정착되며 한국 음악과 융합하는 과정에서 나타난 결과라 할 수 있다. 그 음위 상호 관계는 다음 〈그림 III-17〉과 같다.

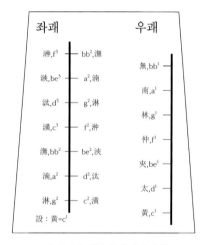

〈그림 III-16〉 양금 음위 배열 해설 2

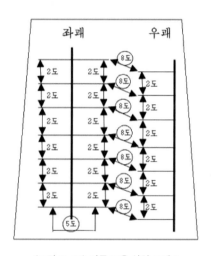

〈그림 III-17〉 양금 조율 산형 도해 2

한편 대전광역시 시립박물관에 소장된 "향사역민기증 662"호 양금 금면에 음위가 율자보로 표시되어 있는데(〈그림 IV-2〉의 사진 참고), 그 음위 배열 특징을 해석하면 다음 〈그림 III-18〉과 같다.

---

24 안소현의 앞의 논문(66-67쪽)에 정리했던 "〈표 7〉 19C 후반~20C 초 양금 구음"을 참고함.

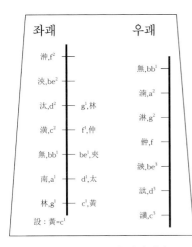

좌괘		우괘
沖,f²		無,bb¹
浹,be²		湳,a²
汰,d²	g¹,林	淋,g²
潢,c²	f¹,仲	仲,f
無,bb¹	be¹,夾	浹,be³
南,a¹	d¹,太	汰,d³
林,g¹	c¹,黃	潢,c³
設：黃=c¹		

〈그림 Ⅲ-18〉 양금 조율 산형 해설 3

〈그림 Ⅲ-18〉을 보면 우괘에 표시된 음들의 음역대가 좌괘의 좌우 음들의 음역대보다 낮아야 하는데 오히려 높은 음역대로 표시되어 있다는 점에서 기본적으로 문제가 있다. 그러므로 여기서는 음역대는 일단 제외하고 음만 고려하기로 한다. 좌괘의 음위 특징은 고악보에 나타난 음위 특징과 비슷한데, 우괘의 음위 특징은 4번째 금현의 음고가 갑자기 낮아져 첫 번째 금현(아래부터 첫 번째 금현)부터 3번째 금현의 음 높이가 위에 4-7번째 금현의 음 높이보다 높다는 점이다. 이는 앞서 지적한 바와 같이 우괘 음들의 잘못된 음역대 표시와 같은 맥락으로 보아야 할 것이다. 18세기 강세황의 『표암유고豹菴遺稿』(〈인용문 Ⅱ-9〉 참고)에 기재된 "廣面之絃長而聲大, 狹面之絃短而聲細"와는 완전히 다르다. 이런 불규칙한 음위 배열은 당시 양금의 실제 음위 배열이 아니라고 본다. 왜냐하면 양금 실물을 보면 좌괘 우측의 음위와 우괘의 음위도가 새롭게 만들어졌음을 확인할 수 있으니, 이 양금의 실제 음위를 알 수 없기 때문이다. 또한, 이 양금에 대해 "1994년 대전 향토사료관에 일괄 기증되어 대전 시립박물관으로 이관된 유물로 유물에 대한 자세한 사항은 기록되어 있지 않음"[25]이라는 기록으로 볼 때, 대전 시립박물관으로 이관할 때 이미 있었던 음위 표기인 것으로 생각된다. 지금으로서는 이 양금을 언제 누가 만들었는지는 자세히 확인할 수 없다.

(2) 개량양금의 조율체계

2005년 고흥곤이 개량한 18현 양금은 현재 국립국악원 창작악단 전명선 등 양금연주자들에 의해 활발히 연주에 활용되고 있다.[26] 18현 개량양금의 조율 산형은 다음 〈그림 Ⅲ-1

---

[25] 2020년 1월 28일 대전광역시 시립박물관으로부터 전자우편으로 제공받은 자료이다.

9)[27]와 같다. 그리고 2011년 윤은화는 북한 양금을 모티브로 하여 전통양금과 중국 양금의 장점을 모아 43현 양금을 제작하였다. 이 개량양금은 43현으로 56개 음위이며, 음위는 반음계로 만들어져 4옥타브 반의 음역을 가진다. 그 산형은 다음 〈그림 Ⅲ-20〉[28]과 같다.

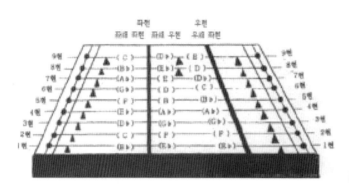

〈그림 Ⅲ-19〉 18현 개량양금 조율 산형

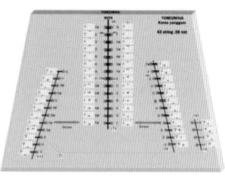

〈그림 Ⅲ-20〉 43현 개량양금 조율 산형

위의 18현 양금의 조율체계(〈그림 Ⅲ-21〉)를 해석하면, 전통양금의 조율체계보다 반음을 많이 사용하고 음역이 커졌지만, 특정한 조율 규율規律이 확인되지 않는다. 43현 양금의 조율체계 〈그림 Ⅲ-22〉를 해석하면, 12평균율의 모든 반음을 포함하고 있어 18현 개량양금보다 더 쉽게 조율할 수 있는 것으로 보인다.

〈그림 Ⅲ-22〉에서 네 괘의 음위 배열이 모두 아래에서 위로 올라갈수록 음고도 점점 높아지

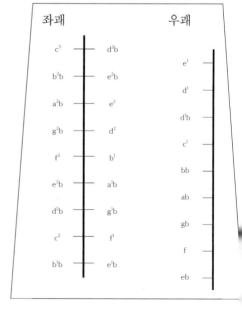

〈그림 Ⅲ-21〉 18현 개량양금 조율 산형 해설

26 윤은화·양미지, 앞의 논문(2015), 151쪽.
27 위의 논문, 152쪽.
28 위의 논문, 159쪽.

는데, 특히 중괘 좌우 금현의 음위 관계가 12평균율의 반음음계를 지그재그로 짚어 올라가는 것이 매우 독특하다. 이는 이 양금의 다른 괘의 음위 배열 규율과 다르고, 중국 402양금의 음위 배열 규율과도 다르다.

요컨대, 한국 유입 초기의 『구라철사금자보歐邏鐵絲琴字譜』 및 『유예지遊藝志』 등의 고악보에는 양금 조현법에 단2도 관계의 12율명이 모두 나타나는 점을 특별히 주목해야 한다. 이는 유입 당시 중국의 양금 조율체계가 그대로 유지된 사실을 보여 주는 것으로 해석되기 때문이다.

19세기 후반 이후의 고악보에 나타난 양금 산형도는 장2도와 단2도가 모두 포함된 점에서 단2도만으로 구성된 『구라철사금자보歐邏鐵絲琴字譜』와 『유예지遊藝志』의 산형도와 구별된다. 우괘 금현의 음위가 인접한 좌괘의 오른쪽 음위와 모두 완전8도 관계인 점 또한 완전5도 관계의 『구라철사금자보』와 『유예지』와 구별된다. 이런 조율 특징은 양금이 한국에 정착하면서 한국음악과 융합하는 과정에서 나타난 당연한 결과다.

현재의 18현 개량양금은 전통양금의 조율체계보다 반음을 많이 사용하고 음역이 확대된 특징을 파악할 수 있고, 43현 개량양금은 네 괘의 음위가 모두 위로 올라갈수록 음고도 높아지는데, 특히 중괘 좌우 금현의 음위 관계가 12평균율의 반음음계를 지그재그로 짚어 올라가는 것이 이 양금의 다른 괘의 음위 배열 규율과 다를 뿐만 아니라 중국 402양

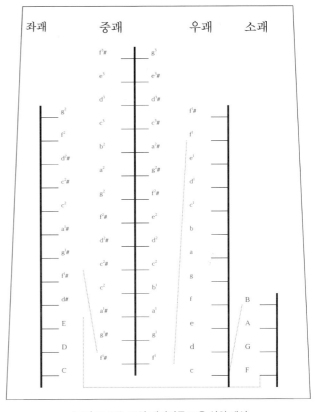

〈그림 III-22〉 43현 개량양금 조율 산형 해설

금의 음위 배열 규율과도 다르다.

이상 한국 양금의 조율체계(최초 조율 음위, 전통양금 조율 음위, 18현 개량양금 조율 음위, 43현 개량양금 조율 음위)를 제시하면 다음과 같다.

〈악보 Ⅲ-1〉 한국 양금 우측 조율 산형도 비교

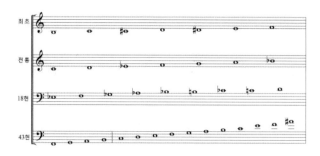

〈악보 Ⅲ-2〉 한국 양금 가운데 조율 산형도 비교

〈악보 Ⅲ-3〉 한국 양금 좌측 조율 산형도 비교

2) 양금을 수용한 음악의 갈래

중국의 양금은 그 희귀성과 음악성으로 인하여 한국에 유입된다. 이는 연주의 필요성에 의해 유입된 중국의 다른 악기의 유입 목적과는 다르다. 즉, 양금은 중국에서 한국으로 유입된 수많은 악기 중 유일하게 음악문화를 전혀 가져오지 못한 악기다. 양금은 현재 한국의 줄풍류 음악에서 연주되고 있다. 또한 조선 후기 의궤를 보면, 궁정의 의식음악에도 양금이 사용되었음을 확인할 수 있다. 그런데 한국 음악문화 속에서 양금은 궁정보다 민간에 먼저 수용되었으니 한국 궁정의 양금 수용은 민간의 음악문화로부터 영향을 받은 셈이다.

이에 양금이 한국 음악문화에 뿌리 내리는 과정을 구체적으로 살펴볼 필요가 있다. 양금이 어떤 갈래의 음악에 수용되었으며, 한국인은 양금에 대해 어떤 반응을 보였고, 한국에서 양금은 어떻게 이해되었는지가 중요한 문제이다.

(1) 정악(줄풍류)

민간의 전통양금 연주 상황을 20세기 이전과 20세기 이후로 나누어 살펴보고자 한다. 20세기 이전 양금의 연주 상황을 반영하는 자료는 주로 고문헌이고, 20세기 이후 양금의 연주 상황을 반영하는 자료는 사진 도상, 신문과 방송기록, 유성기 음반, 이왕직아악부 이습회肄習會 자료 등이다. 다만, 양금의 사진이 수록된 자료로『근현대 음악 풍경』,『기생은 어떻게 만들어졌는가』,『엽서속의 기생읽기』,『조선 미인 보감』,『사진으로 보는 조선시대 생활과 풍속』,『이왕직 아악부와 음악인들』,『한국방송사』,『사진寫眞으로 보는 한국방송사韓國放送史』,『동아일보』등이 있다. 그런데 이러한 자료에 나타난 양금 사진들은 사진의 촬영 각도, 촬영자의 전통음악에 대한 지식 등의 제한으로 인하여 그 당시 줄풍류의 실제 연주 상황을 제대로 반영하지 못한 경우가 많다. 사진을 찍었을 때 악기의 모양과 연주자의 모습을 보여주는 것이 일반적이기 때문에 양금의 실제 연주 자세를 알기 어렵다. 그리고 사진 속에서 어떤 악기의 연주자가 빠졌을 경우, 그것에 대해 파악하기 어렵다. 예를 들면,『근현대 음악 풍경』[29]에 수록된 "남성 줄풍류 연주자"의 사진은 모든 출연

진을 함께 찍은 것인데, 양금이 그 모든 악기와 앙상블을 했다고 확신하기는 어렵다. 이에 따라 여기에서 이와 같이 정보가 불확실한 자료는 논의 대상에서 제외하기로 한다.

가. 20세기 이전의 정악에 수용된 양상

20세기 이전 정악에 수용된 양금은 주로 고문헌의 기록을 통해 알 수 있다. 양금의 한국 유입 후, 한국에서 최초로 양금의 연주에 대해 묘사한 기록은 1822~1826년(순조 22-26년간)에 저술된 박종채朴宗采(1800~1834)의 『과정록過庭錄』에 나타난다. 그 내용은 다음 〈인용문 III-1〉과 같다.

〈인용문 III-1〉
先君精於審音, 而湛軒公尤曉樂律. 一日, 先君在湛軒室, 見樑上掛歐羅鐵鉉琴數張. 盖因燕使, 歲出吾東, 而時人無解彈者. 先君命侍者, 解下, 湛軒笑曰:"不解腔, 何用爲?"先君, 試以小板, 按之曰:"君第持伽倻琴來, 逐絲對按, 驗其諧否也?"數回撫弄腔調, 果合不差, 自是, 鐵琴始盛行於世. 時有琴師金檍, 號風舞子, 嘐嘐齋所命也, 爲娛新翻鐵琴, 會湛軒室. 時夜靜樂作, 嘐嘐公乘月, 不期而至, 聽笙琴迭作, 意甚樂, 扣案上銅盤, 以節之, 誦詩「伐木」章, 興勃勃也.[30]

위의 인용문을 보면, 홍대용은 박지원의 제안에 따라 양금을 한번 첫 조율에 성공하였음을 확인할 수 있다. 그리고 금사인 김억金檍(1746~?)이 "철금"을 즐기기 위하여 홍대용의 집에 와서 생황으로 병주했음을 알 수 있다. 이와 같은 내용이 『열하일기熱河日記』의 「동란섭필銅蘭涉筆」(〈인용문 II-11〉 참고)에서도 나타나는데, 1772년(건륭 임진) 6월 18일 저녁 6시(또는 유각酉刻)에 홍대용이 한국에서 처음으로 양금음악을 연주했다고 하며, 여기에는 독주만이 보인다. 그리고 『연암집燕巖集』 권3 「공작관문고孔雀館文稿」의 "酬素玩亭

---

29 『근현대 음악 풍경』(韓國音樂學資料叢書 · 41, 국립국악원, 2007) 72쪽 및 『민족의 사진첩 III』(최석로, 서울: 서문당, 1994) 184쪽.

30 (조선)박종채, 『過庭錄』 「燕巖湛軒風流」, 전통예술원(편), 『조선후기 문집의 음악사료』, 서울: 한국예술종 합학교 전통예술원, 2000, 172쪽에서 재인용.

夏夜訪友記"에 의하면, 1772~1776년[31] 사이의 어느 해 6월에 낙서洛瑞(이서구의 자)가 연암燕巖(박지원의 호)의 집에 방문할 때, 박지원이 양금을 새롭게 배웠고 몇 곡을 연주한다는 것을 알게 된다.[32] 그러나 이 기록에는 양금의 연주 양상에 대한 설명이 없고 다른 악기에 대한 내용도 없으니, 박지원이 양금을 독주한 것으로 짐작된다.

1840년에 간행된 성대중成大中(1732~1812)의『청성집』의 "記留春塢樂會"에 의하면, 풍류음악에서 양금을 사용했다고 하며, 그 기록은 다음 〈인용문 Ⅲ-2〉와 같다.

〈인용문 Ⅲ-2〉

記留春塢樂會 洪湛軒大容, 置伽倻琴; 洪聖景景性, 操玄琴; 李京山漢鎭, 袖洞簫; 金檍, 挈西洋琴; 樂院工普安, 亦國手也, 奏笙簧, 會于湛軒之留春塢. 兪聖習學中, 侑之以歌. 嘐嘐金公用謙, 以年德, 臨高坐. 芳酒微醺, 案樂交作. 園深晝靜, 洛花盈階. 宮羽遞進, 調入幽眇. 金公忽下席而拜, 衆皆驚起避之. 公曰: "諸君勿怪, 禹拜昌言. 此匀天廣樂也, 老夫何惜一拜?" 洪太和元燮, 亦與其會, 爲余道之如此. 湛軒捨世之翌年記[33]

위의 인용문을 보면, 홍대용의 유춘오악회에서 양금이 거문고, 퉁소, 생황과 합주되었음을 알 수 있다. 이는 유학중은 노래를 하고, 김용겸이 함께 참석한 줄풍류 실내 연주회일 것이다. 여기서는 김억이 양금을 연주한다.

또한, 1872년(고종 9)[34] 정현석鄭顯奭(1817~1899)의『교방가요敎坊歌謠』에 의하면, "철사금"이 성악곡의 반주 악기로 사용되는데, 그 54쪽에 있는 그림은 다음 〈그림 Ⅲ-23〉과

31　『過庭錄』권1에서는 1772~1773년에 이서구가 박지원의 시골집을 방문했다고 했는데「酬素玩亭夏夜訪友記」에서는 1776년 이전에 기록했다고 했으므로 "1772-1776년 사이 어느해"라고 쓰겠다. (金允朝, 「薑山 李書九의 生涯와 文學」, 成均館大學校 博士學位論文, 1991, 73~75쪽)

32　(朝鮮)朴趾源(著), 朴宗侃(編輯), 『燕巖集』, 韓國古典飜譯院, 1932, 9쪽. 원문: "新學鐵絲小琴。倦至爲弄數操."

33　(조선)성대중, 『청성집』 「記留春塢樂會」, 전통예술원(편), 『조선후기 문집의 음악사료』, 서울: 한국예술종합학교 전통예술원, 2000, 81쪽에서 재인용.

34　(조선)정현석의『교방가요』(국립중앙도서관본)에서 "壬申仲春"이라고 쓰였다. (성무경(역주), 『교방가요』, 서울: 보고사, 1990, 7쪽)

같다.

〈그림 Ⅲ-23〉『敎坊歌謠』중의 양금 연주도

〈그림 Ⅲ-23〉을 보면, 4명의 기녀가 노래를 부르며, 2명의 기녀가 각각 금과 양금을, 5명의 남성 악공이 각각 세피리(2), 적, 해금, 장고를 연주한다. 이때는 조선 고종 연간(1863~1907)이고, 연주한 음악은 '羽調: 初唱, 中唱, 初大葉, 二大葉, 三大葉, 搔聳', '界面初唱: 中大葉, 二大葉, 三大葉, 平弄, 言弄, 羽樂, 言樂, 界樂', '時調三章, 春眠曲, 處士歌, 相思別曲, 勸酒歌' 등의 성악곡이었다. 반주 악기들은 노래의 수성가락을 연주했을 것이다. 양금연주자가 누구인지는 직접적으로 확인할 수 없지만, 그 신분이 기생이라는 것에는 이의가 없다. 이때 양금은 거문고, 세피리, 적(대금), 해금, 장고와 더불어 성악의 반주 악기가 되었다. 양금이 처음 유입되었을 당시 문인층에서 연주를 시작했었다. 그러나 정악의 줄풍류는 문인, 중인 계층과 함께 악공과 기녀가 담당했으므로 기생이 양금을 연주하게 된 것은 자연스럽다. 『교방가요』는 그 모습을 생생하게 보여주는 점에서 주목되는 자료이다.

나. 20세기 이후의 공연 양상

현재 한국에는 전통양금을 주 전공으로하는 전문 연주가는 없지만, 전통양금은 현재까지 계속해서 전승되어 왔다. 특히, 20세기 초 근대 시기부터 양금은 활발하게 연주되었다. 이 시기부터 양금의 독주, 병주, 합주 등 다양한 공연 양상이 나타났다. 신문과 방송 기록, 유성기 음반, 이왕직아악부 이습회肄習會 자료 등을 통하여 20세기 이후 양금음악

문화를 살펴보고자 한다.

일제강점기 여러 가지 신문기사와 경성방송국의 자료 가운데 양금의 공연을 포함하는
내용, 일제강점기 유성기 음반에서 양금의 공연을 수록한 내용, 일제강점기 이왕직아악
부 이습회肄習會에서 양금을 수용한 내용을 조사하여 정리하면 다음 〈표 Ⅲ-1〉과 같다.

〈표 Ⅲ-1〉 20세기 이후 한국 양금의 공연 양상

공연 성격	편성	시간, 연주자 및 출처	합계
독주	양금	第6回肄習會(朴老兒, 1933), 第7回肄習會(李炳星, 1933), 第36回肄習會(朴老兒, 1935), 第37回肄習會(李福吉, 1935), 第39回肄習會(金奉完, 1936), 第40回肄習會(金永胤, 1936), 第41回肄習會(金千興, 1936), 第43回肄習會(李福吉, 1936), 第44回肄習會(金千興, 1936), 第48回肄習會(朴老兒, 1936), 第50回肄習會(李福吉, 1936), 第51回肄習會(金千興, 1937), 第52回肄習會(金奉完, 1937), 第62回肄習會(洪元基, 1937), 第63回肄習會(李珠煥, 1938), 第64回肄習會(金千興, 1938), 第65回肄習會(金寶男, 1938), 第66回肄習會(朴聖在, 1938), 第67回肄習會(朴聖在, 1938), 第68回肄習會(洪元基, 1938), 第69回肄習會(金奉完, 1938), 第71回肄習會(李珠煥, 1938), 第73回肄習會(金奉完, 1938), 第76回肄習會(李珠煥, 1939), 第86回肄習會(洪元基, 1939), 第87回肄習會(金奉完, 1940), 第88回肄習會(洪元基, 1940), 第93回肄習會(金寶男, 1940), 第94回肄習會(金奉完, 1940), 第101回肄習會(洪元基, 1941), 第110回肄習會(許武亮, 1941), 第112回肄習會(金奭中, 1942), 第113回肄習會(金寶男, 1942), 第115回肄習會(金奭中, 1942), 第117肄習會(許武亮, 1942), 第119回肄習會(金奭中, 1942), 第122回肄習會(許武亮, 1942), 第124回肄習會(金奭中, 1943), 第126回肄習會(許武亮, 1943), 第127回肄習會(金寶男, 1943), 第131肄習會(許武亮, 1943), 第135回肄習會(許武亮, 1944)	44
병주	양금 현금	第37回肄習會(金永胤, 1935), 第56回肄習會(李炳星, 1937)	2
	양금 해금	第13回肄習會(朴老兒, 1933), 第75回肄習會(李珠煥, 1939)	2
	양금 피리(細笛)	경성방송국(閔完植, 1933.7.3), 경성방송국(閔完植, 1933.7.21), 경성방송국(閔完植, 1941.5), 경성방송국(閔完植, 1941.7), 경성방송국(閔完植, 1941.8), 음반T.8088(崔壽成, ?)	6
	양금 비파	第27回肄習會(朴老兒, 1935), 第29回肄習會(朴老兒, 1935), 第103回肄習會(金奭中, 1941), 第105回肄習會(許武亮, 1941)	4

	양금 대금	경성방송국(金相淳, 1932.8), 경성방송국(金相淳, 1932.11), 경성방송국(金相淳, 1932.12), 경성방송국(金相淳, 1933.2), 음반V.49021(金相淳, ?), 음반V.49022(金相淳, ?), 음반V.49051(金相淳, ?)	7
	양금 단소	경성방송국(閔完植, 1933.5), 경성방송국(閔完植, 1933.7), 음반Nt.B2(鄭葳庭, 1925), 음반Nt.B3(鄭葳庭, 1925), 음반C.40211(金相淳, ?), 음반C.40254(金相淳, 1931), 第5回肄習會(太在福, 1933), 第16回肄習會(朴老兒, 1934), 第60回肄習會(李珠煥, 1937), 第74回肄習會(洪元基, 1938)	10
반주	양금 현금	『한국방송사』763쪽(선교사(성경), 1955)	1
	양금 피리 장고	第116回肄習會(許武亮, 1942)	1
	양금*2 대금 장고 細笛	음반C.40632(金相淳, 閔完植, ?)	1
	양금 현금 가야금 피리 대금 해금 장고	第132回肄習會(許武亮, 1943), 第132回肄習會(洪元基, 1943)	2
합주	양금 현금 피리	第100回肄習會(洪元基, 1941)	1
	양금 현금 단소	『조선일보』(?, 1926)	1
	양금 현금 가야금	『동아일보』(이대학생, 1927), 『조선일보』(?, 1926), 第77回肄習會(金奉完, 1939), 第89回肄習會(金寶男, 1940), 第94回肄習會(金寶男, 1940), 第100回肄習會(洪元基, 1941)	6
	양금 생황 해금	『조선일보』(?, 1926)	1
	양금 단소 해금	第54回肄習會(金永胤, 1937), 第78回肄習會(洪元基, 1939)	2
	양금 단소 바이올린	음반N.K648(洪載裕, ?)	1
	양금 현금 가야금 해금	第64回肄習會(金千興, 1938), 第67回肄習會(朴聖在, 1938)	2
	양금 현금 가야금 비파	第126回肄習會(金爽中, 1943)	1
	양금 단소 대금 해금	음반Nt.B1(鄭葳庭, 1925)	1
	양금 현금 가야금 해금 장고	第27回肄習會(朴老兒, 1935), 第29回肄習會(朴老兒, 1935), 第42回肄習會(金永胤, 1936), 第51回肄習會(金千興, 1937)	4
	양금 현금 가야금 피리 해금	『동아일보』(?, 1938)	1
	양금 현금 가야금 대금 비파	第84回肄習會(金千龍, 1939)	1
	양금 현금 단소 대금 해금 장고	음반C.40006(金相淳, ?)	1
	양금 현금 가야금 해금 피리 대금	第77回肄習會(金奉完, 1939)	1
	양금 현금 가야금 비파 해금 장고	第49回肄習會(朴老兒, 1936)	1
	양금 현금 가야금 단소 생황 해금	第18回肄習會(李炳星, 1934)	1

양금 현금 비파 해금 피리 대금 장고	第131回肄習會(許武亮, 1943)	1
양금 현금 단소 대금 해금 장고 嘴笛	음반Nt.B4(鄭葳庭, 1926)	1
양금 현금 가야금 해금 피리 대금 장고	第40回肄習會(朴老兒, 1936), 第46回肄習會(李炳星, 1936), 第54回肄習會(金永胤, 1937), 第66回肄習會(洪元基, 1938), 第71回肄習會(李珠煥, 1938), 第73回肄習會(金奉完, 1938), 第81回肄習會(洪元基, 1939), 第103回肄習會(金爽中, 1941)	8
양금 현금 가야금 해금 공후 비파 장고	第96回肄習會(金奉完, 1940)	1
양금 현금 가야금 피리 대금 해금 장고	第118回肄習會(金寶男, 1942), 第119回肄習會(金爽中, 1942), 第122回肄習會(許武亮, 1942), 第124回肄習會(金爽中, 1943)	4
양금 현금 가야금 비파 피리 대금 장고	第117回肄習會(許武亮, 1942)	1
양금 현금 가야금 해금 피리 대금 단소 장고	第39回肄習會(金奉完, 1936), 第50回肄習會(李珠煥, 1936), 第61回肄習會(金奉完, 1937), 第70回肄習會(金千興, 1938), 第74回肄習會(洪元基, 1938), 第93回肄習會(金寶男, 1940), 第96回肄習會(洪元基, 1940), 第127回肄習會(金寶男, 1943)	8
양금 현금 가야금 비파 해금 피리 대금 장고	第105回肄習會(許武亮, 1941), 第109回肄習會(金爽中, 1941), 第116回肄習會(許武亮, 1942)	3
양금 현금 가야금 비파 해금 생황 단소 장고	第25回肄習會(金永胤, 1934)	1
양금 현금 가야금 단소 해금 피리 횡적 장고	『동아일보』(崔林, 1931)	1
양금 현금 가야금 해금 피리 비파 대금 단소 장고	第60回肄習會(金永胤, 1937)	1
양금 현금 가야금 해금 피리 대금 단소 생황 장고	第132回肄習會(金寶男, 1943)	1
양금 현금 가야금 대쟁 비파 해금 피리 대금 장고	第108回肄習會(金爽中, 1941)	1
양금 현금 등	『韓國放送史·卷2』249쪽(?, ?)	1
양금 현금 피리 대금 장고 등	『韓國放送史·卷2』251쪽(?, 1932)	1
양금 현금 가야금 장고 해금 피리 생황 비파 등	『韓國放送史·卷2』252쪽(이왕직 악사, 1938)	1
양금*2 등	『韓國放送史·卷2』49쪽(?, ?)	1

양금*2 현금 가야금 해금 비파 피리 대금 단소 장고	第132回肄習會(洪元基・金寶男, 1943)	1
양금*2 장고 대금 피리 현금 가야금 등	『韓國放送史・巻4』221쪽(?, 1930)	1
編鐘 編磬 雲鑼 (玄琴 伽倻琴 洋琴 觱篥 大笒)*3 (塤 奚琴 簫 琵琶)*2 唐笛 牙箏 杖鼓 座鼓	第132回肄習會(金本・金襄中・許武亮, 1943)	1
編鐘 編磬 玄琴 伽倻琴 洋琴 觱篥 大笒*3 奚琴 唐笛 牙箏 杖鼓 鼓	第113回肄習會(金寶男, 1942)	1
編鐘 編磬 (玄琴 伽倻琴)*3 (洋琴 琵琶 觱篥 大笒 奚琴)*2 唐笛 牙箏 杖鼓 座鼓	第108回肄習會(金襄中・許武亮, 1941)	1
編鐘 編磬 (玄琴 伽倻琴)*3 (洋琴 觱篥 大笒 塤 奚琴 簫 筅)*2 笙簧 琵琶 月琴 大箏 唐笛 牙箏 杖鼓	第120回肄習會(金襄中・許武亮, 1942)	1
編鐘 編磬 (玄琴 伽倻琴 洋琴 觱篥 大笒 塤 奚琴)*2 筅 笙簧 唐笛 牙箏 杖鼓 鼓	第96回肄習會(金鎮煥・金寶男, 1940)	1
編鐘 編磬 (玄琴 伽倻琴 觱篥 大笒 奚琴)*3 (洋琴 琵琶)*2 唐笛 牙箏 杖鼓	第132回肄習會(金本・正德文, 1943)	1
(玄琴 洋琴 奚琴)*3 (伽倻琴 琵琶)*2 觱篥 大笒 大箏 箜篌 杖鼓	第132回肄習會(金本・洪元基・金襄中, 1943)	1
(玄琴 伽倻琴 洋琴)*2 琵琶 觱篥 月琴 大笒 奚琴 大箏 杖鼓	第120回肄習會(金襄中・許武亮, 1942)	1
(玄琴 伽倻琴 洋琴 觱篥 大笒)*2 奚琴 唐笛 牙箏 杖鼓 座鼓	第132回肄習會(洪元基・許武亮, 1943)	1

위의 〈표 Ⅲ-1〉에 의하여 20세기 이후 한국 양금의 공연 양상을 정리해 보면, 양금은 독주, 병주, 합주와 반주 악기로서 사용되었음을 알 수 있다. 고문헌, 신문기사, 유성기 음반, 방송국과 이왕직아악부 등의 자료에서 양금 독주 공연이 44번, 병주 공연이 32번, 반주 악기로서의 공연이 5번, 그리고 합주 공연이 74번 확인된다. 이와 같이 양금이 다른 악기와 합주하는 상황이 많아졌고, 양금의 독주 공연도 많았음을 알 수 있다. 병주로는

양금·단소 병주(10)가 제일 많고, 그 다음 양금·대금(7), 양금·피리(6), 양금·비파(4), 양금·해금(2), 양금·거문고(2), 양금·생황(1)의 순서로 나타난다. 양금이 성악 반주로 사용된 사례는 대부분 가곡 반주이지만, 서양 종교인 기독교에서 성경의 반주 악기로도 사용되었다는 점은 특기할 만한 사항이다.[35]

그밖에 양금이 포함된 3중주로는 '양금·현금·피리, 양금·현금·장고, 양금·현금·가야금, 양금·생황·해금, 양금·단소·해금, 양금·단소·바이올린'의 편성이 발견되고, 양금이 포함된 4중주로는 '양금·현금·퉁소·생황, 양금·현금·가야금·해금, 양금·현금·가야금·비파, 양금·단소·대금·해금'의 편성이 발견된다. 또한 양금이 포함된 5중주로는 '양금·현금·가야금·해금·장고, 양금·현금·가야금·피리·해금, 양금·현금·가야금·대금·비파' 편성이 발견되며, 6중주로는 '양금·현금·단소·대금·해금·장고, 양금·현금·가야금·해금·피리·대금, 양금·현금·가야금·비파·해금·장고, 양금·현금·가야금·단소·생황·해금' 편성이 발견된다. 이처럼 양금이 바이올린과 같은 서양악기와도 합주되었던 점, 편종과 편경과 같은 아악기와도 합주되었던 점, 그리고 합주 편성에서 양금이 2~3개까지 복수 편성되었다는 점은 근대 양금 공연 양상의 특징이라 하겠다. 이와 같은 20세기 이후 양금 연주의 다양한 시도는 양금이 한국에 유입되어 민간의 정악에 수용된 이후 변화 발전하는 모습이라 할 수 있다.

한편 第37回肄習會(1935)에 이복길李福吉(1909~1972)이 〈수요남극壽曜南極〉을 독주할 때 "雙鞭兩手並用"을 하였다. 양금을 양손으로 연주한 첫 기록이지만, 이 연주법은 현재 전승되지 못하여 알 수 없다.

양금가락의 전승 및 양금의 보급·발전을 위해 1989년에 양금연구회[36]를 창단했다. 전통양금이 현재까지 한국에 사용되고 있다는 것은 동아시아 문화권에서 유일하다. 그

35　『한국방송사』, 1955, 762쪽.
36　1989년 초대회장인 김천흥(金千興, 1909~2007)과 김정자(金靜子, 1942~2014)가 주축이 되어 창단했다. (2019년 6월 9일, "양금연구회 창단 30주년 기념·제24회 양금연주회", 프로그램, 국립국악원 (http://www.gugak.go.kr, 2020. 5. 2.)

런데 오늘날 전통음악 공연에서 전통양금 독주를 찾아볼 수 없으니, 전통양금의 독주악기로서의 음악적 가능성이 발휘되지 못하고 있는 것이라 볼 수 있다.

이상 양금이 정악(줄풍류)에 수용된 과정을 다시 정리하자면, 조선 후기 민간에서 양금을 가장 먼저 조율하고 연주한 이는 홍대용이었다. 박지원은 홍대용이 양금을 독주하는 모습을 보았고, 이서구는 박지원의 양금 독주를 보았다. 그리고 금사 김억은 홍대용의 집에 가서 생황으로 양금과 병주하였고, 그 후 직접 양금을 잡고 가야금, 거문고, 퉁소, 생황과 합주하였다. 이로써 실학자들이 양금의 한국 정착 과정에서 중요한 역할을 담당했던 것으로 볼 수 있다. 20세기 초에는 신문 기사, 유성기 음반, 방송국의 기록과 이왕직아악부 자료에서 양금이 독주, 병주, 합주 및 반주 등 여러 연주 형식으로 사용되었음을 알 수 있다. 따라서 20세기 초 근대 시기는 한국에서 전통양금 연주가 가장 다양하고 활발했던 시기라고 볼 수 있다. 한편, 양금이 기독교의 성경 반주 악기로서 서양악기와 합주된 점이 주목된다.

양금의 연주 특징을 보면, 전통양금의 연주법으로 한손 연주법만 사용되고 있는 점도 한국 전통양금의 특징이다. 이 연주법은 너무 간단한데, 구체적으로 양금의 구조에 따라 양금을 한 번 침[單擊], 두 번 이어 침[雙擊], 연달아 침[連擊] 등의 표현이 있다.

현재 전통양금은 그 연주법이 간단하고 그다지 대중적으로 인기 있는 악기가 아니며 전문 연주자도 거의 없어 보인다. 다른 악기 연주자가 양금을 겸장하거나 개량양금의 연주자가 전통양금을 연주하는 경우가 많다. 예를 들어, 2017년 10월 1일 국립국악원 우면당에서 거행된 "정음회"의 양금연주자인 김형섭은 국립국악원 정악단의 가야금 연주자이다. 국립국악원 창작악단에 양금연주자 전명선이 있지만 창작악단의 양금은 이미 전통과는 멀어졌음을 볼 수 있다.

한편 한국에서 발견된 최초의 양금 고악보는 1817년에 쓰인 이규경의 『구라철사금자보歐邏鐵絲琴字譜』와 1840년경에 쓰인 서유구徐有榘(1764~1845)의 『유예지遊藝志』이다.[37] 이후 『금보정선琴譜精選』(1870~1871[38]), 『을해금보乙亥琴譜』(1875), 『협률대성協律大成』

---

37 이동복, 앞의 논문(1987), 106쪽, 114쪽, 115쪽.

(1876년 이후[39]), 『아금고보峩琴古譜』(1884년[40]), 『율보律譜』(1884년[41]), 『금보琴譜 초입문初入門』(1884년경[42]), 『역양아운嶧陽雅韻』(2기5소군[43]), 『서금가곡西琴歌曲』(2기5소군[44]), 『금학입문琴學入門』(3기2소군[45]), 『원객유운園客遺韻』(3기2소군[46]), 『흑홍금보黑紅琴譜』(3기3소군[47]), 『양금주책洋琴註冊』(19세기 후반[48]), 『소암韶巖 소장 양금보洋琴譜』(19세기 추정), 『서금(또는 현금보玄琴譜)』(20세기 전반[49]), 『양금가곡음보』(20세기 전반[50]), 『양금곡보楊琴曲譜』(20세기 전반[51]), 『병오년양금보丙午年洋琴譜』(1906[52]), 『양금여민악보楊琴與民樂譜』(1906), 『방산한씨금보芳山韓氏琴譜』(1916), 『조선음률보朝鮮音律譜』(1916), 『장금신보張琴新譜』(1910년경), 『해산유음海山遺音』(1919년[53]), 『이보형 소장 양금보洋琴譜』(1920년[54]), 『서금보西琴譜』(1920년경[55]), 『일사양금보一蓑洋琴譜』(1920년경[56]), 『아악부양금보雅樂部洋琴譜』(1930년대[57]), 『가곡남창양금보歌曲男唱洋琴譜』(1930년경), 『가곡여창양금보歌曲女唱洋琴譜』(1930년경), 『성학십도聖學十圖 부예악비고附禮樂比攷』(1932), 『아양금보峨洋琴譜』(1940년경), 『철현금보鐵絃琴譜』(일제시대[58]), 『창하유필蒼下遺筆』(1964), 『정악양금보』(1982) 등이 있다.

---

38 안소현, 앞의 논문, 15쪽.
39 위의 논문, 16쪽.
40 장사훈, 「峩琴古譜」解題」(韓國音樂學資料叢書 · 2), 국립국악원, 1980, 5쪽.
41 장사훈, 「律譜」解題」(韓國音樂學資料叢書 · 2), 국립국악원, 1980, 6쪽.
42 김우진, 앞의 논문(2009), 38쪽.
43 위의 논문, 39쪽.
44 위의 논문, 39쪽.
45 위의 논문, 39쪽.
46 위의 논문, 39쪽.
47 위의 논문 39쪽.
48 안소현, 앞의 논문, 14쪽.
49 위의 논문, 15쪽.
50 김영운, 『양금가곡음보』解題」(韓國音樂學資料叢書 · 54), 국립국악원, 2017, 190쪽.
51 안소현, 앞의 논문, 15쪽.
52 김우진, 앞의 논문(2009), 39쪽.
53 이동복, 「海山遺音」解題」(韓國音樂學資料叢書 · 19), 국립국악원, 1988, 16쪽.
54 김우진, 앞의 논문(2009), 39쪽.
55 위의 논문, 39쪽.
56 위의 논문, 39쪽.
57 김영운, 「雅樂部洋琴譜」解題」(韓國音樂學資料叢書 · 28), 국립국악원, 1989, 11쪽.
58 김경희, 「鐵絃琴譜」解題」(韓國音樂學資料叢書 · 34), 국립국악원, 1999, 236쪽.

이 악보들에 기재된 양금음악을 통하여 한국 고악보에 나타난 양금 전통음악은 주로 줄풍류인 영산회상과 가곡을 중심으로 발달해 왔으며 드물게 가사와 잡가류도 반주하였음을 알 수 있다.

양금이 한국 정악에 수용된 과정을 보면, 양금은 그 음색에 매료된 실학자들에 의해 한국에 수용되었고, 홍대용이 처음으로 조율하고 독주했으며, 이후 금사 김억이 실내악인 정악의 줄풍류 음악으로 수용하였다. 양금의 소리는 "鏘然可聽, 或大或細"와 "似鍾磬與方響, 雖有淸濁高下, 似無悠揚韻折之致"[59] 및 "如盤珠"[60] 등으로 묘사되어 있다. 즉, 양금은 크거나 작게 음량의 조절이 가능하고, 그 소리는 마치 옥이 쟁반에 구르는 것처럼 깨끗하고 맑다는 것이다. 그리고 종경 치는 소리와도 비슷하지만, 여음이 짧고 잡음이 없다는 특징이 있다. 당시 귀족과 중인 계층 음악인들은 양금의 음색을 다른 한국 전통악기와 달리 자연이 내는 소리와 같이 인식하고 자연의 아름다움으로서 양금의 소리를 수용했던 것으로 여겨진다. 양금의 소리가 한국 전통악기보다 맑고 우렁차며 여음이 짧고 잡음이 없다는 점을 군자가 추구하는 음악적 효과로서 받아들인 것 같다. 이에 금사들이 양금을 좋아했던 것으로 보인다. 이들의 신분이 한국 사회에서 중인이거나 문인 귀족층이라는 점에서 이들이 좋아하는 실내음악 줄풍류에 양금을 수용한 것은 필연적인 결과인 것이다. 즉, 양금의 음향 특성으로 인해 양금은 문인음악에 수용되어 향유되었다. 양금연주자가 중인음악의 주역인 실학자와 중인음악의 주축인 중인과 기생 등이었다는 점, 그리고 그들이 연주한 음악이 모두 중인음악 갈래의 주요 음악이었다는 점을 통하여 양금이 정악 음악문화에 수용된 것은 필연의 결과로 보인다.

(2) 궁정 연향악

양금이 조선 후기 궁정음악에 수용한 기록은 주로 궁정 의궤에서 찾을 수 있다. 이를 정리하면 다음 〈표 Ⅲ-2〉와 같다.

---

59 (조선)강세황, 앞의 책, 344쪽.
60 (조선)박지원, 『연암집』(권13), 별집 · 「열하일기」, 「망양록」, 46-70쪽.

<표 III-2> 한국 궁정 연향에 수용된 양금

시간	의궤 명칭	의식	연주자	공연 성격	사용 상황
1828	純宗28年 戊子進爵儀軌	慈慶殿進爵班次圖[61], 慈慶殿夜進別盤果班次圖[62], 慈慶殿翌日會酌班次圖[63]	朴榮淳, 文命新[64]	합주	동서 양측
1829	純宗29年 乙丑進饌儀軌	慈慶殿進饌班次圖[65], 慈慶殿夜進饌班次圖[66], 慈慶殿翌日會酌班次圖[67]	文命新, 朴景完[68]	합주	동서 양측
1848	憲宗14年 戊申進饌儀軌	通明殿進饌班次圖[69], 通明殿夜進饌班次圖[70], 通明殿翌日會酌班次圖[71], 通明殿翌日夜讌班次圖[72]	車弘信[73]	합주	서측
1868	高宗5年 戊辰進饌儀軌	康寧殿進饌班次圖[74], 康寧殿進饌[75]	鄭龜煥[76]	합주	서측
1873	憲宗10年 癸酉進爵儀軌	康寧殿進饌, 康寧殿夜進饌, 康寧殿翌日會酌, 康寧殿翌日夜讌[77]	林和永[78]	합주	-
1877	高宗14年 丁丑進饌儀軌	通明殿進饌班次圖[79], 通明殿夜進饌班次圖[80], 通明殿翌日會酌班次圖[81], 通明殿翌日夜讌班次圖[82]	金相赫[83]	합주	서측
1887	高宗24年 丁亥進饌儀軌	萬慶殿進饌班次圖[84], 萬慶殿夜進饌班次圖[85], 萬慶殿翌日會酌班次圖[86], 萬慶殿翌日夜讌班次圖[87], 萬慶殿再翌日會酌班次圖[88], 萬慶殿再翌日夜讌班次圖[89]	安白用[90]	합주	서측
1892	高宗29年 壬辰進饌儀軌	勤政殿進饌班次圖[91], 康寧殿進饌班次圖[92], 康寧殿夜進饌班次圖[93], 康寧殿翌日會酌班次圖[94], 康寧殿翌日夜讌班次圖[95]	李淳同[96]	합주	서측
1901	光武5年 辛丑進饌儀軌	慶連堂進饌班次圖[97], 慶連堂夜進饌班次圖[98], 慶連堂翌日會酌班次圖[99], 慶連堂翌日夜讌班次圖[100], 慶連堂再翌日會酌班次圖[101], 慶連堂再翌日夜讌班次圖[102]	田壽福[103]	합주	서측
1901	光武5年 辛丑進宴儀軌	咸寧殿外進宴班次圖[104], 咸寧殿內進宴班次圖[105], 咸寧殿夜進宴班次圖[106], 康寧殿翌日會酌班次圖[107], 康寧殿翌日夜讌班次圖[108]	전수복[109]	합주	서측
1902	光武6年 壬寅進宴儀軌	咸寧殿外進宴班次圖[110], 咸寧殿內進宴班次圖[111], 咸寧殿夜進宴班次圖[112], 咸寧殿翌日會酌班次圖[113], 咸寧殿翌日夜讌班次圖[114]	_[115]	합주	서측

---

61 (朝鮮)進宴都監(編), 『純宗28年 戊子進爵儀軌(1828)』, 卷首, 5-6頁.
62 위의 사료, 卷首, 6-7頁.
63 위의 사료, 卷首, 7-8頁.

64 慈慶殿進爵, 慈慶殿夜進別盤果과 慈慶殿翌日會酌에서의 양금연주자는 박영순(朴榮淳)과 문명신(文命新) 두 명 궁정 악사였다. (위의 사료, 卷三, 34頁)

65 (朝鮮)進宴都監(編), 『純宗29年 乙丑進饌儀軌(1829)』, 卷首, 7-8頁.

66 위의 사료, 卷首, 8-9頁.

67 위의 사료, 卷首, 10頁.

68 慈慶殿進饌, 慈慶殿夜進饌과 慈慶殿翌日會酌에서의 양금연주자는 문명신(文命新)과 박경완(朴景完)이었다. (위의 사료, 卷三, 6頁)

69 (朝鮮)進宴都監(編), 『憲宗14年 戊申進饌儀軌(1848)』, 卷首, 7-8頁.

70 위의 사료, 卷首, 8-9頁.

71 위의 사료, 卷首, 9-10頁.

72 위의 사료, 卷首, 10頁.

73 通明殿進饌, 通明殿夜進饌, 通明殿翌日會酌과 通明殿翌日夜讌에서의 양금연주자는 차홍신(車弘信)이라는 악사였다. (위의 사료, 卷三, 7-10頁)

74 (朝鮮)進宴都監(編), 『高宗5年 戊辰進饌儀軌(1868)』, 卷首, 7頁.

75 의궤의 부분 내용이 유실되었기 때문에 康寧殿進饌의 악대 편성은 알 수 없지만 공연할 때 양금을 사용했다는 것을 권3에서 연주자가 정구환(鄭龜煥)인 것임을 통하여 확인할 수 있다. (위의 사료, 卷三, 39頁)

76 康寧殿進饌과 康寧殿翌日會酌에서의 양금연주자는 정구환(鄭龜煥)이었다. (위의 사료, 卷三, 39-40頁)

77 현재 남아 있는 의궤는 권2만 있는데 양금의 공연 양상을 확인할 수 없다. 그런데 권2에 나타난 양금연주자의 이름을 통하여 康寧殿進饌, 康寧殿夜進饌, 康寧殿翌日會酌, 康寧殿翌日夜讌의 의식에서 다른 악기와의 합주 형식으로 양금을 사용했다는 것을 확인할 수 있다.

78 康寧殿進饌, 康寧殿夜進饌, 康寧殿翌日會酌과 康寧殿翌日夜讌에서의 양금연주자는 임화영(林和永) 악사였다. ((朝鮮)進宴都監(編), 憲宗10年 癸酉進爵儀軌(1873)』, 卷二, 55-59頁)

79 (朝鮮)進宴都監(編), 『高宗14年 丁丑進饌儀軌(1877)』, 卷首, 9-10頁.

80 위의 사료, 卷首, 10-11頁.

81 위의 사료, 卷首, 11-12頁.

82 위의 사료, 卷首, 12頁.

83 通明殿進饌, 通明殿夜進饌, 通明殿翌日會酌과 通明殿翌日夜讌에서의 양금연주자는 김상혁(金相赫)이었다. (위의 사료, 卷三, 17-20頁)

84 (朝鮮)進宴都監(編), 『高宗24年 丁亥進饌儀軌(1887)』, 卷首, 8-9頁.

85 위의 사료, 卷首, 9-10頁.

86 위의 사료, 卷首, 10-11頁.

87 위의 사료, 卷首, 11-12頁.

88 위의 사료, 卷首, 12-13頁.

89 위의 사료, 卷首, 13頁.

90 萬慶殿進饌, 萬慶殿夜進饌, 萬慶殿翌日會酌, 萬慶殿翌日夜讌, 萬慶殿再翌日會酌과 萬慶殿再翌日夜讌에서의 양금연주자는 안백용(安白用) 악사였다. (위의 사료, 卷三, 21-26頁.)

91 (朝鮮)進宴都監(編), 『高宗29年 壬辰進饌儀軌(1892)』, 卷首, 8-9頁.

92 위의 사료, 卷首, 9-10頁.

93 위의 사료, 卷首, 10-11頁.

94 위의 사료, 卷首, 11-12頁.

위의 〈표 III-2〉를 보면, 양금은 조선 후기 궁정의 진찬進饌, 진작進爵 및 진연進宴 의식의 음악으로 수용되었다. 특히「순조28년 무자 진작의궤」와「순조29년 기축 진찬의궤」, 두 의궤의 "공령工伶"에 따라 그때 양금연주자는 두 명이었으며, 공연 장소[舞台]의 동서 양쪽에서 공동 연주했음을 알 수 있다. 그런데「헌종 14년 무신 진찬의궤」부터 양금연주자가 한 명으로 정착되었고, 연주 위치도 의식장의 서쪽에서만 연주했다. 위의 〈표 III-2〉에 나타난 의궤 자료에 의하면 위의 양금연주자들은 악공과 악생이며, 그들은 양금 연주뿐만 아니라 다른 악기나 노래, 무용도 공연했다. 박영순은 양금과 가야금(1828)을 겸주하였고, 문명신은 양금(1828, 1829)과 노래(1829)를 겸장하였으며, 박경완은 생(1828), 양금(1829)과 대금(1829)을 연주하였고, 차홍신은 무애(1829), 보상무(1829)와 양금(1848)을 담

---

95 위의 사료, 卷首, 12-13頁.
96 勤政殿進饌, 康寧殿進饌, 康寧殿夜進饌, 康寧殿翌日會酌과 康寧殿翌日夜讌에 궁정 악사인 이순동(李淳同)이 양금을 연주하였다.(위의 사료, 卷三, 31-38頁)
97 (朝鮮)進宴都監(編),『光武5年 辛丑進饌儀軌(1901)』, 卷首, 6-7頁.
98 위의 사료, 卷首, 7-8頁.
99 위의 사료, 卷首, 8-9頁.
100 위의 사료, 卷首, 9-10頁.
101 위의 사료, 卷首, 10-11頁.
102 위의 사료, 卷首, 11-12頁.
103 慶連堂進饌, 慶連堂夜進饌, 慶連堂翌日會酌, 慶連堂翌日夜讌, 慶連堂再翌日會酌과 慶連堂翌再日夜讌에서 양금연주자는 전수복(田壽福) 악사였다.(위의 사료, 卷三, 18-23頁)
104 (朝鮮)進宴都監(編),『光武5年 辛丑進宴儀軌(1901)』, 卷首, 8-9頁.
105 위의 사료, 卷首, 9-10頁.
106 위의 사료, 卷首, 10-11頁.
107 위의 사료, 卷首, 11-12頁.
108 위의 사료, 卷首, 12-13頁.
109 咸寧殿外進宴, 咸寧殿內進宴, 康寧殿翌日會酌과 康寧殿翌日夜讌에서 양금연주자는 전수복(田壽福)이며, 咸寧殿夜進宴에서 양금연주자는 전수복(田守卜)이라고 기록했는데 한자는 다르지만, 한글이 같아서 같은 악사로 추정된다.(위의 사료, 卷三, 33-39頁)
110 (朝鮮)進宴都監(編),『光武6年 壬寅進宴儀軌(1902)』, 卷首, 6-7頁.
111 위의 사료, 卷首, 7-8頁.
112 위의 사료, 卷首, 8-9頁.
113 위의 사료, 卷首, 9-10頁.
114 위의 사료, 卷首, 10-11頁.
115 이 의궤에서는 양금연주자를 기록하지 않다.

당하였고, 정구환은 양금(1868)과 필률(1873, 1877, 1887)을 연주하였고, 박화영은 대금(1868, 1877, 1887, 1892)과 양금(1873)을 연주하였으며, 김상혁은 서기(1873)와 양금(1877)을 담당하였고, 안백용은 양금(1887)과 가야금(1892)을 연주하였고, 전수복은 양금(1901)과 해금(1902)을 연주했는데, 이순동은 양금(1892)만을 연주한 것으로 기록되어 있다.[116] 위의 반차도를 보면 양금은 다른 악기, 무용, 노래와 함께 편성되었다. 궁정에서까지 양금이 연주되었던 배경에는 민간에서의 양금의 왕성한 연주 활동에 영향을 받았기 때문으로 보인다.

또한 중국 청나라 1904년(光緒 30) 유금조劉錦藻(1854~1934)의 『황조속문헌통고皇朝續文獻通考』에 보면, 양금은 고려아악 금부金部의 10종 악기로 소개되어 있다.[117] 이 사료를 통하여 양금이 조선왕조의 궁정음악에 완전히 정착된 것을 알 수 있다.

(3) 현재 합주 예술

한국에서는 양금 창작곡의 출현으로 개량양금의 공연이 활발해졌다. 1999년 이성천이 작곡한 〈겨울·봄·여름·가을〉은 양금·가야금의 병주이고, 2002년 김승근이 작곡한 〈양금과 대금을 위한 이중주〉는 양금·대금의 병주이며, 이상규가 작곡한 〈가을에〉는 양금의 독주와 합주가 모두 가능한 곡이다. 한국에서 20여 년 양금 창작곡들이 발표된 후 현재 양금은 한국에서 다양한 악기 앙상블에 사용되고 있다. 예를 들면, 2019년 11월 21일에 국립국악원 풍류사랑방에서 개최한 "Korea Yanggeum Ensemble"에서 주로 양금 이중주와 양금 삼중주를 공연했는데, 특히 〈공간속의 공간〉에서 양금과 타악기가 합주했다는 것은 한국 양금의 새로운 발전 방향이라 할 수 있다.

개량양금의 연주법은 대개 양손으로 금현을 친다. 이외 연주법으로 한손 연주법, 양손 연주법, 그리고 그 밖의 기타 연주법(예를 들어, 손으로 금반을 치는 것임) 세 가지 연주법이

---

116 안선희, 앞의 논문(2008), 60쪽.
117 (清)劉錦藻(撰), 『皇朝續文獻通考』⇨ 『續修四庫全書』 編纂委員會(編), 『續修四庫全書 818 史部 政書類』, 上海: 上海古籍出版社, 2002, 236頁에서 재인용.

있다. 한손 연주법에는 한손으로 한 금현을 연속하여 치는 연주법, 꾸밈음을 한손으로 치는 꾸밈음 연주법, 한손으로 금현을 한번 친 후 채가 금현의 진동에 따라 울린 소리를 내는 한손 채굴림[疊顫] 연주법 등이 있다. 양손 연주법에는 오른손의 채와 왼손의 채가 금현을 번갈아 치는 양손 연속 연주법, 양손의 채가 옥타브 관계의 두 음을 동시에 치는 화음 연주법, 연속적으로 옥타브 관계의 두음을 차례로 치는 아르페지오[琶音] 연주법, 일반적으로 금채 머리 부분의 반대쪽으로 금현을 치는 반채 연주법, 꾸밈음을 양손으로 치는 양손 꾸밈음 연주법, 오른손으로 금현을 친 후 왼손으로 여음을 막아주는 스타카토 [斷音] 연주법, 오른손과 왼손을 번갈아 규칙적으로 같은 음이나 두 음을 반복해서 치는 트레몰로[連續顫竹] 연주법, 금채의 뒷부분으로 급속하게 두 음 사이의 금현들을 미끄러 지듯이 긁는 글리산도[滑音] 연주법 등이 있다. 그리고 "줄을 한번 밀어서 소리 내는" 연주 법, "줄을 두 번 밀어서 소리 내는" 연주법, 농현 연주법과 "아래 줄을 밀어서 소리 내는" 연주법 등도 있다.[118] 이 연주법들은 중국이나 서양음악에서 사용하는 양금 연주법과 대 부분 같다. 따라서 개량양금의 연주법은 다른 나라의 양금 연주법과 한국 전통양금 연주 법을 차용한 것이라 하겠다. 또한 개량양금의 대표적인 연주자로 김경희, 성보나, 백승 희, 유지명, 손정화 등이 있는데, 이들 대부분이 중국 유학 경험을 지니고 있어 한국의 양금 연주법은 대개 중국과 비슷하다고 하겠다.

현재 합주 예술문화에서는 양금의 형제 개량, 양금음악의 창작, 양금 연주법의 개발, 양금 연주 스타일 등 여러 면에서 변화가 활발해지고 있음이 확인된다. 이는 21세기 이후 한국 양금이 새로운 음악문화로 발전하고 있는 실례인 것이다.

---

118 조유회, 앞의 논문(2013), 328-340쪽.

2. 중국 음악문화 속의 양금

외래악기인 양금이 동아시아 3국 중 중국으로 처음 유입된 지 400여 년이라는 긴 시간이 경과하였다. 중국으로 들어온 양금은 이후 한국과 일본으로 전파되었기 때문에, 중국의 양금은 어떤 면에서는 동아시아 양금의 모태가 되었다고 할 수 있다. 양금은 처음 중국에 유입된 이래 연주 도구가 "금퇴琴槌"에서 "금죽琴竹"으로 바뀌었고, 명칭 역시 "양금洋琴"에서 "양금揚琴"으로 개칭되었으며, 형제形制나 연주 기법 면에서도 연변과 개진이 있었다. 이러한 일련의 변화는 외래악기로서의 양금이 중국화한 과정을 의미하는 것이다. 이러한 변화는 양금이 여러 갈래의 음악에 수용되면서 중국 음악문화가 요구하는 민족적 특수성에 걸맞게 대응한 결과라 할 수 있다. 현재 양금은 중국의 음악문화 속에 용해되어 민족악기로서 확고히 자리매김하였다. 본 장에서는 양금이 중국 음악문화 속에 어떻게 흡수되어 뿌리 내렸는지 알아보기 위하여 중국 양금의 조율체계를 비롯하여 그것이 수용된 각 갈래의 음악들을 고찰하고자 한다.

1) 양금의 조율체계

현재 중국에서 보편적으로 사용하고 있는 양금은 유입 이후에 개량된 개량양금으로, 서양의 12평균율로 조율한다. 양금의 음위도 피아노의 음높이에 따라 조율하고 있다. 그런데 중국 전통양금의 조율체계는 양금이 중국 전통음악 문화에 수용되면서 나타난 중요한 현상인 것이다. 양금 악보 자료나 악기 실물을 통하여 중국 양금의 조율체계를 알 수 있다. 양금이 중국으로 유입된 때부터 청나라 말기까지 중국 양금에 대해 전문적으로 소개한 자료나 양금 악보는 아직까지 발견되지 않는다. 왜냐하면, 그동안 많은 양금연주자들이 민간에서 문화 수준이 거의 없는 이들이거나 맹인盲人이었기 때문이다. 현재 발견된 최초의 양금 악보는 구학주丘鶴儔가 1919년[119]에 쓴 『금학신편琴學

---

119 『琴學新編』의 출판 시간은 "中華民國九年新月初版"이라고 했는데 "自序"에서 "中華民國八年仲秋中澣"

新編』이다.

중국『중국음악서보지中國音樂書譜志 선진先秦 - 1949년음악서보전목年音樂書譜全目』에 의하면 중국 최초의 양금보는 마역구馬亦駒(?~?)가 1919년에 편집한『양금보洋琴譜』라고 한다.[120] 그러나 현재 이 악보는 소장자가 확실치 않아 실물 확인은 물론 그 내용도 알 수 없다. 따라서 현재까지 발견된 최초의 양금보는 구학주丘鶴儔가 같은 해(1919)에 쓴『금학신편琴學新編』으로 본다. 이 악보에 명시된 양금 산형은 4가지가 있는데, 이를 통해 청나라의 양금 음위 배열의 특징을 확인할 수 있다. 4종의 산형에 의하면, 당시 사용된 양금의 조율은 양금정선자저격식揚琴正線字底格式(〈그림 Ⅲ-24〉참고)[121], 양금반선자저격식揚琴反線字底格式(〈그림 Ⅲ-26〉참고)[122], 양금범선자저격식揚琴梵線字底格式(〈그림 Ⅲ-28〉참고)[123]과 양금고후자저격식揚琴苦喉字底格式(〈그림 Ⅲ-30〉참고)[124]이다. 각 산형도에는 매 현마다 공척보의 음이 명시되어있는데, 양금에 사용되었던 공척보는 총 24개 음으로 확인된다. 그것들의 음위 관계를 해석하면 다음〈그림 Ⅲ-25〉, 〈그림 Ⅲ-27〉, 〈그림 Ⅲ-29〉, 〈그림 Ⅲ-31〉과 같다.

이라고 썼으니 이 책의 성서 시간이 1919년으로 보인다. (丘鶴儔, 앞의 책(1920), 12頁)

[120] 中國藝術研究院音樂研究所資料室(編), 『中國音樂書譜志 先秦 - 1949年音樂書譜全目』, 北京: 人民音樂出版社, 1994, 123頁.

[121] 위의 책, 29頁.

[122] 위의 책, 29頁.

[123] 위의 책, 30頁.

[124] 위의 책, 30頁.

式格底字線正琴揚

〈그림 III-24〉揚琴正線字底格式 조율 산형도

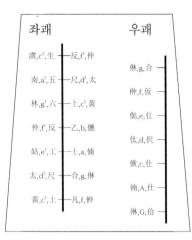

〈그림 III-25〉正線字底格式 산형 해석

式揚底字線反琴揚

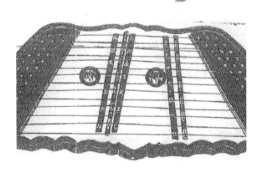

〈그림 III-26〉揚琴反線字底格式 조율 산형도

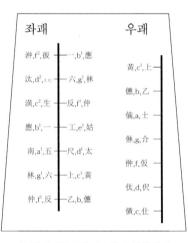

〈그림 III-27〉反線字底格式 산형 해설

〈그림 Ⅲ-28〉揚琴梵線字底格式 조율 산형도

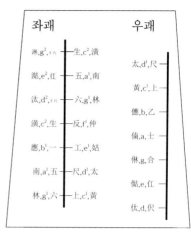

〈그림 Ⅲ-29〉梵線字底格式 산형 해설

〈그림 Ⅲ-30〉揚琴苦喉字底格式 조율 산형도

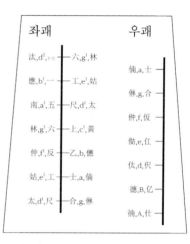

〈그림 Ⅲ-31〉苦喉字底格式 산형 해설

위의 〈그림 Ⅲ-25〉, 〈그림 Ⅲ-27〉, 〈그림 Ⅲ-29〉와 〈그림 Ⅲ-31〉은 이동도법으로 환원하면 정선자저격식, 반선자저격식, 범선자저격식과 고후자저격식 이상 4가지의 악조가된다. 하지만 그 조율 후에 양금의 음정 간격은 동일한 것으로 확인된다. 좌괘 부분을보면, 좌괘 좌우의 금현은 5도의 음위 관계에 있는데, 좌괘 상하 두 금현은 단 3도 관계인 것을 제외하고 다른 금현의 음위 관계는 2도(단 2도와 장 2도 포함함) 관계이다. 우괘 부분을 보면, 음높이가 낮은 영역의 둘째 금현과 셋째 금현의 음위 관계는단 3도 관계이고 나머지는 2도 관계(단 2도와 장 2도 포함함)이다. 따라서 이러한 음위 관계는 중국의 "오이서열五二序列"이다. 또한, 우괘 금현의 음위는 인접한 좌괘의 오른쪽 음위와 사이의 관계가첫째 금현(낮은 음위에 시작함), 둘째 금현, 일곱째금현은 7도 관계이고, 나머지는 모두 6도 관계이다. 이 산형 관계 도해는 〈그림 Ⅲ-32〉와 같다.

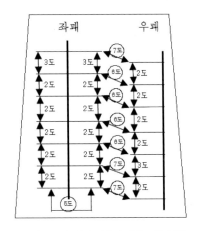

〈그림 Ⅲ-32〉 청말 민초의 양금 조율 산형 관계도해

그리고 양금 실물 자료를 보면, 금면에 조율 음위를 나타낸 양금 실물은 호접양금蝴蝶揚琴(뉴욕 메트로폴리탄 미술관 89.2.182), 선면양금扇面揚琴(라이프치히 대학교 악기 박물관 3744), 호접양금蝴蝶揚琴(바르셀로나 음악 박물관 MDMB 640), 호접양금蝴蝶揚琴(브뤼셀 악기 박물관 LS0033), 호접양금蝴蝶揚琴(음악의 도시 파리 필하모니 E.999.11.1), 호접양금蝴蝶揚琴(브뤼셀 악기 박물관 3540), 호접양금蝴蝶揚琴(브뤼셀 악기 박물관 1932), 선면양금扇面揚琴(음악의도시 파리 필하모니 Chassiron 140) 및 호접양금蝴蝶揚琴(음악의 도시 파리 필하모니 E.2439) 등이다. 위 양금 괘의 양쪽 금면 부분에는 공척보로 표시된 조율 음위 정보가 확인된다. 그런데 호접양금蝴蝶揚琴(뉴욕 메트로폴리탄 미술관 89.2.182), 호접양금蝴蝶揚琴(바르셀로나 음악박물관 MDMB 640), 호접양금蝴蝶揚琴(브뤼셀 악기 박물관 LS0033), 호접양금蝴蝶揚琴(브뤼셀악기 박물관 3540), 호접양금蝴蝶揚琴(브뤼셀 악기 박물관 1932)과 선면양금扇面揚琴(음악의 도시 파리 필하모니 Chassiron 140) 등 양금 실물에 나타난 공척보 기호가 모호해서 특성 음위

상황을 확인할 수 없다. 선면양금扇面揚琴(라이프치히 대학교 악기 박물관 3744)의 음위는『금학신편琴學新編』에 기록된 "揚琴正線字底格式"의 음위와 같은데 개별 음고를 표시하는 방법은 다르다. 예를 들어,『금학신편』의 "反"이 "凡"으로, "合"이 "伏"으로, "仮"이 "仉"으로 표시되어 작성되었다. 호접양금蝴蝶揚琴(음악의 도시 파리 필하모니 E.999.11.1)의 음위는『금학신편』"揚琴正線字底格式"의 음위와 거의 똑같으며, 개별 음고를 표시하는 방법은 다르다. 예를 들면,『금학신편』에 나타난 좌괘 저음부의 "合"이 "六(伏)"으로, "仮"이 "凡 (仉)"으로 표시되었다. 또한 우괘(저음부)에 나타난 공척자는 모두 "亻"이 없으니 여기에 생략된 것으로 보이며, 이 양금의 음위도 "正線字底格式"으로 보인다. 그리고 호접양금 (음악의 도시 파리 필하모니 E.2439)의 좌괘 양측에 공척자로 음위를 붙여 넣었는데, 이는『금학신편』에 기록된 "揚琴正線字底格式"의 좌괘 음위와 거의 같지만 개별 음고를 표시하는 방법은 다르다. 예를 들어,『금학신편』에 나타난 "反"이 "凡"으로 기록되었을 뿐만 아니라 이 양금 좌괘의 우측 최고 음위는 "工"인데『금학신편』("反")과 다르다. 공척보에서 "工"와 "反" 사이의 음고 차이는 서양 음고의 표기법으로 말하자면 단2도 관계라서 이 양금의 좌괘 음위도 "正線字底格式"으로 보인다. 그러나 이 양금의 우괘 음위는 확인할 수 없다. 그런데 한국의 박지원이 쓴『열하일기熱河日記』의 「망양록亡羊錄」(〈인용문 Ⅱ-9〉 참고)에서 는 "問其紅籤所書是何所標? 鵠汀曰: '這是調絃工工尺尺'"이라는 대목이 보인다. 이를 통 하여 18세기 중국 양금 조율이나 음위를 표시하는 기보법인 공척보가 청대 건륭 연간 (1736~1796)에 이미 사용되었음이 증명된다.

　　요컨대, 양금 실물의 조율 음위를 표시하는 공척보 기호를 살펴보면 개별 음위를 기록 한 공척자는 다르다. 양금 관련 고문헌에 나타난 양금 조율 음위의 특징은 양금 실물을 통하여 서로 다시 증명된다. 즉,『금학신편琴學新編』에 나타난 "揚琴正線字底格式"의 조 율 음위 특징은 청말 민초의 음위 특징을 대표하는 것으로 확인된다. 특히, "오이서열"의 조율 산형을 보면 중국 전통음악 이론까지 포함하는 것으로 보인다. 좌괘 좌우의 같은 금현에 나타난 5도는 중국 전통악기의 "오도상생율"의 특징을 나타낸 것이며, 괘의 같은 쪽 상하 금현의 대부분 2도 관계는 중국 전통 12율려의 음위관계를 반영하고, 한 쪽에 하나씩 있는 단3도의 음위 관계는 중국 전통음악의 오성음계(육성음계)의 특징을 반영하는 것으로 보인다. 다만, 문헌 자료가 없어 언제부터 이런 변화가 시작되었는지는 알 수 없다.

2) 양금을 수용한 음악의 갈래

현재 중국에서는 주로 설창음악과 민간 합주 예술음악에 학원파學院派 양금을 많이 사용하고 있다. 현재 학원파 양금의 발전에 따라 양금의 연주 형식은 독주, 중주, 합주 등 다양하다. 특히, 설창음악[125]에서 양금이 중요한 반주 악기로 사용된다. 외래악기였던 양금이 언제부터 중국의 설창음악에 반주악기로서 수용되기 시작했는지 살펴볼 필요가 있다.

역사상 중국 음악문화 속에서 양금은 궁정음악 문화보다는 민간에서 널리 수용되었으니, 중국에서 양금은 먼저 민간음악 문화에 전파된 셈이다. 외래악기 양금이 민간에서 사람들의 흥미를 끌었기 때문이다. 현재 발견된 최초의 문헌 자료는 건륭 연간(1736~1796)의 『예상속보霓裳續譜』와 『백희죽지사百戲竹枝詞』이다. 양금이 중국 전통음악으로 수용된 시기도 건륭 연간으로 거슬러 올라간다고 할 수는 없지만, 양금은 중국 전통음악에 성공적으로 수용되었다고 볼 수 있다. 나아가 중국 전통음악에 수용된 이후, 문인(학자 또는 지식인)들이 양금을 좋아하고 인정하기 시작하면서 문헌에 기록된 것으로 보인다. 이런 양금을 포함한 민간음악이 음악문헌 속에서 주로 어떤 갈래의 음악으로 수용되었는지, 얼마나 연주되었는지, 양금의 역할은 무엇이 있는지 등을 살펴보고자 한다.

문헌 기록은 없지만 민간 합주 예술음악에서 양금을 수용한 음악 갈래의 특징이 무엇인지 또한 고찰해볼 필요가 있다. 현재 양금이 쓰이는 음악 장르가 매우 많기 때문에 중국 국가무형문화재[國家非物質文化遺産]에 양금이 포함된 민속음악 갈래만 검토하고자 한다.

---

[125] 설창음악은 전국시기의 『成相篇』을 거슬러 올라가 송원 시대 전성기로 발전했다. (謝美琳, 「中國說唱音樂的發展脈絡探究」, 『和田師範專科學校學報』, 2019, 38(05), 65-67頁) 현재 중국 설창음악은 주로 "鼓詞系統", "彈詞系統", "漁鼓系統", "俗曲系統" 및 "歌舞腔系統" 이상 다섯 가지로 나뉜다. (姚藝君, 「說唱音樂分類芻議」, 『黃鐘 · 武漢音樂學院學報』, 1988(01), 17頁)

(1) 설창음악

중국 지역별로 설창음악을 논술하고자 한다.

가. 사천의 설창음악

건륭 말년부터 가경 연간(1796~1820)에 활동한 육대산인六對山人(?~?)[126]은 『금성죽지사백수錦城竹枝詞百首』에서 사천성四川省 성도시成都市에서 양금을 사용한 상황을 기록했는데 다음 〈인용문 Ⅲ-3〉과 같다.

〈인용문 Ⅲ-3〉

錦江春色大文章, 節物先儲為口忙. 男客如梳女如篦, 拜年華服算增光. 清唱洋琴賽出名, 新年雜耍遍蓉城. 淮書一陣蓮花落, 都愛廖兒哭五更. 牛日拾來鵝卵石, 富貧都作送窮言. 富家未必藏窮鬼, 莫把錢神送出門.[127]

위의 인용문을 통하여 가경 연간(1796~1820)의 성도錦城(또는 용성蓉城)에서는 설날 즈음에 청창양금清唱洋琴이라는 음악을 연주했음을 알 수 있다. 대재우代梓又의 『사천양금사고四川揚琴史稿』에 의하면 "청창양금"은 사천 양금 전승 과정 중의 네 번째 단계로서, 악기 편성은 무대 가운데 양금연주자가 앉아 양손으로 연주하고 뒤편 양쪽에서 삼현三弦과 완금碗琴을 연주한다고 서술했다[128].

『사천양금사고四川揚琴史稿』를 보면, 강희 말기부터 민속예술가들은 양금을 반주 악기로 사용하여 생계를 꾸리기 시작했는데, 이는 주로 오른손으로는 양금을 연주하고 왼손

---

126 六對山人(?~?)은 시인의 별호(別號)와 같은데 구체적으로 누구인지는 알 수 없다. 다만 "癸亥之年秋七月, 傳聞院試《竹枝詞》. 錦城生長能詳說, 拈出鄉風一百詩."((淸)六對山人, 『錦城竹枝詞百首』 ⇨ 雷夢水等(編), 『中華竹枝詞』, 北京: 北京古籍出版社, 1997, 3176頁에서 재인용)에 따라 가경 8년(1803)에 이 백수 시를 썼을 뿐만 아니라 건륭 말년에서 가경 연간에 활동한 사실을 확인하였다.

127 (淸)六對山人, 『錦城竹枝詞百首』 ⇨ 雷夢水等(編), 『中華竹枝詞』, 北京: 北京古籍出版社, 1997, 3177-3178頁에서 재인용.

128 代梓又, 앞의 책, 15頁.

으로는 박판拍板으로 리듬을 연주했다. 또한 필요할 때 오른손으로 "성목醒木(또는 향목响木)"도 때린다는 것은 현재의 금서琴書 음악과 비슷하지만 혼자 연주했기 때문에, "單竹站唱"이라고 하는 사천 양금의 첫 번째 단계에 해당한다.

강희 말기에서 건륭 초기에 양금연주자는 왼손으로 박판을 연주하는 "荷葉藝人" 즉 동발 연주자와 함께 연주하기 시작했다. 양금연주자는 의자에 앉아 테이블에 놓은 양금을 두 손으로 연주하는 것이 특징이며, 필요할 때 오른손으로 "성목"도 때기도 한다. 이것은 "荷葉揚琴" 또는 "話鼓揚琴"이라는 사천 양금의 두 번째 단계로 양금 · 박판 · 단면 동발 · 성목의 4가지 악기를 사용하고 두 연주자가 있었음을 알 수 있다.

건륭 말기부터 "하엽"의 금속성 소리로 인해 양금연주자는 "어고漁鼓(타악기의 하나이며 도교의 법기)"와 같이 공연하기 시작했다. 어고 연주자가 어고를 연주하고 양금연주자는 의자에 앉아 테이블에 놓인 양금을 양손으로 연주하는 것이 특징이며, 이는 "漁鼓揚琴"이라는 사천 양금의 세 번째 단계이다. 도광 연간(1820~1850)에는 "五方"이라는 양금 연주 형태가 나타난다. 이는 5명의 연주자가 양금, 박판, 삼현三弦, 경호京胡 및 완금碗琴(후에는 이호로 변경)을 연주하는 것이다. 이 악대 편성에서 양금은 무대 중앙의 테이블에 있으며 나머지 4개 악기는 테이블 뒤에 양쪽으로 배치되는데, 모든 연주자는 의자에 앉아 연주한다.[129] "오방"은 사천 양금의 다섯 번째 단계이다.

그런데 1909년(宣統 元年)[130]에 편찬된 부숭구傅崇矩(1875~1917)의 성도 풍속과 인문에 관한『성도통람成都通覽』에 의하면, 양금은 "壽禮"[131], "婚禮"[132], "開張禮"[133], "賀宅禮"[134] 및

---

129 代梓又, 앞의 책, 9-19頁.

130 傅崇矩,『成都通覽』, 上冊, 成都: 巴蜀書社, 1987, 4頁.

131 위의 책, 上冊, 266頁. 원문: "壽禮: 壽帳、壽桃、壽麵、壽酒、燭、大砲、把戲、雞鴨、點心、火腿、衣料、對聯、洋琴、相書。"이다.

132 위의 책, 上冊, 266頁. 원문: "婚禮: 紅炮、燭、酒、喜聯、金花、洋琴、把戲、相書。" 또는 이 책의 210쪽에 나타난 원문: "成都之婚禮及婚礦之預備. 開女八字, 合男女八字. 看人, 丟定, 填庚書, 寫求帖, 寫拜帖, 開禮單, 插花, 報期, 過禮, 接人, 謝親, 請媒, 謝媒, 請客. 過禮水果, 過禮海菜. 借衣服製衣服接人, 賃鳳冠霞披, 迎人七鳳. 迎人首飾, 辦衣服首飾. 洋琴, 茶催, 燈彩, 抬盒, 花轎, 照轎, 離娘包, 晾轎, 簪花掛紅, 花宵, 回車馬, 備開臉禮封, 款待送親人. 備開門禮, 過禮賞號. 叫禮, 牽新人. 周堂, 入洞房, 聽房, 鬧房, 撒帳, 回門, 陪郎, 坐十. 拜新年, 送點心, 會親, 散針線, 拜客, 執事, 封杯碗, 五子衣"이다.

133 위의 책, 上冊, 266頁. 원문: "開張禮: 紅燭、炮、酒、賀聯、洋琴、煙火架。"이다.

"正月過年"[135] 등 일상 풍속 가운데 중요한 필수품이었고, "揚琴調"[136]라는 악조명도 보편적으로 사용하고 있었음을 알 수 있다. 이 사천 양금을 연주할 때 악기 편성[137](〈그림 Ⅲ-33〉 참고) 및 연주자와 관련된 기록은 다음 〈인용문 Ⅲ-4〉와 같다.

〈그림 Ⅲ-33〉『成都通覽』 중의 양금 연주도

〈인용문 Ⅲ-4〉

洋琴 均瞽者唱詞, 然有玩友能唱者, 只能平時唱, 不能掛燈彩時唱。每人每日價錢六百文。[138]

위의 인용문에 나타난 "균고자均瞽者"를 보면 사천 양금의 연주자는 모두 맹인이며, 앉아 테이블 위의 양금을 연주한다는 것임을 알 수 있다. 그리고 사천 성도 근처의 일상 풍속에서 하루를 공연하면 "六百文"을 얻을 수 있음을 알 수 있다. 위의 〈그림 Ⅲ-33〉을 통하여 이들이 양금을 삼현, 호금과 같이 "양금조"로 연주함을 확인할 수 있다. 뿐만 아니라 성도의 민간 자선 단체인 자선당慈善堂에 있던 고동교양소瞽童教養所에서는 1925년부터 양금 수업을 개설하여 시작했다.[139] 이것은 사천에서 양금연주자의 수요가 많아지면서 맹인들의 상황을 개선하기 위한 것이었다고 보인다.

19세기경, 사천의 양금연주자들은 자발적으로 "三皇會"를 조직했는데, 매년 음력 3월 초3일과 9월 초9일에 두 번 모이고 "百壽圖"에 예배했다.[140] 그때부터 들어간 양금연주자

---

134 위의 책, 上冊, 267頁. 원문: "賀宅禮: 匾、對、酒、戲、燭、炮、煙火架、洋琴。"이다.

135 위의 책, 上冊, 202頁. 원문: "正月過年 放炮 拜年 闇年鼓 敬財神 迎喜神 裝財神 飛名片 穿新衣 掛掛錢 耍龍燈 耍獅子 聽洋琴 聽相書 請春酒 走喜神方"이다.

136 위의 책, 下冊, 241頁. 원문: "絲弦 二黃 老二黃 西皮 京二黃 反西皮 洋琴調 陰調 梆子 以上各種, 内又分為倒板、頭子、大過板、小過板、過門、一字、二流、平板、奪奪板、三板、四柱。"이다.

137 위의 책, 上冊, 292頁.

138 위의 책, 上冊, 292頁.

139 代梓又, 앞의 책, 20頁.

140 위의 책, 17頁. 또는 楊佳, 앞의 논문, 98頁.

의 이름과 생일은 "百壽圖"에 기록되어 있지만 1950년대나 1960년대경 이 "百壽圖"가 훼손되어 지금은 더 이상 볼 수 없다. 그런데 이 "百壽圖"에 마지막으로 나타난 5명의 양금 연주자는 왕화우王化友(1827~1898, 맹인), 사성재謝成齋(1829~1886, 맹인), 사해루謝海樓(1830~1897, 맹인), 호천희胡天禧(1833~1878, 맹인) 및 강명흔康明欣(1845~1918, 맹인)이다. 그리고 이 다섯 연주자의 제자와 후학들로 왕소운王少雲(?~1923), 고덕민高德民(?~1938), 낙일원駱一元(?~1938), 곽굉연郭宏淵(1862~1911), 이련생李蓮生(1887~1933), 양광정楊光庭(?~?), 호천륜胡天倫(?~?), 역덕전易德全(?~1960), 조우태趙友太(1875~1918) 등이 있고, 사조송謝兆松(1857~1930)과 이덕재李德才(1903~1982)가 제일 유명한 연주자였다. 이 양금연주자들의 한 가지 중요한 특징은 대부분이 시각장애자(맹인)라는 점이다. 즉, 이들의 양금 연주는 생계를 유지하기 위한 기예였던 것이다. 또한 위의 〈인용문 III-3〉에는 가경 연간(1796~1820)의 양금 연주 명가인 요아廖兒(?~?)도 나오는데 그도 맹인 연주자였는지는 알 수 없다.

나아가, 사천 양금의 맹인 연주자들은 생계를 위해 공연하므로 실제 공연의 필요성에 따라 악대 편성을 계속 바꾸어야 했지만, 이들의 음악적 속성은 변하지 않았고, 민간의 설창음악으로 수용되는 갈래도 바뀌지 않았다.

사천 양금은 2008년 6월 7일 중국의 두 번째 국가무형문화재에 등재(번호: V-75)되었다. 현재 사천 양금은 주로 사천 지역 설창음악의 반주악기이다. 현재 국가무형문화재 전승인은 서술徐述(1937~), 유시연劉時燕(1942~), 진재벽陳再碧(1947~)과 엽길숙葉吉淑(?~) 이상 4명이다.

오랫동안 사천 양금연주자들은 맹인들이었기 때문에, 다른 지역의 양금 연주법과 비교해 특수한 연주기법으로 "咕嚕音"[141] 체계 연주법과 "蒙垛子"[142] 체계 연주법이 있다.

---

141 초기의 사천 양금연주자는 대부분 맹인이었으므로 소리로 판단하고 설명하는 용어가 많다. "咕嚕音"은 타현악기의 발음 방식으로서, 연음을 연장하기 위하여 "擊點成線"의 방법이 공연에 사용되었다는 것이다. 따라서 오래된 연주자들은 생생한 구음인 "咕嚕"를 사용하여 이 "擊點成線"의 소리를 묘사했다. (원문: "早期四川揚琴的藝人多為盲人, 他們沒有眼睛的幫助, 只能靠耳朵來判斷音響, 揚琴發音的方式是敲擊發音, 餘音較短, 音響呈現"點"狀, 為了延長余音, 演奏中採用"擊點成線"的方式, 因此老藝人們用生動的象聲詞"咕嚕"來形容揚琴擊點成線的音響." 위의 논문, 96頁)

"咕嚕音" 체계 연주법은, "咕嚕音"을 연주할 때 지지점支持點으로 연주자와 가장 가까운 첫 번째 금현에 금채의 중간 부분을 놓고 식지, 장지, 무명지와 무지로 금채의 뒷부분을 단단히 쥐고 연음 효과를 강조하기 위하여 손목의 힘으로 금채의 앞부분은 금현을 끊임없이 타격하면서 일련의 밀집음을 내되 이 음향에는 두음頭音(첫 번째 강음)이 없다. 그런데 이 연주기법은 현대 양금 연주기법의 "대나무 얽힘[顫竹]"과 유사하다. 또한 "咕嚕音"을 지속해서 사용하여 연주하는 것은 "浪竹"이다. "浪竹"은 대체로 왼손으로 연주하며, 때로는 오른손과 양손으로 연주한다는 특징이 있다. 왼손이나 오른손만 사용하는 연주기법은 현대 양금 연주기법인 "單顫"과, 양손을 사용하는 연주기법은 현대 양금 연주 기법인 "雙顫"과 각각 유사하다. 그리고 "咕嚕音"을 연주하기 전에 오른손은 먼저 금현을 치고, 왼손은 빠르게 금채의 머리 부분을 떨리는 금현에 놓아 많은 소리를 내는 것을 "疊竹"이라 하는데, 이는 현대 양금 연주기법인 "右顫疊"과 유사하다.

"蒙垛子" 체계 연주법으로서, 오른손으로 금을 치고 왼손 손바닥으로 현을 만져 그 진동을 줄이는 것이 "蒙垛子"이다. 그리고 금채로 금현을 쳐 소리를 내고 이내 금채의 반발력으로 금현에 다시 떨어뜨려 금현과 공명상자의 진동을 줄이는 것이 "悶竹"이다. 또한, 금채가 금현을 친 후에는 더 이상 들리지 않도록 손으로 금현을 잡는 것은 "竹止音"이다.

한편, 사천 양금 전통곡은 1909년(선통 원년)에 출판된 부숭구傅崇矩(1875~1917)의 『성도통람成都通覽』에 기록되었으니 다음 〈인용문 Ⅲ-5〉와 같다.

〈인용문 Ⅲ-5〉

洋琴戲名:「九子升官」,「罵曹」,「成配謀歸」,「橫容起程」,「劉辰獻丹」,「煮酒」,「三氣周瑜」,「辭母亂箭」,「大堂上壽」,「薦諸葛」,「初顧茅廬」,「單刀」,「趕潘」,「五福臨門」,「銅雀射袍」,「搶傘」,「戲

---

142 "蒙"은 사천 방언에서 "숨기다"라는 동사이다. "垛子"는 垛板에서 주로 사용되는 연주법을 말한다. 垛板은 주로 서술적이므로 악기 소리는 가수를 방해하지 않아야 한다. 따라서 현대 양금 용어에서 "蒙垛子"는 "捂音"이라고도 한다. (원문: ""蒙"在四川方言中為一個動詞, 意思為"掩藏";"垛子"是指該技法常用在【垛板】中, 由於【垛板】常以敘事為主, 器樂聲響要避免干擾演唱者, 因此"蒙垛子"在現代揚琴技法術語中又稱為"捂音"。 위의 논문, 97頁)

賓」,「舌戰群儒」,「祭江」,「百花比古」,「五怕老婆」,「瘋僧掃秦」,「苦肉計」,「張公百忍」,「百里認妻」,「祭風追舟」,「何立回話」,「頂燈」,「貴妃醉酒」,「戰虎牢」,「賜環拜月」,「小宴」,「大宴」,「戲刁」,「華容釋曹」,「自恨大腳」,「貧富拜年」,「石處過關」,「從良配玉」,「罵雞」,「姑娘算命」,「天官賜福」,「碎琴」,「撫琴」,「賣發」,「八仙上壽」,「木蘭從軍」,「解帶封官」,「正德訪賢」,「三難新郎」,「碧蓮教子」,「主僕借貸」,「雙愛官誥」,「活捉三郎」,「刺目」,「鬧市入院」,「留院教哥」,「曲江打子」,「祭祖告職」,「元和榮歸」,「水浸金山」,「經堂殺妻」,「認母」,「搜容盤真」,「雲房觀景」,「元宰遊庵」,「竇老送子」,「書房罵高」,「咬臍打獵」,「邠州回書」,「雪燕刺湯」,「藏舟成配」,「香蓮鬧宮」,「捆子賠罪」,「怒打金枝」,「山伯訪友」,「大審蘇三」,「斷機教子」,「父子分離」,「飯店認子」,「算糧登殿」,「罵坡封宮」,「花子鬧房」,「嗣麟祭塔」,「彩樓招親」,「王允搬窯」,「磨房」,「值虎瞻韓」,「擊掌」,「鴻雁傳書」,「風亭趕子」,「蘆花裝衣」,「王府拜壽」,「卸甲」,「游月宮」,「天仙送子」,「雙送貴子」.[143]

위의 인용문을 보면 사천성 성도시에서 연주된 양금음악은「구자승관九子升官」과「매조매조罵曹」등 여러 가지가 있는데, 이 가운데「삼기주유三氣周瑜」,「천제갈천諸葛」,「초고모려初顧茅廬」등은 "삼국연의三國演義"에 관한 음악이고,「천선송자天仙送子」,「유월궁游月宮」,「팔선상수八仙上壽」등은 신화 전설과도 관계가 있으며,「부자분리父子分離」등은 민간인들의 일상생활과 밀접한 관련이 있고,「귀비취주貴妃醉酒」등은 경극에서 나온 음악이다.

나. 북경의 평호조平湖調

건륭 연간(1736~1796) 평호조平湖調[144] 음악에서는 반주 악기로서 양금을 사용했다. 1756년(건륭 21)[145]에 이성진李聲振(?~?)이 쓴 청나라 건륭 연간 북경 지역 민간의 음악문화

---

143 傅崇矩, 앞의 책, 上冊, 292-293頁.

144 평호조(平湖調)는 오늘날 절강성 소흥(紹興) 지역 설창음악의 한 가지인데 본 절에서 언급된 평호조는 건륭 연간(1736~1796) 북경 지역의 설창음악을 가리킨다.

145 李聲振은 건륭 연간(1736~1796)의 진사(進仕)이다. 『百戲竹枝詞』(路工(編), 『清代北京竹枝詞(十三種)』, 北京: 北京出版社, 2018, 179頁)에서 "業荒於嬉矣, 然欲以滑稽三昧, 下惰遊一轉語也。丙子長至艸創, 戊高閣者十霜, 挑燈重繕, 倍以鹵然。丙戌八月朔日, 自記。"라고 기록 했다. 그래서 1756년(건륭 병자년)에 완성된 것으로 보았다.

를 기록한『백희죽지사百戲竹枝詞』에는 다음 〈인용문 Ⅲ-6〉과 같은「탄사彈詞」를 수록하고 있다.

〈인용문 Ⅲ-6〉

亦鼓詞類, 然稍有理致, 吳人彈「平湖調」, 以弦索按之。近競尚打銅絲弦洋琴矣。都中四宜茶軒, 有夜演者。四宜茶軒半吳音, 茗戰何妨聽夜深。近日「平湖」絃索冷, 絲銅爭唱打洋琴。[146]

여기서는 건륭 연간(1736~1796)에 오인吳人[147]들이 북경에서「평호조」를 연주했는데 북경 사람들이 탄사라 명명했음을 알 수 있다. 특히, 문헌을 통해 최근(1756년까지)에 양금을 사용하기 시작했다는 기록이 확인된다. 이 시기의 악기 편성을 확인할 수 없지만, 양금이 민간의 설창음악으로 수용되고 있음을 알 수 있다.

또한, 1832년 서장관으로 북경을 다녀온 한국인 김경선金景善(1788~1853)의『연원직지燕轅直指』권6「유관별록留館別錄」[148]에 보면, 북경 지역의 양금은 생황, 비파, 호금, 현자 그리고 죽적과 합주하였고, 연향악에도 사용되었음이 확인된다. 당시 연주된 음악 갈래는 확인할 수 없지만 합주한 악기가 탄발악기 및 찰현악기인 점으로 보아 당시 북경 지역의 설창(곡예) 음악을 연주한 것으로 추정할 수 있다.

다. 양주의 양주청곡揚州清曲

1801년(嘉慶 6)[149]에 임소문林蘇門(1748~1809)의 양주 죽지사竹枝詞(한시漢詩의 한 갈래)에

---

146 (淸)李聲振,『百戲竹枝詞』⇨ 路工(編),『淸代北京竹枝詞(十三種)』, 北京: 北京出版社, 2018, 160頁에서 재인용.

147 중국 오늘날 오어(吳語) 방언을 사용하고 있는 지역이다. 강소(江蘇)의 일부, 절강(浙江)의 일부, 상해(上海) 등의 일부이다.

148 원문: "其宴樂用笙簧, 琵琶, 壺琴, 洋琴, 弦子, 竹笛六種."((朝鮮)金景善,『燕轅直指』(장서각 소장본), 54頁.)

149 본 책의 창작 배경과 시간은 張翠蘭의 앞의 논문(2007b)에서 연구했다.(67頁) 원문: "林蘇門《續揚州竹枝詞》是董偉業《揚州竹枝詞》的仿作、續作, 故題為《續揚州竹枝詞·和董恥夫韻(九十九首)并序》, 書成於嘉慶六年(1801), 詞作數量亦是九十九首, 並全部按董竹枝原韻."

관한 시집인『속양주죽지사續揚州竹枝詞』에서 양금은 가경 연간(1796~1820) 양주청곡揚州
清曲[150]에서 반주 악기로 추가되었는데 다음 〈인용문 Ⅲ-7〉과 같다.

〈인용문 Ⅲ-7〉
成群三五少年狂, 抱得洋琴只一床。但藉閒遊尋夜樂, 聲聲網調唱吾鄉。[151]

위의 인용문에서 언급된 "網調"는 1795년(乾隆 60) 이두李斗(1749~1817)의『양주화방록
揚州畫舫錄』에 기록되었다[152]. 이 망조는 양주의 소창小唱인「전전화剪靛花」의 악조이고 망
조의 음계나 음고를 파악할 수 없지만 양주의 소창에서 사용한다고 확인하였다. 즉, 양금
은 양주의 청곡(또는 소창)에서 사용되었음이 증명된다. 그리고『양주화방록』에 따라, 건
륭 연간(1736~1796) 청곡의 반주 악기는 비파, 현자, 월금과 단판檀板인데, 양금은 그때
없었음을 알 수 있다. 또한, 위의『속양주죽지사續揚州竹枝詞』에 의거하여 양금은 가경 연
간(1796~1820)에 양주 청곡의 반주 악기로 추가되었다고 생각된다. 나아가 양금은 민간
의 설창음악[153]으로 수용되고 있음을 알 수 있다.

---

150 강소(江蘇) 양주(揚州) 지역에서 연주되는 "小唱" 또는 "唱小曲"이라는 음악이다. 이 음악은 양주 방언으
로 공연한다.

151 (清)林蘇門,『續揚州竹枝詞』➭ 雷夢水等(編),『中華竹枝詞』, 北京: 北京古籍出版社, 1997, 1350頁에서
재인용.

152 (清)李斗, 汪北平, 塗雨公(點校),『揚州畫舫錄』, 北京: 中華書局, 1960, 257頁. 원문: "小唱以琵琶絃子月琴
檀板合動而謳。最先有銀鈕絲、四大景、倒扳槳、剪靛花、吉祥草、倒花籃諸調。以劈破玉為最佳。有于蘇州
虎邱唱是調者, 蘇人奇之。聽者數百人。明調。亦名跌落金錢。二十年前尚哀泣之聲。謂之到春來。又謂之
木蘭花。後以下河土腔唱剪靛花, 謂之網調。近來羣尚滿江紅、湘江浪。皆本調也。其京舵子、起字調、馬頭
調、南京調之類、傳自四方。間亦效之。而魯斤燕削。遷地不能為良矣。於小曲中加引子尾聲。如王大娘、鄉
里親家母諸曲。又有以傳奇中牡丹亭、占花魁之類譜為小曲者。皆土音之善者也。"

153 곡예음악은 주로 3가지가 있는데 "只說不唱", "只唱不說"과 "有說有唱"이기 때문에 설창음악의 특징과 똑
같다. 즉, 곡예음악은 설창음악이라고도 한다. 다만, 논술 과정에서 개인 선호에 따라 용어의 차이를 보일
뿐이다.

라. 항주의 남사南詞와 화조花調

1863년(同治 2)에 범조술範祖述(?~?)의 항주 풍속에 관한『항속유풍杭俗遺風』을 통하여, 남사南詞[154]에서 양금이 반주 악기로 사용된 기록은 다음 〈인용문 Ⅲ-8〉과 같다.

〈인용문 Ⅲ-8〉

南詞 說唱古今書籍。編七字成句。坐中者開口彈弦子。橫坐者佐以洋琴。名曰洋二百。蓋坐中闊洋一元。而打洋琴者。闊錢二百也。[155]

위의 인용문을 통하여 당시 항주에서 남사南詞의 연주자 중 한 사람이 현자弦子를 연주하고, 또 한 사람이 양금을 연주했음을 알 수 있다. 현자연주자는 무대 가운데에 앉아서 연주하고, 양금연주자는 현자연주자의 옆에 수직으로 앉아서 양금을 연주하였다. 특히, 양금 연주는 "錢二百"이었으니, 현자의 연주 삯인 "洋一元"보다 훨씬 저렴했음을 알 수 있다. 또 악기 편성을 보면, 청나라 때 부른 남사에서 양금이 반주 악기로 사용되었다는 것을 확인할 수 없지만, 양금은 도광 연간(1820~1850)부터 함풍 연간(1850~1861)까지 한 30년간[156] 남사에서 사용되었다는 것을 확인할 수 있다. 현재 남사는 다른 음악과 융합하여 소극蘇劇으로 변모했지만, 그때 양금은 민간의 설창음악으로 수용되었음을 다시 확인할 수 있다.

또한,『항속유풍杭俗遺風』과『청패류초淸稗類鈔』[157]에서는 현재 전승되지 않는 청나라 항주에 있었던 화조花調[158]에서의 양금 연주를 기록한 내용이 있는데, 이는 다음 〈인용문

---

154 소극(蘇劇)은 청나라 시기의 민간 설창음악인 소탄(蘇攤, 또는 南詞, 白南詞)에서 유래했는데 2006년에 중국 국가무형문화재로 선정되었다. (程宗駿,「蘇劇發展史考」,『中華戲曲』, 1997(1), 194-211頁) 따라서 남사가 현재의 소극으로 발전했다고 알게 된다.

155 (淸)範祖述,『杭俗遺風』, 上海: 上海文藝出版社, 1989, 48頁.

156 『杭俗遺風』의 서언에서 이 책에서 수록된 내용의 시기를 언급하였다. 원문: "杭州素稱繁華之地。吳山既多勝景。西湖又屬名區。俗語故有上數天堂下數蘇杭之說。以予生長是邦。目見夫四時行樂。縟麗紛華。誠有無美不備。應接不暇者。凡自古及今。所有古跡。俱有誌書記載。予均不錄。茲所記者。不過一切俗情。故曰杭俗遺風。憶自道光年間起。至咸豐以來三十年中。其製作之瑰麗。享用之奢華。"(위의 책, 1頁)

157 청나라 소설 및 여러 가지 기사가 집적된 책이다.

Ⅲ-9〉 및 〈인용문 Ⅲ-10〉과 같다.

〈인용문 Ⅲ-9〉

花調。亦以五人分脚色。用絃子。琵琶。洋琴。鼓板。所唱之書。均係七字唱本。其調慢而且爛。每本五六回。鬮錢一千二百文。大戶人家不行。小戶人家。及人頭聚會。街書。多用之。[159]

〈인용문 Ⅲ-10〉

花調。杭州有之。介於灘簧評話之間。以五人分脚色。用絃子琵琶洋琴鼓板。所唱之書。均七字唱本。其調慢而且豔。每本五六回。[160]

위 두 인용문의 편찬 시기를 통하여 화조는 청나라 도광 연간부터 함풍 연간까지 항주에서 공연했음을 확인할 수 있다. 양금은 현자, 비파, 고판과 함께 「화조」의 4개 반주 악기이다. 하지만 「화조」의 공연 비용은 "錢一千二百文"인데, 앞에 살펴봤던 같은 지역에서 같은 시기의 소극蘇劇(또는 남사)보다 사회적 수용 정도가 매우 낮았다. 즉, 양금이 이제 하층 사회에 완전히 수용되었다는 것을 보여주며, 양금이 민간의 설창음악으로 완전히 수용되고 있음도 입증할 수 있다.

마. 광주의 탄사彈詞

광주 탄사인 "摸魚歌"의 반주 악기로서 맹인이 양금을 연주했는데, 이와 관련된 기사는 『청패류초清稗類鈔』의 다음 〈인용문 Ⅲ-11〉에서 볼 수 있다.

---

158 남송의 도진(陶真) 예술에서 파생된 "화조(花調)"는 민국시기까지 사라졌다. (王與昌, 「杭州花調考略」, 『杭州師範學院學報(社會科學版)』, 1989(05), 98-101頁)

159 (清)範祖述, 앞의 책, 49-50頁.

160 (清)徐珂(編), 앞의 책, 35頁.

〈인용문 Ⅲ-11〉

盲妹彈唱 盲女彈唱。廣州有之。謂之曰盲妹。所唱為摸魚歌。佐以洋琴。悠揚入聽。人家有喜慶
事。輒招之。別有從一老嫗遊行市中以待人呼喚者。則非上馴也。妹有生而盲者。有以生而艷麗。
為養母揉之使盲者。蓋粵人之娶盲妹為妾。願出千金重值者。比比皆是也。[161]

　　위 인용문을 통하여 광주 지역의 여자 맹인이「모어가摸魚歌」를 부르면서 양금을 반주
악기로 사용했음을 알 수 있다. 이 여성 맹인은 주로 “自彈自唱”식으로 생계를 위하여 경
축 행사에서만 공연했다. 그러나 현재 광동의「목어가木魚歌」는 2011년 5월에 중국의 세
번째 국가무형문화재에 등재(번호: V-109)되었는데, 반주 악기 중에는 양금이 없다. 다만
양금은 청나라의 민간 설창음악에서 유명했음을 다시 확인할 수 있다.

바. 소주의 탄사彈詞

　　오늘날 소주蘇州 탄사彈詞[162]의 반주 악기는 삼현과 비파이지만, 청나라 시기에는 양금
도 사용했다.『청패류초清稗類鈔』에서 이와 관련된 기사는 다음 〈인용문 Ⅲ-12〉와 같다.

〈인용문 Ⅲ-12〉

彈詞家普通所用樂器。為琵琶與三弦二事。間有用洋琴者。則以年齒尚稚。而發音清脆也。晚近
彼業中之善琵琶者。首推步瀛。步瀛坐場子。逢三六九日。例必於小發回時。奏大套琵琶一折。儕
輩咸效顰焉。然終不能越步瀛而上之。步瀛天資優美。又習聞金春齡緒論。春齡曾充縣吏。為蘇
州琵琶聖手。每歲之春。支硎山獅子林例設琵琶會。四方之善琵琶者咸集。春齡必坐首席焉。[163]

　　위의 인용문을 보면, 청나라 소주의 탄사를 공연할 때 양금을 사용하는 경우가 있었다.

---

161 (清)徐珂(編), 앞의 책, 28頁.
162 소주에서 삼현과 비파로서 반주 악기를 연주하는 설창음악이다.
163 (清)徐珂(編), 앞의 책, 27頁.

양금은 비파, 삼현과 같이 반주했는데, 오늘날의 소주 탄사에서는 사용하지 않는다. 다만 양금은 청나라의 민간 설창음악에서 유명했음을 알 수 있다.

사. 현재까지 전승된 설창음악 속의 양금

현재 민간 설창음악 속의 양금에 관한 직접적인 고문헌 기록이 없어, 양금을 반주 악기로 사용한 대표적 갈래는 산동 금서琴書이다. 그것은 2006년 5월 중국 첫 번째 국가무형문화재에 등재(번호: V-21)되었다. 산동 금서의 금琴자는 양금을 표시하는데, 양금이 주요 반주 악기이다. 양금연주자는 한 손으로 양금을 치며 다른 한 손으로는 판을 연주한다. 옛날에 양금은 두 손으로 연주했는데, 현재는 한 손으로 연주한다.[164] 이 밖에 다른 악기로 호금[165], 비파 등도 있다. 산동 금서의 국가무형문화재 전승인은 요충현姚忠賢(1941~), 이상운李湘雲(1939~), 주려화朱麗華(1945~), 유사복劉士福(1961~), 하숙령何淑玲(?~)과 왕진강王振剛(?~) 등이다. 산동 금서 양금의 특징적 연주법은 "점두墊頭"로서, 설창가수가 한 문장을 부르면 양금이 즉시 그 부른 주선율을 연주하는 것이다. 이런 식으로 설창가수가 쉬는 부분이 주어지며 양금은 앞뒤로 음악을 연결하는 역할을 한다.

뿐만 아니라, 북경 지역의 설창음악인 매화대고梅花大鼓, 마카오의 남음설창, 호남의 설창음악인 기양소조祁陽小調, 산서山西 곡옥금서曲沃琴書, 산서山西 익성금서翼城琴書, 청해青海 월현越弦, 청해青海 평현平弦, 광서문장廣西文場, 서주徐州 금서琴書, 호북湖北 남곡南曲, 절강浙江 사명남사四明南詞, 섬서陝西 유림소곡榆林小曲, 호남湖南 상덕사현常德絲弦, 감숙甘肅 난주고자蘭州鼓子, 상해上海 나고서鑼鼓書, 절강浙江 탄황攤簧(소흥탄황紹興攤簧 및 항주탄황杭州攤簧), 하남河南 하락대고河洛大鼓, 하북河北 경동대고京東大鼓, 산동山東 대고大鼓(또는 이화대고梨花大鼓), 소흥紹興 평호조平湖調 등 각지의 여러 설창음악에도 양금이 반주 악기로서 수용되었다.

---

164 위의 논문, 107頁.
165 산동 금서는 南路琴書, 北路琴書와 東路琴書 이상 3가지 유파로 구분된다. (孫雪, 앞의 논문, 8-9頁) 그런데 호금은 "동로 금서"에 사용하지 않는다. (周景春, 앞의 논문, 106頁)

이상의 사료를 통해 양금은 중국에 유입된 후 우선 중국의 시민 음악문화인 설창음악에 수용되었고 이와 같은 음악문화가 현재까지 이어지고 있으며, 중국 양금음악의 발전과 전파에 초석이 되었음을 알 수 있다.

(2) 궁정 연향악

마테오 리치의 편지(〈인용문 Ⅱ-4〉 참고)와 명대 북경의 풍경·풍속을 기록한 『제경경물략帝京景物略』(〈인용문 Ⅱ-5〉 참고)에 의하면, 마테오 리치가 1600년(명력 28) 12월 24일에 명 신종에게 양금을 선물한 것이 확인된다. 이는 양금이 1582년 8월에 동아시아(마카오)에 처음으로 등장한 이후 18년 만에 명나라의 궁정에 유입된 것이다. 그러나 사료가 부족하여 당시 양금이 실제 연주되었는지, 어떤 상황에서 연주되었는지, 또 그 연주 특징은 무엇이었는지 등은 알 수 없다. 만약 연주되었다면 서양악기와 함께 서양음악을 연주했을 것으로 추정된다. 다만, 명나라 궁정에서 양금의 모습을 드러낸 증거로서 의미를 지닌다.

명나라 궁정에 이마두[마테오 리치]가 선물한 양금이 실제 연주되었는지를 알 수 없는 것과 마찬가지로 청나라 궁정에서도 양금에 대한 기록은 보이지 않는다. 다만, 청대에 와서 양금은 1790년(건륭 55)에 "건륭 황제 팔순 만수경전"의 연향악으로 연주된 탄황조攤黃調의 반주 악기로 사용된다. 안자덕顔自德(?~?)의 『예상속보霓裳續譜』는 건륭 연간(1736~1796)[166] 북경과 천진天津 지역에서 연주된 악곡을 기록했는데「만수경전萬壽慶典」 부분에 양금으로 반주한 악곡을 다음 〈인용문 Ⅲ-14〉와 같이 수록하였다.

---

[166] 왕정소(王廷紹, 1763~1820)가 쓴 『霓裳續譜』의 서언에서는 "乾隆六十年(1796)歲次乙卯春二月上浣"라고 기록했으며 또 "三和堂顏曲師者, 津門人也. 幼工音律, 強記博聞, 凡其所習, 俱覓人寫入本頭. 今年已七十餘, 檢其篋中, 共得若干本. 不自秘惜, 公之同好. 諸部遂釀金謀付剞劂, 名曰霓裳續譜. 因多舛誤, 請訂於餘"라고 이 책의 저작과 그의 이 책을 정정(訂正)의 이유를 기록했다((淸)顏自德(選), 王廷紹(編), 『霓裳續譜』⇨『續修四庫全書』編纂委員會(編), 『續修四庫全書 1744 集部 曲類』, 上海: 上海古籍出版社, 2002, 522-524頁).

<인용문 Ⅲ-14>

攤黃調. 春城無處不飛花, 花滿天池帝王家. 家家樂業昇平世, 世産嫩蕊捧仙芽. 青虫腹滿力更

加, 加力縱橫絲如麻. 皆賴吾皇福田廣, 絲成桑民做生涯. 四月清和雨乍晴, 壽如寶篆御香騰. 壽

燭輝煌光燦爛, 軍民誠慶沖碧空. 歌壽曲, 奉仙靈, 桑葉採得萬青. 養蠶共把絲綿奉, 巧匠能工繡

蟠龍. 秋月揚輝桂一枝, 子粒皆成太平時. 五穀豊收普天樂, 囷滿餘谷盡是食. 桑農喜備酒卮, 慶

祝吾皇丹鼉. 國泰民安歌大有, 雨順風調天下知. 一封朝奏九重天, 萬壽無疆慶延年. 鼓樂聲喧笙

歌奏, 軍民拜舞萬壽山. 秉虔誠, 瞻聖顏, 但願君樂萬民安. 永享昇平長樂業, 壽與山齊萬萬年.

右小人, 各女扮采桑婦. 手提籃杆, 彩衫彩裙小坎汗巾.

後場: 洋琴, 絃子, 琵琶, 鼓板, 提琴.

六合同春六段第四[167]

　　건륭 연간 「육합동춘六合同春」이라는 음악의 제6단 제사第四인 "탄황조攤黃調"의 가사
인데, 이 「육합동춘」의 반주 악기 가운데 양금이 포함되어 있다. 이 『예상속보』에서 나타
난 음악은 "萬壽慶典 乾隆五十四年備"[168]에 따라 1789년(건륭 54)에 1790년(건륭 55)에 있
을 "건륭 황제 팔순 만수경전"을 위하여 준비한 음악들로 볼 수 있다. 특히, "排演慶典幾
數年, 乾隆辛未已為先, 南巡山東直隸處, 在景換式朝聖顏"[169]을 통하여 소개된 음악들은
건륭제가 산동 지역에 순시할 때 보았던 음악이고, 이번 송수頌壽 경전 때문에 다시 이를
황제에게 보여준다는 것이다. 이 『예상속보』에 기록된 음악도 민간에서 연주하는 음악
인데, "만수경전"을 위하여 궁정에서 몇 번 연습하다가 "경전"했을 때만 연주한다고 한
다. 여기 나타난 "탄황조"는 궁정음악으로 정착되지 않고 민간 음악에 속한 것으로 보인
다. 그러나 「육합동춘」은 명나라 1618년(만력 46)에 "진미공선생陳眉公先生"의 「정전서상
기鼎鐫西廂記」, 「정전비파기鼎鐫琵琶記」, 「정전홍불기鼎鐫紅拂記」, 「정전옥잠기鼎鐫玉簪記」,

167　위의 사료, 545頁.
168　위의 사료, 537頁.
169　위의 사료, 537頁.

「정전유규기鼎鐫幽閨記」 및 「정휴수유기鼎攜繡襦記」 이상 여섯 권의 희곡 음악이다.[170] 여기서는 이 「육합동춘」의 한 토막만 선택했지만, 이제 양금은 민간의 희곡음악으로 수용되었음을 알 수 있고, 궁정의 연향악으로도 연주되었다.

그리고 『황조속문헌통고皇朝續文獻通考』 권194 악고7 중악 음악의기에서 해상으로 유입된 양금에 대해 소개하고 있는데, 이는 다음 〈인용문 Ⅲ-15〉와 같다.

〈인용문 Ⅲ-15〉

洋琴本西洋製, 銅絲絃, 低絃用雙絲絞成. 音不甚美, 中高二部並三絲為一音. 奏用薄頸竹槌, 音量不大. 常與胡琴琵琶等相合.[171]

이 문헌에서는[172] 양금의 모습도 제시하는데, 〈그림 Ⅳ-7〉을 참고하면, 청말의 나비렬 양금의 외형, 즉 3가닥 한 벌 모두 14현(42가닥), 얇은 대나무 금채와 소음량小音量 등의 특징과 일치한다. 이 문헌은 청나라의 궁정음악 문화를 기록하고 있기 때문에, 양금이 청나라의 궁정에서 연주되었음을 확실하게 알 수 있다. 그런데 이 부분은 중악衆樂의 악기들 사이에 수록되어 있는데, 어떤 음악의 종류로 소개되어 있는지, 어떤 음악을 연주했는지를 문헌에 기록하지 않아 확인할 수는 없다. 다만, 양금을 소개할 때 비파, 호금胡琴 등 악기와 함께 악기 편성으로써 연주했다는 것을 보면 청말 궁정에서는 민속악만 연주한 것으로 추정된다. 양금이 민간에서 비파나 호금 등의 악기와 함께 연주된 것은 분명하다. 그러나 양금이 어떤 갈래의 민속악을 연주했는지, 어떤 악곡을 연주했는지, 얼마 동안 궁정에서 연주했는지는 확인할 수 없다. 따라서 민속악이기 때문에 궁정의 연향에서 사용된 것으로 판단된다.

결국 양금은 1600년에 명나라의 궁정에까지 유입되었지만 사료가 부족해서 그때의

---

170 鄭曉俐, 「晚明戱曲評本《六合同春》研究」, 浙江師範大學 碩士學位論文, 2017, 1頁.

171 (淸)劉錦藻(撰), 『皇朝續文獻通考』⇨『續修四庫全書』編纂委員會(編), 『續修四庫全書818 史部 政書類』, 上海: 上海古籍出版社, 2002, 258頁에서 재인용.

172 위의 사료, 258頁.

연주 상황은 파악할 수 없다. 1790년에 "건륭 황제 팔순 만수경전"의 연향악에서 연주된 "탄황조攤黃調"와 청말의 사료에서만 양금은 청나라 궁정음악의 연향악으로 연주되었음을 확인할 수 있다. 청말의 문헌에 나타난 악기 편성을 보면, 청말 궁정에서는 연향 민속악만 연주했다고 추정되지만, 어떤 갈래의 민속악을 연주했는지, 어떤 악곡을 연주했는지는 확인할 수 없다. 나아가, 많은 관찬 사료를 통해 양금이 궁정에 출현했음을 증명할 수 있지만, 궁정음악으로 수용된 구체적 상황은 파악하기 어렵다. 다만, 궁정음악인 연향악에 양금이 수용되었다는 것은 민간에서부터 양금음악이 시작되고 전파된 결과이며, 궁정 관련 양금음악의 기록이 거의 없기 때문에 한국 조선시대의 궁정음악에서보다 단순한 측면이 있다.

(3) 민간 합주 예술

가. 광동음악의 양금

광동음악廣東音樂은 2006년 5월 중국의 첫 번째 국가무형문화재에 등재(번호: Ⅱ-49)되었다. 월극粵劇 등 극음악의 간주음악間奏音樂과 지방 민간음악에서 발전하여 형성된 기악합주음악이다. 20세기 이전의 광동음악에서는 이현二弦, 횡소橫簫(또는 후관喉管), 제금提琴(또는 대판호大板胡), 월금月琴과 삼현三弦 이상 5가지 악기를 사용했는데, 이 악기들은 광동음악의 "오가두五架頭" 또는 "경궁조합硬弓組合"이라고 불렸다. 1926년에 여문성呂文成(1898~1981)이 상해의 이호를 광주에 가져와 현을 철현으로 바꿔 음량을 향상시킨 월호粵胡(또는 고호高胡)를 만들었다. 이 월호가 양금 및 진금秦琴과 함께 새로운 악기로서 광동음악에서 가입되었고,[173] 광동음악의 "삼건두三件頭" 또는 "연궁형식軟弓形式"이다. 퉁소와 야호椰胡가 추가되면서 "연궁오가두軟弓五架頭"가 된다. 양금이 중국에 처음 수용된 지역이 광동성인데, 청말민초에 광동음악에서 사용했음을 알 수 있다. 양금의 대표적 연주자는 엄노열嚴老烈(1850~1930), 구학주丘鶴儔(1880~1942), 여문성呂文成(1989~1981),

---

173 呂文怡,「中國揚琴傳統流派差異性特徵研究」, 河北師範大學 碩士學位論文, 2009, 4頁.

진덕거陳德鉅(1907~1971), 진준영陳俊英(1906~1975), 양영요楊榮耀(1915~1993), 진조화陳照華(1938~) 및 국가무형문화재의 국가 전승인 탕개선湯凱旋(1945~2014) 등이 있다.

구학주의 『금학신편琴學新編』에서 광동 양금의 연주 방법을 "죽법십도竹法十度"[174]로 자세히 요약하였는데, "좌죽금左竹琴"[175]은 광동 양금의 일반적인 연주법으로서,[176] 오른손을 사용하는 "우죽금右竹琴"과 대비된다. 음악의 가사와 장단 등의 성격은 좌죽금과 우죽금이 똑같다.[177] "좌죽법(금)"에서 "우죽법(금)" 및 "혼합 죽법(금)"으로 발전하는 과정에서, 공연할 때 양손 교차交叉의 연주 자세가 나오지 않도록 현재 "광동 스타일"로 "우우좌쌍右右左雙"[178]의 연주법이 형성된다.[179] 그리고 구학주는 광동 월곡粤曲 "남음南音" 반주 연주법을 빌려 금채의 하단으로 줄을 뜯는 연주법도 사용했다.[180]

또한, 광동 양금의 연주 특징은 음악을 진행할 때 "즉흥연주[即興加花]"[181] 기술을 많이 사용해서 같은 연주자가 동일한 음악을 연주하더라도 연주 때마다 다른 음향 효과를 내는 점이다. 이를 통해 양금연주자는 양금을 연주하는 기술, 음악을 이해하는 능력과 음악을 표현하는 방법 등을 증명할 수 있다. 이 특수한 연주기법은 민속음악 공연의 한 정수精髓로서, 임의로 연주하는 것이 아니다.[182] 가화를 연주할 때에는 "규두叫頭"[183], "확충擴充"[184]과 "방음傍音"[185] 이상 3가지 주법이 있는데, "확충擴充"식 "가화加花"는 광동 양금의

---

174 竹法十度는 順一打, 順二打, 順三打, 順四打, 慢一打, 慢二打, 慢三打, 慢四打, 齊打, 密打 이상 10가지 연주법인 것이다. (丘鶴儔, 앞의 책(1920), 19-25頁)

175 "左竹琴"은 "多用坐竹和唱字者。是為左竹琴。"인 것이다. (위의 책, 18頁)

176 위의 책, 18頁. 원문: "本譜專寫左竹之竹法。因左竹琴。乃吾粤最為通用之竹法也。"

177 위의 책, 18頁. 원문: "論左右竹之唱口。板路、一該相同。惟其手部乃異耳。"

178 오른손의 금채는 금현을 두 번 연주한 후, 세 번째 음은 왼손으로 연주되고 네 번째 음은 양손으로 연주되는 것이다. (湯凱旋, 「廣東音樂的揚琴演奏技巧和特點」, 中國民族管弦樂學會, 『華樂大典·揚琴卷』, 文論篇, 上海: 上海音樂出版社, 2016, 149頁에서 재인용)

179 위의 논문, 149頁.

180 楊佳, 앞의 논문, 90頁.

181 即興加花는 공연 중에 양금연주자가 공연 분위기에 따라 양금 성능 기술을 즉흥적으로 연주하는 것이다.

182 湯凱旋, 앞의 논문, 141-142頁.

183 "叫頭"는 "冒頭"라도 하고 주 선율이 나타나기 전에 양금연주자는 즉흥적으로 신호음을 연주하는 것이다. (위의 논문, 143頁)

184 "擴充"은 간단한 박으로 "가화"하면 1-4음표에서 4-8음표로 늘리고 즉 전반박 확대, 후반박 확대 및 전박 확대 이상 3가지 연주기법을 통하여 박자를 더 풍부하게 만드는 것이다. (위의 논문, 143-145頁)

대표적인 연주법이다. "뢰播"라는 연주법은 현재의 연주법인 "윤죽輪竹"과 같으며, 공연에서 광동 양금의 한손 "뢰播" 연주법은 금채를 균형있게 진동시켜 금현므로 강약의 차이가 없는 광동 양금 연주법이다.

현재 발견된 최초의 양금 고악보는 1920년(민국 9)[186]에 출판된 구학주의『금학신편琴學新編』인데, 여기에 나타난 양금음악은 모두 광동 양금으로 연주한 것이며 다음〈표 Ⅲ-3〉과 같다.

〈표 Ⅲ-3〉『琴學新編』에 나타난 양금음악

곡종	악곡명	가사	전주 [八板頭/版面]	간주 [過板]	미주 [板尾]	기타
小調	百花亭鬧酒	있음	있음	7	1	
小調	陳世美不認妻	있음	있음	9	1	
小調	仙女牧羊	있음	있음[187]	7	1	
小調	剪翦花	있음	있음[188]	7	1	
過場[189]	上雲梯	없음	-	-	-	
過場	雁落平沙	없음	-	-	-	
過場	金不換	없음	-	-	-	
過場	雙飛蝴蝶	없음	-	-	-	
過場	續弄柳青娘	없음	-	-	-	
過場	柳搖金	없음	-	-	-	
過場	漁樵問答(古調)	없음	-	-	-	
過場	半邊蓮					유실[190]
過場	鳳凰台					유실
大調	貴妃醉酒	있음	?	7	1	부족
大調	打掃街	있음	있음	5	1	

---

185 "傍音"은 "襯音"이라고 하고 진행 중인 선율에서 리듬 패턴과 풍부한 음색 변경을 향상시키기 위해 동일한 음위에서 하나의 음을 한 옥타브 아래로 연주하는 것이다. (湯凱旋, 위의 논문, 145頁)

186 『琴學新編』의 서에서 민국 8년이 기록되었는데(丘鶴儔, 앞의 책(1920), 12頁) 판권면에 "中華民國九年新月"으로 기록한다.

187 이 음악에서 전주 음악이 없지만 "凡小調先弄八板頭而後乃唱方合格"에 따라 여기 전주를 생략한다고 확

大調	秋江哭別	있음	있음	?	?	부족
二簧	紂王別妲妃(生喉[191])					유실
二簧	小青吊影(旦喉[192])					유실
二簧	霸王烏江自刎(左撇[193])	있음	있음	5	0	
西皮	黛玉葬花(旦喉)	있음	3	0	1	
反線	黛玉逞天(旦喉)	있음	4	1	1	
反線	仕林祭塔(旦喉)	있음	?	?	1	부족
梆子	遊花園(生喉)	있음	있음	1	1	
梆子	寶玉哭靈(生喉)	있음	2	4	2	
梆子	桃花送葯(生喉)	있음	3	3	1	
梆子	燕子樓自嘆(子喉[194])	있음	2	2	1	
戀壇	星星追舟(生旦喉)	있음	3		3	
南音	客途秋恨上節					유실
南音	客途秋恨下節					유실
粵謳	心心點念					유실
粵謳	吊秋喜	있음	있음	33	1	
梵音	爐香讚	있음	없음	-	-	
梵音	萬德圓融	있음	없음	-	-	
梵音	三皈依	있음	없음	-	-	
梵音	戶嗲咒	있음	없음	-	-	
梵音	戒定眞香	있음	없음	-	-	

인한다. (위의 책, 48頁)

188 이 음악에서 전주 음악이 없지만 "凡小調先弄八板頭而後乃唱方合格"에 따라 여기 전주를 생략한다고 확인한다. (위의 책, 48頁)

189 "過場"은 악곡의 간주이다.

190 표에서 "유실"과 "부족"을 표시하는 악곡은 목차에 확인한 것인데 필자가 현재 사용하고 있는 악보 중에서 이 몇 악곡의 악보를 잃어버렸기 때문에, "유실(遺失)"이라고 표기하고 있으며, 한 악곡의 일부분 악보가 분실된 경우도 있어 "부족"이라고 표기하고 있다.

191 "生喉"는 월극(粵劇)에서 노래할 때의 가성(假聲) 소리중의 한가지다.

192 "旦喉"는 현재 월극(粵劇)에서 노래할 때의 "子喉"라는 성음(목소리)인 것인데 이 목소리의 특징은 청년 여성의 역할인 "花旦"이 부른 가성(假聲)인 것이다.

193 "左撇"는 월극(粵劇)에서 노래할 때의 가성(假聲) 소리중의 한가지다.

194 "子喉"는 월극(粵劇)에서 청년 여성의 역할인 "花旦"이 부른 가성(假聲) 소리인 것이다.

위의 〈표 Ⅲ-3〉을 보면, 『금학신편琴學新編』에 수록된 광동 양금음악은 36곡이고, 「연습죽법지법練習竹法之法」인 "兩拍板兩字母竹法練習之法", "兩拍板三字母竹法練習之法"과 "兩拍板五字母竹法練習之工課" 및 「변동죽법지법變動竹法之法」인 "三拍板之字母竹法變動之自由", "兩拍板字母竹法變動之自由", "三拍板字母竹法變動之自由"과 "謳曲字母竹法變用自由格式" 등 양금주법 연습곡도 보인다. 위 양금음악의 종류는 "소조小調", "대조大調", "이황二簧", "서피西皮", "반선反線", "방자梆子", "연단戀壇", "월구粵謳", "남음南音"과 "범음梵音"이다. 이 가운데 대부분의 양금음악은 가사가 있고, 이런 음악은 전주부터 간주를 거쳐 미주까지 포함한다. 다른 음악에는 간주만 연주하는 음악도 있다. 불교음악인 범음에서는 전주, 간주와 미주 없이 가사와 같이 연주하는 점이 다른 양금음악과 다르다. 「노향찬爐香讚」, 「만덕원융萬德圓融」, 「삼귀의三皈依」, 「호암주戶唵咒」와 「계정진향戒定真香」 등의 양금 연주곡은 불교의식 음악이고, 「대옥장화黛玉葬花」, 「대옥귀천黛玉還天」과 「보옥곡령寶玉哭靈」 등의 양금 연주곡은 "홍루몽"에 관한 음악이며, 「패왕오강자문霸王烏江自刎」 등의 양금 연주곡은 "삼국연의"에 관한 음악이다. 「선녀목양仙女牧羊」, 「주왕별달비紂王別妲妃」, 「사림제탑仕林祭塔」 등의 양금 연주곡은 신화 전설과도 관계가 있으며, 「속룡류청낭續弄柳青娘」, 「백화정료주百花亭鬧酒」, 「류요금柳搖金」, 「소청적영小青吊影」, 「진세미부인처陳世美不認妻」, 「적추희吊秋喜」 등의 양금 연주곡은 민간인들의 일상생활과 밀접한 관련이 있고, 「귀비취주貴妃醉酒」 등의 양금 연주곡은 현재 경극에서 유명한 음악이다. 그런데 이런 양금음악은 주로 1920년까지 광동 지역에서 연주했던 양금음악이다.

또한 1921년(민국 10)[195]에 구학주는 『현가필독絃歌必讀』에서 주로 광동음악을 기록했는데, 책 앞의 "자저격식字底格式"과 "현구파식도絃具把式圖"에는 양금과 관련된 내용이 없고 악보 기보 방법에 양금의 기보법도 없으니, 양금 악보를 포함하지 않은 것으로 보인다. 양금이 광동음악에서 중요한 연주 악기였기 때문에, 이 고악보에 있는 음악 중 어떤 곡을 양금이 연주했는지 확인할 수 없다. 그리고 1935년 금자신金紫臣(1872~1953)의 『금현곡보琴弦曲譜』에서는 주로 광서문장예술廣西文場藝術을 기록했는데, 이 고악보의 봉지

---

195 『絃歌必讀』의 서에서 민국 10년이 기록되었다. (丘鶴儔, 『絃歌必讀』, 香港: 香港正昌隆號出版, 1921, 7頁)

封紙에서도 양금의 그림을 그렸는데, 공적보의 기보 방법을 보면 양금의 기보법도 없다. 다만, 이 악보 앞부분에서 "학타금법學打琴法"[196]을 소개했는데, 단순히 이를 양금 악보로 볼 수는 없지만 양금으로 연주되었음을 확실하게 파악할 수 있다. 『금현곡보』에 나타난 광서 문장 음악은 「월조과문月調過門」, 「사현과문絲絃過門」, 「탄황과문灘黃過門」, 「남사과문南詞過門」, 「양주만강홍楊州滿江紅」, 「절강홍浙江紅」, 「도춘래到春來」, 「은뉴사銀紐絲」, 「곡오경哭五更」, 「질단교跌斷橋」, 「질락금전跌落金錢」, 「옥미인玉美人」, 「사평조四平調」, 「사대경四大景」, 「사소경四小景」, 「을판乙板」, 「일정주一定綢」, 「일매침一枚針」, 「일반기一盤棋」, 「비파옥琵琶玉」, 「흡채태洽菜台」, 「매옥랑罵玉郎」, 「타소가打掃街」, 「초자과稍子課」, 「도판장倒板漿」, 「도분장跳粉牆」, 「기생초寄生草」, 「전전화剪剪花」, 「수하포綉荷包」, 「사춘思春」, 「봉양가鳳陽歌」, 「호가湖歌」, 「팔판두八板頭」, 「류청낭과장柳青娘過場」, 「나소장과장懶梳粧過場」, 「절절고과장節節高過場」, 「과자조課子調」 및 「야심침夜深沉」 등이 있다. 이 가운데 「타소가打掃街」, 「전전화剪剪花」, 「팔판두八板頭」와 「류청낭과장柳青娘過場」은 『금학신편琴學新編』에도 기보했으며 광동음악이다. 다른 음악은 대부분 광서 본토의 민속음악에 속한 것으로 보인다.

나. 강남사죽의 양금

강남사죽은 2008년 6월 중국의 두 번째 국가무형문화재에 등재(번호: II-40)되었다. 현재 강남사죽 악대에 사용한 악기는 이호, 양금, 비파, 삼현, 진금, 중호中胡, 완阮, 월금, 생, 적과 소 등 사絲나 죽竹으로 만든 것이다. 강남사죽 음악에 사용된 양금은 그 연주 풍격에 따라 "일봉연一捧煙"이나 "암양금暗揚琴"으로 묘사되면서 강남사죽파 양금을 형성한다. 왜냐하면, 강남사죽의 악대 편성은 계속 변화·개혁되고 있었으며, 개별 악기의 성능, 연주 방법은 지속적으로 강조되는 반면, 다른 악기의 수량은 그에 따라 감소했다. 양금은 이런 경우에 반주 악기나, 독주악기로 겸용하여 진화하면서 강남사죽 음악의 대표적인 악기 중 하나가 되었다.[197] 강남사죽파 양금의 종사宗師는 임회초任晦初(또는 임회초任悔初[198],

---

196 金紫臣(著), 何紅玉, 小敏(編), 『最新琴弦曲譜(影印本)』, 桂林: 廣西師範大學出版社, 1-2頁.

1887~1952)이고, 국가무형문화재 전승인 주혜周惠(1922~) 등이다.

강남사죽 음악 속에 양금의 연주법은 주로 가화변주加花變奏가 많이 사용되었다. 느린 선율이 집중적으로 가화변주되고 더 많은 장식음이 사용되지만, 빠른 선율에서는 장식음이 많이 증가하지 않고 가화변주가 거의 없다. 그리고 원래 음악의 판안板眼에 따라 엄격하게 변주된다. 특히, 강남사죽 음악 진행 중에 주선율의 장음이나 종지음을 연주할 때 양금은 "창당搶擋(또는 "감당嵌檔")"이라는 연주법을 사용한다.[199] 또한 "팔도쌍음八度雙音"이라는 연주법도 강남사죽파 양금의 대표적 연주법이다.

다. 학원파 양금의 공연 양상

현재 중국에서 학원파 양금은 주로 양금음악 전승 및 양금 개량 등의 작업을 진행하고 있다. 양금이 학원파로 발전된 계기는 1949년 중국의 건립에 있다. 이때부터 양금의 공연 양상도 다양하게 나타난다. 중국 국악단의 악대에서 양금이 무대의 가운데에서 연주하면서 중요한 악기가 되고, 양금 중주, 독주, 합주 등이 이루어진다. 특히, 중국 대학교에서 양금 전공을 만들며 양금 전공의 교수나 학생, 사회 공연 단체 등에 소속된 양금연주자들이 개인적인 양금 연주회를 많이 했다. 또한 1982년 3월 4일 북경에서 중국양금연구조中國揚琴研究組를 설립했는데, 첫 번째 회장은 양경명楊競明(1918~1994)이며, 2001년 5월 17일 중국민족관현악학회中國民族管弦樂學會에 양금전업위원회揚琴專業委員會를 창설하고 항조화項祖華(1934~2017)가 첫 번째 회장이 되었다.[200] 이 두 개의 큰 양금 연구 단체는 중국 학원파 양금의 새로운 발전 과정의 획기적인 결과라고 본다. 전국에서 개최되는 전국민족악기독주관마비새全國民族樂器獨奏觀摩比賽, 전국소년아동민족기악독주록음비새全國少年兒童民族器樂獨奏錄音比賽, 중국청소년예술대새中國青少年藝術大賽, CCTV민족기

---

197 張敏, 앞의 논문(2009), 9頁.

198 張敏(2009, 12頁), 卞秀峰(2012, 128頁) 등의 연구 논문에서는 任悔初라고 되어있고, 『華樂大典 · 揚琴卷 · 文論篇』(2016, 344頁) 등에는 任晦初라고 되어 있다.

199 鐘珊, 「論江南絲竹樂中的揚琴音樂」, 西安音樂學院 碩士學位論文, 2012, 19頁.

200 中國民族管弦樂學會, 『華樂大典 · 揚琴卷』, 文論篇, 上海: 上海音樂出版社, 2016, 452-454頁.

악전시대새民族器樂電視大賽, 중국양금예술절中國揚琴藝術節 등[201] 다양한 양금 대회도 양금 독주의 개발에 중요한 기회를 제공한다.

중국 학원파 양금의 대표 연주자는 양경명楊競明(1918~1994)과 전극검田克儉(1938~2012), 중국음악학원中國音樂學院의 항조화項祖華(1934~2017)와 이영영李玲玲(1963~), 중앙음악학원中央音樂學院의 계습례桂習禮(1942~2016)와 황하黃河(1954~), 서안음악학원西安音樂學院의 왕기보王沂甫(1917~1989), 심양음악학원瀋陽音樂學院의 숙영宿英(1929~1991), 장학생張學生(1942~)과 유한력劉寒力(1956~), 성해음악학원星海音樂學院의 황금배黃錦培(1919~2009), 진조화陳照華(1938~)와 왕문례王文禮(1962~), 상해음악학원上海音樂學院의 정희재丁喜才(1920~1994) 그리고 천진음악학원天津音樂學院의 정보긍鄭寶恆(1924~2007) 등이다. 특히 중국 건국 이후 중앙음악학원의 천진 시절(현 천진음악학원) 정보긍은 중앙음악학원에서 처음 양금 수업을 열어 중국의 첫 번째 양금 교수가 되었다. 위의 사람들은 중국 학원파 양금의 발전에 많은 공헌을 한 인물들이다.

학원파의 연주법은 중국 양금 연주법과 융합한 것으로 특별한 특징이 거의 없지만, 지금 중국에서 보편적으로 사용되고 있다. 종합하자면 격현류擊弦類[202] 연주법, 발현류撥弦類[203] 연주법, 활유류滑揉類[204] 연주법, 음효류音效類[205] 연주법과 제음류制音類[206] 연주법 이상 5가지로 구분된다.

한편, 학원파 양금의 발전에 따라, 중국에서 편곡 양금곡과 창작 양금곡이 많아졌다. 1950년대에 시작된 양금 개량운동의 발흥과 함께 오늘날까지 전승되는 전통양금 악곡은

---

201 위의 책, 399-417頁.

202 擊弦類 연주법은 금채의 정면 격현[正竹擊弦]와 윗면 격현[反竹擊弦] 두 가지 유형이 있으며, 單竹, 齊竹, 輪竹, 顫竹 등 연주법을 포함한다. (李玲玲,『中國揚琴樂器法』, 上海: 上海音樂出版社, 2015, 21-31頁)

203 撥弦類 연주법은 오른손이 중음부와 저음부의 반주 음악을 연주하고 왼손이 고음부의 선율을 뽑는 것이며, 單音撥弦, 和音撥弦, 上滑撥, 下滑撥 등 연주법으로 나뉜다. (위의 책, 32-36頁)

204 滑揉類 연주법은 양금의 여음(餘音)을 처리한 연주법이고 指套滑抹와 揉弦 두가지 연주법인 것이다. (위의 책, 36-38頁)

205 音效類 연주법은 양금 음향 효과를 개선하는 연주법인데 擊板, 摘音, 悶竹, 反悶, 自然泛音, 仿泛音, 搖撥, 竹尾擊弦과 指套點滑 등이다. (위의 책, 39-43頁)

206 制音類 연주법은 양금의 여음을 수행하는 연주법인데 踏板止音과 手止音 두가지 있는 것이다. (위의 책, 43-46頁)

모두 편곡된 것으로 보인다. 중국 양금의 공연 양상에 따라 민간에서 생계를 위한 음악인들은 양금음악을 기보할 능력을 갖추지 못했고, 특히 맹인 연주자들은 연주했던 음악을 기보할 수 없었기에 이런 전통양금 음악은 학원과 양금 발전의 토대에, 민간에서의 음악을 편집하여 기록하기 시작했다. 이 음악들은『중국민간가곡집성中國民間歌曲集成』,『중국민족민간기악집성中國民族民間器樂集成』,『중국곡예음악집성中國曲藝音樂集成』과『중국희곡음악집성中國戲曲音樂集成』[207]에서 처음으로 수집하여 채보되었다. 이전의 민간 양금 예인들이 채보하여 고의故意로 편곡한 양금음악도 있다.

많은 전통양금 음악들이 주로 양금연주자들에 의해 편곡된다. 예를 들면, 엄노열嚴老烈(1850~1930)은 광동음악의 전통악곡인「삼보불三寶佛」의 첫 장을 양금곡인「도권렴倒捲簾」으로, 3장을 양금곡인「한천뢰旱天雷」으로 편곡했다. 그리고 정통악곡인「과부소원寡婦訴怨」을 양금곡인「연환구連環扣」로 편곡다.[208] 하지만『금현곡보초집琴弦曲譜初集』의 소장자 등의 정보는 찾을 수 없다.

1958년 출간된 진준영陳俊英(1906~1975)의『월악명곡선粤樂名曲選』에는 진준영이 광동음악을 편곡한 양금음악인「우타파초雨打芭蕉」와 엄노열이 전통 광동음악을 편곡한 양금음악인「한천뢰旱天雷」및「도춘래到春來(또는 도춘뢰到春雷)」이상 3곡이다.[209]

현재 중국의 양금음악 악보집은 여러 가지가 있지만, 2016년에 중국민족관현학회中國民族管弦學會가 편집한『화악대전華樂大典』시리즈 총서 중의『화악대전華樂大典·양금권揚琴卷·악곡편樂曲篇』(상·하)[210]이 현재 중국에서 가장 권위 있는 양금 악보집이다. 이

---

207 이 네 개의 시리즈는 중국인민공화국문화부(中國人民共和國文化部)·중국음악가협회(中國音樂家協會)가 1979년에 공포한「收集整理我國民族音樂遺産的規劃」의 지도를 받았어, 민속 음악은 각각 중국의 성·자치구·직할시 행정구역에 따르면 계획적이고 단계적인 조사에서 전면하게 채보되어 수집된다. 그리고 1984년에 중국의 국가예술학과의 주요연구사업으로 설립됐다. (方寶璋, 鄭俊暉,『中國音樂文獻學』, 福州: 福建教育出版社, 2006, 366頁)

208 沈允升, 嚴老烈, 何柳堂, 呂文成, 尹自重 等九人편한『琴弦曲譜初集』(1941)에서 "'旱天雷'即古譜《三寶佛》中之第一段, 係由過去音樂家嚴老烈君收集其密加花字作揚琴譜, 嚴君一生最精揚琴, 經其改良過的揚琴譜尚有多數, 本書第一集系擇其最精采者先引刊出, 其餘在二、三等集繼續發表…"라고 기록했다. (劉月寧,「廣東音樂的揚琴演奏藝術」, 中央音樂學院 碩士學位論文, 1994, 7頁에서 재인용)

209 陳俊英(編),『粤樂名曲選』, 上海: 上海文藝出版社, 1958, 22-24頁.

『화악대전 · 양금권 · 악곡편』에 기록된 편곡 양금음악은 다음 〈표 Ⅲ-4〉와 같다.

〈표 Ⅲ-4〉『華樂大典 · 揚琴卷 · 樂曲篇』에 나타난 각색한 양금음악

악곡명	원곡 성격	편곡자	연주자	기타
倒垂簾	(광동음악)[211]	嚴老烈	項祖華演奏譜	
旱天雷	(광동음악)	嚴老烈	楊競明演奏譜	
連環扣	(광동음악)	嚴老烈	方漢演奏譜	
雨打芭蕉	民間樂曲	廣東音樂曲藝團	-	湯凱旋기보
昭君怨	古曲	-	-	張高翔 기보
歡樂歌	江南丝竹	-	-	項祖华 기보
鬧台	四川揚琴曲牌	-	李德才演奏譜	蘇修榮, 李克貴 기보
將軍令	四川揚琴曲牌	-	-	李克貴 기보
蘇武牧羊	古曲	-	趙殿學傳譜	王沂甫 기보
汨羅江上	古曲	王沂甫	-	
秧歌	(민속음악)	宿英	-	
塔什瓦依	維吾爾族民間樂曲	胡運籍	-	
彈詞三六	江南絲竹	項祖華	-	
大浪淘沙	?	張金堂	華彥鈞傳譜	
山丹丹開花紅艷艷	陝北民歌	丁國舜, 丁國立	-	
南疆舞曲	於慶祝編曲	項祖華	-	
節日的天山	曹玲曲	郭敏清改編	-	
映山紅	傅庚辰曲	桂習禮	-	
龍船	?	田克儉	張正秋傳譜	
邊疆的春天	?	柴珏, 張學生	-	
木蘭辭變奏曲	高龍曲	劉寒力	-	
絲路掠影	喬惟進曲	項祖華	-	
舞風	薑一民曲	吳軍	-	
陽光照耀著塔什庫爾幹	陳鋼編曲	徐平心	-	
潮鄉行	瞿春泉曲	瞿建青	-	
流水	天聞閣琴譜	王甫建	-	

---

210 中國民族管弦樂學會(黃河 · 李玲玲 · 許學東)編, 『華樂大典 · 揚琴卷』, 樂曲篇(上 · 下), 上海: 上海音樂 出版社, 2016.

위의〈표 Ⅲ-4〉에 나타난 편곡 양금음악은 중국의 모든 편곡 양금음악은 아니지만, 분명 가장 특색 있게 편곡된 대표적인 양금음악이라 할 수 있다.「도수렴倒垂簾」,「한천뢰旱天雷」,「연환구連環扣」,「우타파초雨打芭蕉」,「골라강상汩羅江上」,「앙가秧歌」,「탑십와의塔什瓦依」,「탄사삼륙彈詞三六」및「산단단개화홍염염山丹丹開花紅艷艷」등의 편곡 음악은 민속음악을 바탕으로 편곡되었고,「대랑도사大浪淘沙」와「용선龍船」등의 편곡 음악은 전통양금곡을 바탕으로 편곡되었으며,「절일적천산節日的天山」,「영산홍映山紅」,「목란사변주곡木蘭辭變奏曲」,「사로략영絲路掠影」,「무풍舞風」과「조향행潮鄉行」등의 편곡 음악은 근대에 작곡된 음악을 바탕으로 편곡되었다.「유수流水」등 칠현금음악으로 편곡된 음악도 있다. 특히,「요태鬧台」,「소무목양蘇武牧羊」,「소군원昭君怨」,「환악가歡樂歌」와「장군령將軍令」등 편곡 음악은 옛 양금연주자에게서 물려받은 전통양금 음악으로 후세 제자들이 기보한 것이기 때문에 연주자마다 연주 습관과 연주 풍격 등 요소가 달라져 음악 선율도 바뀐 것을 볼 수 있다. 또한 양금음악의 편곡자는 거의 대부분 양금연주자로 확인된다. 이러한 편곡 양금음악의 중요한 특징은 옛 반주 음악으로서의 합주곡이 양금 독주곡으로 편곡되었다는 점이다.

그리고 현재 중국 양금 창작곡은 각양각색各樣各色이지만,『화악대전華樂大典‧양금권揚琴卷‧악곡편樂曲篇』에 나타난 중국의 대표적인 양금 창작곡은「東湖之春」(朴東生),「拖拉機來了」(張曉峰),「水鄉的春天」(張曉峰),「萬年歡」(鄭寶恆),「龍燈」(鐘義良),「珠落玉盤」(鐘義良),「邊寨之歌」(張曉峰),「快樂的紡織工」(張曉峰),「歡樂的新疆」(周德明),「喜訊」(桂習禮),「打起鑼鼓慶豐收」(田克儉),「雙手開出幸福泉」(丁國舜),「海島新貌」(李小剛),「春到清江」(劉維康),「春滿江南」(項祖華‧樊祖蔭),「美麗的非洲」(於慶祝),「歡樂的火把節」(劉希聖),「紅河的春天」(劉希聖‧李航濤),「汩羅江隨想曲」(汪志平),「漁島月夜」(莫凡),「憶事曲」(劉惠榮‧周煜國),「流水歡歌」(桂習禮‧翟淵國),「離騷」(黃河),「山寨風情」(謝明),「林沖夜奔」(項祖華),「竹林湧翠」(項祖華),「土家擺手舞曲」(王直‧桂習禮),「草原隨想曲」(許學東),「青年敍事曲」(許學東),「海燕」(韓志明),「秋‧夢‧藕」(許學

<hr>

211 이 표에서 "( )"안의 내용은 필자가 추가된 것이다.

東),「金翎思 · 滿鄉隨想」(劉寒力),「文成西行(第二揚琴敘事曲)」(芮倫寶),「川江音畫」(鄭寶恆),「海峽音詩」(項祖華 · 茅匡平),「覓」(楊青),「莫愁女的傳說(第一揚琴敘事曲)」(芮倫寶),「香妃情(第三揚琴敘事曲)」(芮倫寶),「聲聲慢」(楊青),「月夜清水江」(桂習禮),「鳥之舞」(楊春林),「川江韻」(何澤森 · 黃河),「鳳凰於飛」(桂習禮),「天山詩畫」(黃河),「雅魯藏布江邊」(瞿春泉),「蓮花山素描」(房曉敏),「拉薩行」(黃河),「神女賦」(易柯),「蟬之舞」(徐堅強),「黃土情」(黃河),「b小調幻想曲」(許學東),「古道行」(黃河),「瑤山夜畫」(許學東),「四季」(項祖華),「驪山池影」(劉寒力),「鳳點頭」(徐昌俊),「圈」(馮季勇),「三峽畫頁」(李復斌),「靈動」(楊青),「巫峽船歌」(黃河),「原風」(熊欣),「落花 · 夜」(王瑟),「心靈I · IV · V」(芮雪),「四季」(黃河 · 王瑟),「雲端」(王瑟),「遺風天籟」(房曉敏),「狂想曲」(王丹紅),「大武山藍」(林心蘋),「竹瀟琴夢」(劉寒力) 및 「樓蘭女」(鐘耀光) 등이 있다.

양금 창작곡의 작곡자의 신분을 살펴보면, 항조화項祖華, 계습례桂習禮, 황하黃河, 유한력劉寒力과 허학동許學東 등은 양금연주자이고, 서창준徐昌俊, 양청楊青 및 종의량鐘義良 등은 작곡가이다. 양금 창작곡의 성격은「타랍기래료拖拉機來了」,「쾌악적방직공快樂的紡織工」,「타기라고경풍수打起鑼鼓慶豐收」와「쌍수개출행복천雙手開出幸福泉」등 노동의 영광을 찬양하는 것,「춘도청강春到清江」,「사계四季」,「삼협화혈三峽畫頁」,「낙화落花 · 야夜」,「운단雲端」,「동호지춘東湖之春」,「수향적춘천水鄉的春天」와「춘도청강春到清江」등 자연의 풍광을 찬양하는 것,「토가파수무곡土家擺手舞曲」,「환악적신강歡樂的新疆」,「아로장포강변雅魯藏布江邊」,「납살행拉薩行」과「변채지가邊寨之歌」등 소수민족문화를 찬양하는 것,「이소離騷」,「림충야분林沖夜奔」,「막수녀적전설莫愁女的傳說(제일양금서사곡第一揚琴敘事曲)」,「문성서행文成西行(제이양금서사곡第二揚琴敘事曲)」및「향비정香妃情(제삼양금서사곡第三揚琴敘事曲)」등 역사 이야기를 추억하는 것,「청년서사곡青年敘事曲」,「b소조환상곡b小調幻想曲」,「광상곡狂想曲」와「골라강수상곡汨羅江隨想曲」등 서양 음악 작곡기법을 돋보이게 한 것,「미려적비주美麗的非洲」등 해외 문화를 찬양하는 것 등이다.

위에 언급된 민간 합주 예술을 뿐만 아니라, 산동山東 하택현색악菏澤弦索樂, 산서山西 상당팔음회上黨八音會, 광동廣東 한악漢樂, 절강浙江 십번음악十番音樂(누탑세십번樓塔細十番), 복건福建 쇄눌예술嗩吶藝術(장정공마취長汀公嬤吹) 등 각지의 여러 민간 합주 예술에도 양금이 수용되었다.

민간 합주예술 문화에 수용된 양금문화는 주로 20세기 이후에 나타난 공연 상황이다. 특히, 학교교육의 발흥으로 중국에서 학원파 양금문화가 탄생하고 발전하기 시작했다. 그리고 20세기 후반에 일어난 양금 개량, 양금과 관련된 연주 교과서, 현재 과학기술의 발전 등 객관적인 조건 변화에 따라 양금음악의 지역 중심적 특성이 혁파되고, 새로운 양금문화인 학원파 양금문화가 형성되었다. 그런데 학원파 양금음악 문화는 양금음악의 다양성 발전에는 제한적이었던 것으로 보인다.

(4) 희곡음악

현재 민간 희곡음악 속의 양금과 관련된 문헌 기록이 없어, 대표적인 산동 여극과 강소 소극의 반주 악기로서 사용된 것이 대표적이다.

여극呂劇은[212] 2008년 6월 중국의 두 번째 국가무형문화재에 등재(번호: IV-116)되었다. 1800~1980년 산동성 박흥현博興縣의 순화純化와 염방閻坊 등 지역(현재는 여예진呂藝鎮)에의 손중심孫中心(1852~1930) 등이 생계를 위하여 금서의 악곡인 「후낭타해자後娘打孩子」, 「심청양審青楊」, 「여동빈희모단呂洞賓戲牡丹」 등을 공연하기 시작했으며, "좌창양금坐唱揚琴"에서 "화장양금化妝揚琴"으로 바뀌었다.[213] 여극의 반주 악기는 추금墜琴, 양금, 비파와 삼현이고, 여기서 양금은 중요한 반주 악기이다. 옛날 양금에 대한 자세한 자료를 알 수 없지만, 지금은 402양금을 사용하고 있다. 여극에서 양금은 "근강跟腔, 탁강托腔, 보강保腔"[214]을 위하여 그 연주 기법은 단타單打, 탄륜彈輪, 친음襯音, 장식음裝飾音, 쌍타雙打 등의 기법만 사용하고 있으니 양금 기법이 간단한 편이다.

강소 소극蘇劇은 2006년 5월 중국의 첫 번째 국가무형문화재에 등재(번호: IV-55)되었

---

212 여극(呂劇, 또는 化妝揚琴, 揚琴戲, 唱揚琴)은 산동성의 대표적인 지방 극음악이며 산동금서(山東琴書 또는 坐唱揚琴)에서 파생되었다.
213 蘇遠尙,「山東呂劇調査與硏究」, 山西師範大學 碩士學位論文, 2010, 7-9頁.
214 양금의 반주 기능이다. 周義欣,「山東呂劇中的揚琴演奏藝術硏究」, 山東師範大學 碩士學位論文, 2015, 13頁.

다. 20세기 초반부터 1949년까지는 중국의 전쟁 시기라서, 극도로 불안정했기 때문에 소극에서 청나라 때 사용하던 양금을 사용하지 못했다. 건국 이후 1951년에 "민봉소극단民鋒蘇劇團"이 창립되었으면서, 기본 반주 악기는 현자, 비파, 호금, 고판, 생, 적, 소, 쇄나嗩吶이었다. 1952년 겨울부터 민봉소극단에서 타악기를 증가하기 시작했는데 양금, 중완中阮, 대완大阮, 고쟁古箏 등의 악기도 추가하였다.[215] 양금은 이번 소극 부흥 운동을 통해 다시 소극에서 사용되기 시작한다. 그런데 오늘날 소극에서 사용하고 있는 양금은 개량된 402양금이다.[216] 국가무형문화재의 전승인 중에 양금연주자는 확인되지 않는다. 소극 양금의 연주법은 장륜長輪 주법, 단륜短輪 주법, 제죽齊竹 주법과 파음琶音 주법인데, 양금은 부흥 운동 때문에 다시 사용하게 되었으니 이러한 연주법은 다른 음악에서의 양금 연주법과 같다. 다만, 단륜短輪 주법은 한 음에서 3-5번으로 연주하는 것이 소극 양금의 특징이고, 파음琶音 주법도 소극 양금의 특별한 주법이다.[217]

뿐만 아니라, 북경 경극의 반주 악기[218]로, 광동廣東 월극粵劇, 절강浙江 월극越劇 및 산서山西 포극蒲劇의 반주 악기[219]로서, 귀주貴州 검극黔劇, 호북湖北 남극南劇, 귀주貴州 동희侗戲, 중경重慶 등희燈戲(양산등희梁山燈戲), 광서廣西 채조彩調, 산동山東 무강茂腔, 강소江蘇 양극揚劇, 상해上海 호극滬劇, 복건福建 태저매림희泰宁梅林戲 등 각지의 여러 희곡음악에도 수용되었다.

설창 음악문화에 양금이 수용·발전되며 양금을 주축으로 하는 새로운 음악 갈래·극종(예: 여극과 금서琴書 등)이 탄생했다는 점을 통해 양금의 음악문화가 중국에 뿌리내렸음을 확인할 수 있다. 즉, 완전한 현지화의 실례인 것이다.

위의 자료를 다시 정리하면 다음 〈표 Ⅲ-5〉와 같다.

215 程宗駿,「蘇劇發展史考」,『中華戲曲』, 1997(1), 208-211頁.
216 張欣, 앞의 논문(2017), 7頁.
217 위의 논문, 17 및 19頁.
218 錢偉宏, 앞의 논문(2009), 100-102頁.
219 錢偉宏, 앞의 논문(2013), 126-128頁.

〈표 III-5〉 문헌으로 본 중국 음악문화 속에 양금 공연의 수용 상황

갈래	연도[220]	지역	음악	악기 변성	연주자	공연 성격	출처	현재 지역	현재 상황
설창 음악	강희말년	四川	單竹站唱	洋琴, 拍板, 醒木	-	변형 (독주)	『四川揚琴史稿』	실전	실전
	강희말년 건륭초년	四川	荷葉揚琴	洋琴, 拍板, 醒木, 鑔	-	반주 (합주)	『四川揚琴史稿』	실전	실전
	건륭년간	北京	平湖調	-		반주 (합주)	『百戲竹枝詞』	-	-
	건륭말년	四川	漁鼓揚琴	洋琴, 漁鼓	-	반주 (합주)	『四川揚琴史稿』	실전	실전
	건륭말년 가경연간 (1803)	成都	淸唱洋琴	三弦, 洋琴, 碗琴	-	반주 (합주)	『錦城竹枝詞百首』	실전	실전
	가경년간 (1801)	揚州	揚州淸曲	琵琶, 絃子, 月琴, 檀板, 洋琴	-	반주 (합주)	『續揚州竹枝詞』	揚州	양금 없음
	도광연간	四川	五方	洋琴, 鼓板, 三弦, 京胡, 碗琴	-	반주 (합주)	『四川揚琴史稿』	-	-
	도광 함풍 연간 (1863)	杭州	南詞	弦子, 洋琴	-	반주 (합주)	『杭俗遺風』	강소 남 철강북	양금 없음
	도광 함풍 연간 (1863)	杭州	花調	絃子, 琵琶, 洋琴, 鼓板	-	반주 (합주)	『杭俗遺風』 『淸稗類鈔』	실전	실전
	선통연간 (1909)	成都	揚琴調	洋琴, 三弦, 胡琴	맹인	반주 (합주)	『成都通覽』	-	-
	청말 (1917)	蘇州	彈詞	琵琶, 三弦, 洋琴	-	반주 (합주)	『淸稗類鈔』	蘇州 彈詞	양금 없음
	청말 (1917)	廣州	彈詞	洋琴	맹녀	반주 (독주)	『淸稗類鈔』	木魚 歌	양금 없음
궁정 연항악	건륭연간 (1796)	궁정	攤黃調	洋琴, 絃子, 琵琶, 鼓板, 提琴	-	반주 (합주)	『霓裳續譜』	-	-
	청말 (1904)	궁정	-	洋琴, 胡琴, 琵琶 등	-	합주	『皇朝續文獻通考』	-	-

220 이 연도는 거의 문헌의 출판 연도이고 즉 그 문헌을 출판할 때까지 양금은 이미 그 기록된 음악문화 속에 수용된다는 것이며, 양금은 언제부터 언제까지 사용되는지를 파악할 수 없다.

위의 〈표 Ⅲ-5〉를 보면, 고문헌에 나타난 중국 음악문화 속에 수용된 양금은 「평호조平湖調」, 「남사南詞」, 「양주청곡揚州清曲」, 「화조花調」와 「탄사彈詞」 등 설창음악에서 반주 악기로 수용되었으며, 문헌에 의하여 사천 지역에 양금 설창음악은 강희 연간(1661~1722)에 이미 있었기 때문에, 사천 양금이 중국에서 성공적으로 정착된 사례라고 볼 수 있다. 그런데 「화조花調」와 사천 양금의 초기 공연 양상인 "단죽참창單竹站唱", "하엽양금荷葉揚琴", "어고양금漁鼓揚琴" 및 "청창양금清唱洋琴" 등 음악 갈래가 현재 실전되었다. 또한 「양주청곡」, 「남사」와 「탄사」 등 음악에서 청나라 양금을 반주 악기로 사용했지만, 오늘날 음악에서는 사용하지 않는 것을 보면, 청나라의 설창음악에서 양금을 반주 악기로서 사용한 것은 양금이 매우 유명하고 또한 유행했었다는 사실을 말해준다.

양금의 공연 성격은 대부분 설창음악의 반주 악기였고 합주 악기로서도 사용되었다. 반주 악대에서는 다른 중국 민간악기와 합주하는 상황이 대부분이지만, 양금만 사용한 경우도 있었다. 이 시기 양금의 연주법을 자세히 확인할 수 없지만, 한손 연주와 양손 연주 두 가지 연주 자세가 있었음을 알 수 있다. 연주자는 대부분 민간의 예인藝人이었고 맹인도 있었다. 양금의 배치 방식에 대해 많은 정보는 없지만, 성도에서 양금은 테이블 위에 놓고 연주되었음을 알 수 있다. 그리고 건륭 연간(1736~1796)부터 궁정의 연향악에서 양금을 사용했음이 확인되고, 음악을 통하여 이미 민간에 양금이 수용된 뒤에야 궁정의 연향악에 전해진 것으로 확인된다.

양금은 명청에서 드러나듯 외래악기이자 금속 타현악기였다. 금속성 음색의 특수성은 다른 민간 전통악기의 음색과 달라 수많은 시민들의 관심을 쉽게 사로잡을 수 있었다. 그때 민간 예인들은 공연 시장의 요구에 의해 양금을 배워야 했다. 양금을 연주할 때 잡음과 여음이 많지 않아 연창자에게도 음악의 리듬감을 쉽게 파악할 수 있다는 점 등이 양금을 살창과 곡예 등 공연예술 음악문화에 수용하게 된 원인이라고 생각한다. 위의 여러 가지 특징으로 인해 양금은 중국 민간에서 매우 유명하고 유행하는 악기가 되면서 그 연주자가 많아졌고, 본토 음악과도 융합하게 되었다. 또 한 가지 이유는 처음으로 양금이 수용된 설창 음악문화는 생계를 위한 시정市井(또는 시민) 음악문화였기에, 서양에서 온 외래악기인 양금을 반주악기로 상연하면 보다 많은 관객과 수익을 올릴 수 있었기 때문이다. 즉, 양금의 새로운 금속성 음색과 연주자의 수익성 목적으로 인해 양금이 중국 시정 음악문화에 일찍이 자리 잡을 수 있었던 것으로 보인다.

3. 일본 음악문화 속의 양금

양금은 중국이든 한국이든 모두 궁정음악에 수용되어 이 두 나라 궁정음악의 일부가 되었다. 일본 왕실이 아직까지도 유지되고 있는 만큼 현재 일본의 궁정음악 문화 속에도 양금이 사용되고 있는지 살펴볼 필요가 있다. Ⅱ장에 언급한 바와 같이 양금은 1663년에 처음으로 유구국(현재 오키나와)에 유입되어 1879년에 유구국의 멸망과 함께 일본 무대에서 사라졌다. 그런데 약 100년 후(1980년대), 양금이 일본에 다시 등장했다. 양금이 일본에 재 유입되었을 때 일본(오키나와 포함)의 본토 음악문화 중 어떤 갈래의 음악으로 수용되어 연주되었는지, 이에 대해 어떤 반응을 보였는지, 그리고 양금의 조율체계가 무엇인지, 일본에서는 이 악기를 어떻게 이해하였는지가 중요한 문제이다.

1) 양금의 조율체계

앞에 설명한 바와 같이 중국 복건지역의 양금이 유구국(현재 일본 오키나와)에 유입되었다. 오키나와에 있었던 양금의 조율체계도 당시 중국 복건성의 양금 조율체계와 같다고 보이지만, 현재 중국 복건성에는 관련 실물이나 문헌 기록이 보이지 않기 때문에 그 조율 특징을 확인할 수 없다. 다만, 위의 Ⅱ장에 언급된 〈그림 Ⅱ-6〉의 양금 금면에 공척보로 기록된 양금 조율 음위가 있다. 현재 각 음위를 명확하게 확인할 수 없는데, 왕요화는 "四乙上工尺 上尺工凡六五乙 伍亿"[221]로 소개했다. 왕요화가 모든 금현의 음을 엄격하게 기록하지는 않아 음위를 확인할 수 없다.

---

221 王耀華, 앞의 책(2003), 20頁.

그런데 보통 양금의 고음과 저음의 순서로 특징지어 보면, 이 양금의 조율 특징을 추측할 수 있다. 그림을 보면, 우괘에 오伍, 억亿 음이 두 개밖에 없고, 좌괘의 오른쪽에 사四, 을乙, 상上, 공工, 척尺 음위이고, 좌괘의 왼쪽에 상上, 척尺, 공工, 범凡, 육六, 오五, 을乙인 것으로 추정된다. 그런데 양금의 음위 특징을 보면, 좌괘 오른쪽에 마지막 음은 "척尺"이라고 기록했다. 이 음은 같은 괘 같은 쪽에 제일 높은 음고 자리인데, 6현의 음고보다 낮아져서 이런 상황은 현실에 맞지 않는다. 이 양금은 역사가 오래되어 글씨가 선명하지 못하다는 근거로, 왕요화는 "반反"을 "척尺"으로 오판한 것으로 추정한다. 왜냐하면 "반反"과 "척尺"은 한자의 모양이 비슷하며, 쓰는 방법도 유사하기 때문이다. 즉, 이 음은 "척尺"이 아니고 "반反"으로 보인다. 그리고 좌괘 왼쪽에는 "범凡(仲, f)"이 아니고 한 옥타브 위의 "범凡(仲, f1)"이다. 기록이 가장 완전한 좌괘 오른쪽만 말하자면, 그 조율 음위 특징은 "황黃(c1), 태太(d1), 고姑(e1), 중仲(f1), 임林(g1), 남南(a1), 응應(b1)"으로 구성되었고, 모든 금현은 상하 2도의 음위 관계이다. 이는 온음식 조율(diatonic scheme)에 해당하는 것으로 추정된다.[222] 또한 이는 위에 〈그림 III-32〉에 나타난 괘마다 단3도가 꼭 있었던 중국 청말의 조율 음위 특징과는 다르다. 따라서 중국의 당시 조율 음위 특징은 서양의 음위 조율 특징을 유지하고 있었음이 추정된다. 그리고 이는 조선 후기 18세기의 한국 양금 조율 음위 특징도 서양 단2도의 음계 관계와 다르다.

양금은 20세기 말부터 중국 화교를 통하여 일본에 두 번째로 유입되었다. 20세기 80년대 후반에 중국 양금 연주가와 중국 중앙음악학원에서 양금을 공부하는 일본 유학생들이 일본으로 들어온 후, 일본의 양금 문화가 다시 시작되었으니 이때 일본에 들어온 양금은 중국의 401형 양금이다.[223] 20세기 90년대에 401형 양금이 많이 유입되었기 때문에, 현재 일본에서 사용하고 있는 양금은 주로 중국의 401과 402형 양금인 것이다.[224] 나아가 현재 일본에 사용되는 양금의 조율체계는 중국의 학원파와 똑같다. 즉, 12평균율을 사용

---

222 Stanley Sadie, *Op. cit.*, 2001(7), p682.
223 일본양금협회 회장인 장림(張林)은 2020년 2월 6일에 인터뷰를 통하여 소개하셨다.
224 각주 408)과 같음.

하고 있다.

2) 양금을 수용한 음악의 갈래

(1) 유구국 궁정 명청악

양금이 유구국(현재 일본 오키나와)의 민간에 정착되었다는 기록은 아직 발견되지 않고 있으며, 궁정음악에서만 양금을 수용했다는 기록이 발견된다. 유구국의 궁정음악인 "어좌악御座樂"에서 양금이 사용되었다. 양금은 1748년과 1790년에 퉁소洞簫, 삼현, 비파와 함께 합주되었고, 1764년, 1796년과 1832년에 삼현, 비파와 호금과 같이 합주되었으며, 1806년에 삼현, 비파와 이현二弦과 합주되었음이 확인된다.[225] 충승현박물관沖繩縣博物館의『류구인좌악병무지도琉球人座樂並舞之圖』(〈그림 IV-50〉)에 보면 1806년의 악대 편성과 같다. 그리고 덕천미술관德川美術館의『류구가무음악연주도권琉球歌舞音樂演奏圖卷』(〈그림 IV-46〉)에 보면 양금은 퉁소, 비파, 삼현, 제쟁提箏, 이현二弦과 같이 합주되었음을 확인할 수 있으며, 그림에 나타난 양금의 위치는 "반양금反洋琴"[226]인 것이라서 일본(유구국) 공연 양상의 유일한 특징이다.

양금연주자는 바닥에 앉아 작은 스탠드에 놓인 양금을 연주한다. 왕요화의『류구어좌악여중국음악琉球御座樂與中國音樂』에 의하면, 양금은 처음 유구국에 전해진 이후 어좌악御座樂에 사용되었으니 "어좌악御座樂"은 중국의 명청악이고 유구국의 궁정에서만 연주해서, 양금연주자의 신분은 궁정 악공으로 보이며, 구체적 연주기법 등은 알 수 없다.

어좌악의 음악은 "악樂"과 "창곡唱曲" 두 가지를 포함한 것인데,[227] 양금은 이 모든 어좌악을 연주하지 않았다. 일단, "악樂"에서 양금은 사용되지 않고, "창곡唱曲"음악의 악대편

---

225 王耀華, 앞의 책(2003), 48頁.
226 양금의 위치가 반대로 되는 것이다. 중국 1940년 출판던『新興粵曲集』에서 "反打洋琴之絕技 謝老五"라는 그림을 등재했는데 중국 민국 시기 사로오라는 양금연주자는 "反打洋琴"의 연주기법을 사용한다. (楊佳, 앞의 논문, 151頁) 그런데 이런 양금 연주기법은 특례(特例) 때문에 중국의 양금 연주기법에 소속하지 않다고 본다.
227 王耀華, 앞의 책(2003), 55頁.

제는 11종이고, 모두 29회 연주 기록이 있지만 양금이 사용된 악대는 3종으로 모두 6회 연주기록에 불과하다.[228] "창곡唱曲"음악은 「송친친送親親」, 「일경리一更里」, 「상사병相思病」, 「위학당為學當」, 「양향楊香」, 「수존옹壽尊翁」, 「수성로壽星老」, 「정월正月」, 「왕자국王者國」, 「백화개百花開」, 「천초효天初曉」, 「송황청頌皇清」, 「위인신為人臣」, 「위인자為人子」, 「상봉래上蓬萊」, 「일년재과一年才過」, 「일려중천日麗中天」, 「춘색교春色嬌」, 「건도태乾道泰」, 「시가사詩歌事」, 「봉하상奉霞觴」, 「천세야千歲爺」, 「사창외월紗窗外月」, 「사시채다四時採茶」, 「사곡아四曲兒」, 「오창가五唱歌」, 「논치論治」, 「춘대경春大景」, 「방가조邦家調」, 「승평조昇平調」, 「태평송太平頌」, 「청산곡青山曲」, 「신라新囉」, 「감은택感恩澤」, 「복수가福壽歌」, 「경성세慶盛世」, 「송태평頌太平」, 「고라라古囉囉」, 「요원소鬧元宵」, 「환악가歡樂歌」, 「상향가想鄉歌」, 「태평가太平歌」, 「기생초寄生草」, 「명량시明良時」, 「희조치熙朝治」, 「태평조太平調」, 「격양가擊壤歌」, 「희상조喜祥兆」, 「공덕송功德頌」, 「성수송聖壽頌」, 「어원사御園詞」, 「이남송二南頌」, 「사계가四季歌」, 「사대경四大景」, 「십삼강十三腔」, 「근박가勤搏歌」, 「수락數落」, 「쌍첩취雙疊翠」, 「사시상四時相」, 「급삼창急三槍」, 「삼구반三句半」, 「도정가道情歌」, 「사시경四時景」, 「청강인清江引」과 「사시련화락四時蓮花落」 이상 모두 65곡이다.[229] 양금이 이 음악들 중에 어떤 음악을 연주했는지 확인할 수 없기 때문에 이 모든 음악을 연구 대상으로 삼을 수밖에 없다. 우선 이 음악 중에서 명나라 음악은 「양향楊香」, 「수성로壽星老」, 「왕자국王者國」, 「백화개百花開」, 「위인신為人臣」, 「상봉래上蓬萊」, 「일려중천日麗中天」 등 14곡이고, 청나라 음악은 「사시채다四時採茶」, 「사곡아四曲兒」, 「오창가五唱歌」, 「태평가太平歌」 등 12곡이며, 「일려중천日麗中天」 등 명청 궁정음악과 관련된 것, 「사대경四大景」 등 중국 민간 음악과 관련된 것, 「일년재과一年才過」, 「송태평頌太平」, 「급삼창急三槍」 등 중국 희곡음악과 관련된 것도 있다.[230]

유구국은 현재 오키나와이지만 그 당시에는 일본의 영토가 아니었다. 중국에서 유입

---

228 위의 책, 48頁.
229 위의 책, 55-56頁.
230 위의 책, 58-60頁.

된 양금은 유구국 궁정에서 명청악을 연주하며 유구국(일본 포함)의 본토 음악으로 수용되지 않았기 때문에, 유구국이 멸망하자마자 양금도 사라졌다는 것은 필연적인 결과이다. 외래악기인 양금이 외래 음악만 연주하고 민간음악 문화로는 수용되지 못했던 점은 중국과 한국의 양금 문화와는 다른 점이다. 나아가 양금은 일본 전통악기가 아니기에, 이에 따라 일본의 학자 林謙三(1899~1976)의 『동아악기고東亞樂器考』에서 양금에 대한 기록은 없다[231]. 특히, "반양금反洋琴"의 양금 위치는 그 때 연주자가 양금에 대하여 익숙하지 않았다는 결과라고 생각한다.

(2) 현대 민간 연주 단체

현재 일본에서는 양금이 주로 민간 연주 단체에 사용되고 있으며, 그 연주 성격은 중국 학원파의 공연 양상을 20세기 80년대부터 일본으로 전파하여 형성된 것이다. 즉, 중국 학원파의 대부분의 공연 양상, 양금 연주법 등과 같다. 하지만 일본의 본토 악기와도 합주되는 것은 특징적인 점이다. 일본에서 양금이 일본 전통악기와 합주된 공연도 있는데, 2018년 5월 24일에 양금은 일본의 전통악기인 고鼓, 체태고締太鼓, 대고大鼓, 진경삼미선津軽三味線, 중국의 전통악기인 이호二胡와 같이 일본의 가부키바야시, 스가루 민요 및 중국음악을 주제로 다채롭고 풍부한 울림의 음세계를 만들어내는 공연을 선보였다.[232] 이와 같이 양금은 일본에서 독주, 중주, 중국 악기와 합주할 뿐만 아니라 일본 전통악기, 서양악기와 합주하고 있다.

장림張林이 제공한 양금 프로그램 리스트[233]를 통해 일본 양금음악의 종류와 특성을 알 수 있다. 최근 일본 양금음악은 다음 〈표 Ⅲ-6〉과 같다.

---

231 林謙三(著), 錢稻孫(譯), 앞의 책(2013).
232 일본양금협회 회장인 장림(張林)은 2020년 2월 20일에 제공한 자료이다.
233 각주 417)과 같음.

〈표 Ⅲ-6〉 현재 일본에서 연주한 양금음악

악곡명	악곡 성격	공연 날짜	기타
Ross das Rosas	14世紀의 西班牙(14世紀スペイン)	2019.10.13	서양음악
Cantiga	14世紀의 西班牙(14世紀スペイン)	2019.10.13	서양음악
Longa Shahnaz	土耳其古曲(トルコ古曲)	2019.10.13	서양음악
天山之春	烏斯滿江·俞禮純 작곡, 王範地改編	2019.10.13 2019.5.24 2017.9.9	중국음악
春到沂河	王惠然 작곡, 鄭寶恒改編	2019.5.24	중국음악
梁山伯與祝英台	何佔豪·陳鋼 작곡, 鄭寶恆改編	2019.5.24	중국음악
馬林巴舞(マリンバダンス)	Edwards(エドワーズ) 작곡	2019.5.24 2017.9.9	서양음악
三個前奏: 童話巴掌·戀·終章(三つの前奏曲· 妖精の踊り·戀·終章)	張林 작곡	2019.5.24 2017.9.9	창작곡
僧侶和紫陽花(僧侶と紫陽花)	張林 작곡	2019.5.24 2016.9.25	창작곡
ILIJAS	Živković（ジヴコヴィッチ） 작곡	2019.5.24	서양음악
龍船(竜船)	張正秋傳譜 田克儉改編	2019.5.24 2018.4.7	중국음악
雲雀	羅馬尼亞民歌（ルーマニア民謡）	2019.5.24 2018.4.7 2017.9.9	서양음악
打虎上山	京劇音樂 許學東移植	2019.5.24	중국음악
KAIRYU	日本音樂 組曲津軽	2018.5.24	일본음악
瑤族舞曲	劉鉄山·茅源 작곡, 彭修文改編	2018.5.24 2017.9.9	중국음악
女人花	陳耀川 작곡	2018.5.24	중국음악
搖籃曲	吳軍 작곡	2018.4.7	중국음악
五木的子守唄(五木の子守唄)	日本熊本県民謡	2018.4.7	일본음악
陽光照耀著塔什庫爾幹	陳剛編曲, 徐平心改編	2018.4.7	중국음악
茉莉花	江蘇民謡	2017.9.9	중국음악
將軍令	中國伝統楽曲	2017.9.9	중국음악
阿斯圖裡亞斯(アストゥリアス)	Albéniz（アルベニス） 작곡	2017.9.9	서양음악
櫻花變奏曲(さくらさくら変奏曲)	日本古謡	2017.9.9	일본음악
兎子(うさぎうさぎ)	日本童謡	2017.9.9	일본음악

伊利亞什(イリヤーシュ)	Živković（ジヴコヴィッチ）작곡	2017.9.9	서양음악
送給大家的花(すべての人の心に花を)	喜納昌吉 작곡	2017.9.9	일본음악
我發現了一個小秋天(ちいさい秋みつけた)	中田喜直 작곡	2017.9.9	일본음악
節日的天山(節日の天山)	曹玲 작곡, 郭敏淸改編	2017.9.9	중국음악
故鄕(ふるさと)	岡野貞一 작곡	2017.9.9	일본음악
賽馬	黃海懷 작곡	2017.9.9	중국음악
暗影般的回憶(影~思い出を大切に)	姜小青 작곡	2016.9.25	중국음악
糸	中島みゆき 작곡	2016.9.25	일본음악
我的最愛(私のお気に入り，マイフェイバリット・シングス)	Richard Rodgers（リチャード・ロジャース）	2016.9.25 2015.12.22	서양음악
我的夜晚(きょしての夜)	기독교음악	2015.12.22	종교음악
卡奇尼的安倍瑪麗亞(カッチーニのアベ・マリア)	기독교음악	2015.12.22	종교음악

위의 〈표 Ⅲ-6〉에 나타난 음악은 현재 일본의 모든 양금음악은 아니지만, 이를 통하여 현재 일본 양금음악의 상황을 엿볼 수 있다. 현재 일본에서 양금이 연주하는 음악은 주로 중국음악, 일본음악, 종교음악, 창작음악 및 서양음악 등이다. 중국음악은 「장군령將軍令」, 「말리화茉莉花」, 「양광조요저탑십고이간陽光照耀著塔什庫爾幹」, 「요족무곡瑤族舞曲」, 「여인화女人花」, 「타호상산打虎上山」, 「용선龍船」과 「양산백여축영태梁山伯與祝英台」 등 편곡된 양금음악이다. 일본음악으로는 일본 본토 전통음악을 편곡한 음악인 「KAIRYU」, 「오목적자수패五木的子守唄(五木の子守唄)」, 「앵화변주곡櫻花變奏曲(さくらさくら変奏曲)」과 「토자兎子(うさぎうさぎ)」 등이 있고, 양금 창작음악인 「삼개전주三個前奏: 동화파장童話巴掌・연戀・종장終章(三つの前奏曲・妖精の踊り・戀・終章)」과 「승려화자양화僧侶和紫陽花(僧侶と紫陽花)」 등이 있으며, 기타 창작음악을 편곡한 음악인 「고향故鄕(ふるさと)」, 「사糸」, 「아발현료일개소추천我發現了一個小秋天(ちいさい秋みつけた)」과 「송급대가적화送給大家的花(すべての人の心に花を)」 등이 있고, 종교음악은 「아적야만我的夜晚(きょしての夜)」과 「잡기니적안배마려아卡奇尼的安倍瑪麗亞(カッチーニのアベ・マリア)」 등 기독교음악이 있다. 서양 음악인 「Longa Shahnaz」, 「마림파무馬林巴舞(マリンバダンス)」과 「아적최애我的最愛(私のお気に入り，マイフェイバリット・シングス)」 등도 많이 연주된다.

현재 일본에서 유명한 연주자는 장림張林([캐나다], 1967~   ), 정우鄭宇([중국], ? [234]~   ),
이천李倩([중국], ? ~   ), 足本 美代子([일본]Miyoko Ashimoto, ? ~   ), 山本敦子([일본]Atsuko
Yamamoto, ? ~   ), 침병沈兵([중국], ? ~   )과 마청청馬菁菁([중국], ? ~   ) 등이다. 나아가 일본
에서 양금연주자는 주로 중국인이나 중국 화교이고 일본인도 포함하는 다양한 신분 특
징을 가지고 있다. 이 양금연주자들은 모두 일본 민간의 양금 연주 단체인 "일본양금협
회"에 속한다.

　요컨대, 양금은 처음 일본 유구국에 전해진 이후 외래악인 어좌악의 "창곡唱曲"음악에
서만 연주되었다. 이 음악들은 모두 중국 명청 궁정음악이나 민간음악인데, 중국에서
유입된 악기로는 중국음악을 연주해야 한다는 당시 관습을 알 수 있다. 또한 유구국의
민간문화로는 양금이 전파되지 못했다. 특히, 이때 양금의 조율체계는 서양의 조율 특성
이 사용되었다. 현재 일본의 양금문화가 중국 양금문화의 영향을 받았기 때문에 현재
일본의 양금은 중국의 12평균율로 조율되며, 주요 민간 연주 단체인 "일본양금협회"의
회원들이 연주하고 있다. 연주음악은 중국음악을 위주로 일본 본토음악도 많이 연주하
고, 다음으로 서양음악 그리고 일본에서 만든 양금 창작음악, 종교음악 등이 있다.

4. 소결

　본 장에서 한국과 중국 및 일본 세 나라의 음악문화 속에 수용된 양금에 대해 살펴본
결과, 다음과 같은 차이점과 공통점을 알 수 있었다.

　첫째, 개량양금의 조율체계인 서양 12평균율로 같지만 전통양금의 조율체계 서로 다
르다. 한국의 양금의 조율체계는 장2도와 단2도로 조율했음이 확인되며, 일본(유구국)
양금의 조율체계는 서양 온음 체계로 나타나기에, 당시 일본의 양금이 서양음악적인 성

234　일본에서 여성의 나이(생연)를 묻는 것은 매우 무례하기 때문에 여기에 "?"로 대신하게 쓴다. (일본양금협
　　회 회장인 장림은 2020년 2월 20일에 인터뷰를 통하여 소개하셨다)

격을 지니고 있었다고 추정된다. 중국에서 현재 발견된 최초의 양금 조율 산형도는 1919년의 『악학신편樂學新編』에 제시된 것이지만, 한국과 일본의 양금 조율 특징을 통하여 중국의 전통양금은 19세기 전반까지 서양 양금의 두 가지 조율체계(반음 체계, 온음 체계)를 모두 수용하고 있었던 것으로 추정된다. 그러나 19세기 후반부터 중국은 괘마다 단3도 조율 특징으로 변화했다. 다만, 현재 중국과 일본의 402 개량양금, 한국의 43현 개량양금의 음위 배열 특징은 402 양금과 다르지만, 모두 서양의 12평균율로 조율하고 있는 공통점이 있다.

둘째, 양금의 현재 연주는 독주 · 중주 · 합주 등으로 같지만 양금을 수용한 전통음악 갈래가 서로 다르다. 한국은 정악의 줄풍류 음악에 수용되어, 점차 궁정의 연향악으로 발전하였는데, 현재는 개량양금이 독주 · 중주 · 합주 등에 사용된다. 중국은 민간의 설창음악을 시작으로 궁정의 연향악과 민간 합주 예술로 발전하였는데, 현재 독주 · 중주 · 합주 등 여러 가지 공연을 하고 있다. 역사상, 중국 전통양금이 유구국의 짧은 시간에 궁정의 어좌악으로 수용되었지만, 1980년대부터 중국의 개량양금이 일본 민간에서 다시 유입되며 현재 독주 · 중주 · 합주 등의 형식으로 사용된다. 특히 오늘날에도 전통 줄풍류를 연주하고 있는 한국의 양금 문화는 개량양금 중심으로 전개되는 중국 및 일본의 양금 문화와 비교할 수 없는 귀중한 역사적 의미를 지닌다.

셋째, 창작 양금곡은 서양음악이론을 바탕으로 창작된 특징이 대개 같지만 전통양금 음악의 특징은 서로 다르다. 한국과 중국 및 일본의 창작 양금곡은 개량양금의 조율체계 때문에 거의 서양의 창작 기법으로 만들었다. 그러나 한국의 전통양금곡은 주로 한국의 문인음악으로 연주되었고, 중국은 중국의 민간 음악을 연주했으며, 일본은 중국의 명청악인 어좌악을 연주했다는 점이 특징이다.

넷째, 현재 개량양금의 연주법은 기법의 다양성 및 양손 연주하는 점에 비슷하지만 전통양금의 연주법은 다르다. 개량양금의 연주법은 대부분 두 손으로 연주하고 거기에다가 약간의 다른 특별한 연주기법이 더해져있다. 다만 한국의 전통양금은 처음부터 오늘날까지 한 손으로만 연주하고, 중국과 일본은 모두 두 손으로 연주한다. 중국의 설창음악에서 한 손으로 연주하는 경우도 있지만, 연주자의 다른 한 손이 다른 악기를 연주하고 있다는 것은 한국과는 다르다.

다섯째, 양금을 수용한 심리적 특징이 다르다. 한국에서 양금의 음색은 한국의 다른 전통악기보다 맑고 깨끗하며 여음이 짧고 잡음이 없는 특징이 군자가 추구하는 아름다움과 아늑함의 음악적 효과와 상통하는 것으로 여겨졌고, 이러한 점으로 인해 실학자와 금사들이 양금을 좋아했던 것으로 보인다. 중국에서는 양금의 금속성 음색의 특수성으로 민간 다른 전통악기보다 수많은 민간인들이 이 악기에 호기심을 갖았기 때문에 관객의 관심을 쉽게 사로잡을 수 있었다. 또한, 연주할 때 잡음과 여음이 많지 않아 연창자에게도 음악의 리듬감을 쉽게 파악할 수 있다는 점 등은 양금이 설창, 희곡과 곡예 등 공연예술음악으로 수용된 원인으로 보인다. 다만 유구국은 중국음악에서만 양금을 사용하고 있었기 때문에 당시 유구국 사람들이 양금의 수용에 대해 수동적이었던 것으로 보인다.

여섯째, 전통양금의 수용 계층이 다르다. 한국은 주로 중인, 문인계층이 양금 문화를 먼저 수용했다. 반면, 중국에는 주로 생계를 꾸려가는 민간 예인들이 양금을 적극적으로 수용했으며, 유구국은 궁정의 군신들이 양금을 수용했다.

동아시아 양금의
형제形制

———

동아시아 양금의 형제形制

현행 한국의 전통양금은 사다리꼴형의 평평한 공명통에 매 현 4가닥 한 벌[음], 총 14벌을 2개의 고정 괘에 얹어놓은 악기이다. 중국의 양금 역시 초기에는 주로 사다리(나비형 포함)의 평평한 공명통에 3가닥 한 벌씩 14벌의 고정 괘의 특징을 지닌 악기였는데, 1950년대 후에 개량이 이루어져 현재 주로 402형 개량양금을 사용하고 있다. 일본(유구국)에 전래된 양금 역시 한국과 중국의 전통양금과 같은 형제로 이루어졌다. 한국과 일본의 양금은 중국으로부터 전래된 것으로 알려져 있다. 따라서 두 나라의 양금은 기본적으로 중국의 초기 양금과 공통된 형제를 지니고 있다.

외래악기인 양금은 중국과 한국 및 일본에 유입된 이후 각각 현지화 되었다. 중국에서는 이미 청나라 때 양금의 형제에 여러 변화가 있었고, 한국과 일본의 초기 전통양금은 유입 시기에 따라 형제가 다르다. 그리고 20세기 이후에 전통양금의 형제는 큰 변화를 겪었기 때문에, 각국에서 양금이 어떠한 악기 개량을 거쳐 어떻게 수용되고 정착되었는지 비교하여 그 차이를 살펴보고, 나아가 양금이 현지화 되며 개량된 배경에 대해 고찰하고자 한다.

1. 한국 양금의 특징과 변모

한국 양금은 중국으로부터 유입된 이후 한국에 정착되어 연주되어온 악기로서 20세기 후반부터 비로소 개량이 이루어지기 시작하였다. 따라서 한국 양금의 특징과 변모를 알기 위하여 먼저 전통양금과 개량양금으로 구분한 뒤, 각각의 형제에 대하여 살펴보고자 한다.

1) 전통양금

양금의 형제는 본체인 "금체琴體"와 그것을 연주하는 "금채"로 구성되고, 금체는 또 공명상자와 금현 및 괘로 대별된다. 이제 고문헌과 양금 실물 자료를 통하여 공명상자의 모양과 재질, 금현의 수와 재질, 괘의 모양과 수량 및 재질, 금채의 모양과 수량 및 재질에 대하여 각각 특징적인 모습을 중심으로 살펴나가기로 한다.

(1) 공명상자의 모양과 재질

한국 전통양금의 공명상자는 모두 좁은 상단과 넓은 하단을 가진 속이 비어 있는 사다리꼴형으로 이루어져있다. 이는 중국 전통양금의 공명상자와 동일한 모양이라는 점에서 중국으로부터 유입된 초기의 형태가 한국에서 그대로 유지되어왔음을 말해준다. 예컨대 18세기에 강세황姜世晃(1713~1791)은 그의 『표암유고豹菴遺稿』[1]에서 "西洋琴制, 以木作小函. 上狹而下廣, 以桐板加其面"라고 하여 양금의 공명상자는 나무로 위 부분은 좁고 아래 부분은 넓은 함을 만든 뒤, 오동나무 판으로 그 함의 위를 덮었다고 하였다. 이와 같이 위 부분은 좁고 아래 부분은 넓은 사다리꼴의 공명상자로 이루어진 양금은 당시 강세황이 알고 있었던 중국 양금의 모양을 말한 것이다.[2] 즉, 유입 초기 한국의 양금은 중국

---

1   (조선)강세황, 앞의 책, 344쪽.
2   강세황이 기술한 양금의 제도가 중국 양금의 그것을 말한다는 사실은 문장 말미에 "東人或有貿至者, 未知

에서 구매하여 들여왔음이 확인된다. 그러나 "고법"과 "성조"는 파악할 수 없었다.

한편, 1817년(순조 17)에 이규경이 쓴 『구라철사금자보歐邏鐵絲琴字譜』의 서문에도 "琴之質用梧桐, 其狀上殺下廣, 其顚末樹釘處用榕木, 非榕則釘難錮, 盖榕性吸引銅銕故也. 琴之腹空空如也, 可以發響"[3]라고 기술되어 있다. 즉 양금 공명상자의 재질은 기본적으로 오동나무를 사용하되, 양쪽 끝단은 철못을 잘 고정시키는 성질을 지닌 용나무를 사용하였음을 알 수 있다. 뿐만 아니라 공명상의 모양은 상단이 좁고 하단이 넓은 사다리꼴임이 확인된다. 공명통의 성질상 속이 비어있음은 물론이다.

조선조의 여러 의궤에서도 양금의 도상이 발견되는데, 「순조 28년 무자 진작의궤」(1828)[4]에 처음 보인다. 여기서는 특히 한국 양금의 제작 기록도 확인된다. 즉, "洋琴二部, 價錢五十兩五錢五分, 匣次鴉靑三升, 黃木各八尺, 折錢及匠料並錢五十二兩三錢一分"[5]에 보면, 그때 사용했던 두 개 양금의 가격은 50량兩 5전錢 5푼分이었으며, 장료를 합쳐서 모두 52량兩 3전錢 1푼分으로 민간에서 구매했음이 확인된다. 그 후 「순조 29년 기축 진찬의궤」(1829)[6], 「헌종 14년 무신 진찬의궤」(1848)[7], 「고종 5년 무진 진찬의궤」(1868)[8], 「고종 14년 정축 진찬의궤」(1877)[9], 「고종 24년 정해 진찬의궤」(1887)[10], 「고종 29년 임진 진찬의궤」(1892)[11], 「광무 5년 신축 진찬의궤」(1901)[12], 「광무 5년 신축 진연의궤」(1901)[13] 및 「광무 6년 임인 진연의궤」(1902)[14] 등에도 보인다. 이러한 10종 의궤에 묘사된 양금 도상을 보

其鼓法與聲調之如何耳.[우리나라 사람이 간혹 사가지고 오는 사람이 있는데, 그 연주법과 성조(聲調)가 어떠한지를 알지 못하였다.]"라고 한 내용을 통하여 알 수 있다.

3   『歐邏鐵絲琴字譜』(韓國音樂學資料叢書 · 14), 국립국악원, 1984, 94-97쪽.
4   (朝鮮)進宴都監(編), 『純宗28年 戊子進爵儀軌(1828)』, 卷首, 28頁.
5   위의 사료, 卷三, 35頁.
6   (朝鮮)進宴都監(編), 『純宗29年 乙丑進饌儀軌(1829)』, 卷首, 47頁.
7   (朝鮮)進宴都監(編), 『憲宗14年 戊申進饌儀軌(1848)』, 卷首, 34頁.
8   (朝鮮)進宴都監(編), 『高宗5年 戊辰進饌儀軌(1868)』, 卷首, 28頁.
9   (朝鮮)進宴都監(編), 『高宗14年 丁丑進饌儀軌(1877)』, 卷首, 36頁.
10   (朝鮮)進宴都監(編), 『高宗24年 丁亥進饌儀軌(1887)』, 卷首, 42頁.
11   (朝鮮)進宴都監(編), 『高宗29年 壬辰進饌儀軌(1892)』, 卷首, 60頁.
12   (朝鮮)進宴都監(編), 『光武5年 辛丑進饌儀軌(1901)』, 卷首, 42頁.
13   (朝鮮)進宴都監(編), 『光武5年 辛丑進宴儀軌(1901)』, 卷首, 65頁.
14   (朝鮮)進宴都監(編), 『光武6年 壬寅進宴儀軌(1902)』, 卷首, 66頁.

면, 다음 〈표 Ⅳ-1〉과 같다.

<표 Ⅳ-1〉 조선조 의궤 중의 양금 도상

戊子 進爵 (1828)	己丑 進饌 (1829)	戊申 進饌 (1848)	戊辰 進饌 (1868)	丁丑 進饌 (1877)
丁亥 進饌 (1887)	壬辰 進饌 (1892)	辛丑 進饌 (1901)	辛丑 進宴 (1901)	壬寅 進宴 (1902)

위의 〈표 Ⅳ-1〉에서 확인되는 바와 같이, 조선 「순조 28년 무자 진작의궤」를 비롯한 10종 의궤에 묘사되어있는 양금 공명상자의 모양은 예외 없이 모두 사다리꼴형으로 나타난다.

한편, 현재까지 알려진 한국 역대 양금의 실물 자료는 뉴욕 메트로폴리탄 미술관에 2대("1979.202"와 "89.4.148"), 음악의 도시 파리 필하모니에 1대("E.1598"), 베를린 구 국립미술관에 2대("VII c 280 a. b"와 "2011.210"), 대전광역시 시립박물관에 1대("향사역민기증 662"), 세계민속악기박물관에 1대("영월전시관 88"), 국립국악원에 2대("기증 1269"와 "보유 460"), 국립민속박물관에 4대("민속 5121", "민속 32400"과 "민속 87573" 및 "민속 32235"), 국립중앙박물관에 1대("신수 4058"), 경운박물관에 2대("4949"와 "4948")가 소장되어있는 것으로 알려져 있다. 즉 해외에 5대, 국내에 11대로 총 16대의 양금이 전하고 있다.

이러한 양금 실물들은 대부분 제작시기가 불분명한데, 그나마 개략적인 시기를 명시한 경우는 대전광역시 시립박물관 소장 양금과 국립민속박물관 소장 양금 중 하나(민속 5121), 뉴욕 메트로폴리탄 미술관 소장 양금 2대, 세계민속악기박물관 소장 양금, 경운박물관 소장 양금이다. 즉 대전광역시 시립박물관 소장 양금과 국립민속박물관 소장 양금 중 하나(민속5121)는 조선시대, 뉴욕 메트로폴리탄 미술관 소장 양금 2대는 공히 19세기, 세계민속악기박물관 소장 양금은 광복 이후, 경운박물관 소장 양금 2대는 공히 일제강점기로 명시되어 있다. 이들을 제외한 여타의 양금들은 시기가 명시되지 않아 그 제작 연대를 전혀 알 수 없다. 시기를 명시한 양금들 중 대전광역시 시립박물관 소장 양금과 국립민속박물관 소장 양금 중 하나(민속5121)는 조선시대로 명시되어 있어 이 두 양금이 여러 양금 가운데 비교적 이른 시기에 속하는 것으로 추정된다. 이러한 국내외 박물관 소장 한국 양금들에 대한 정리는 논문 말미의 【부록】을 참고 바란다.

【부록】에 명시된 악기의 사진을 통하여 확인할 수 있는 바와 같이, 현전 한국 양금의 실물을 통하여 확인되는 양금의 공명통 역시 예외 없이 사다리꼴만 있는 것으로 나타난다. 특히 뉴욕 메트로폴리탄 미술관의 "1979.202", 음악의 도시 파리 필하모니의 "E.1598", 베를린 구 국립미술관의 "VII c 280 a. b"와 "2011.210", 세계민속악기박물관의 "영월전시관 88", 국립국악원의 "보유 460", 국립민속박물관의 "민속 5121"와 "민속 87573" 및 "민속 32235", 국립민속박물관의 "민속 32400", 국립중앙박물관의 "신수 4058", 경운박물관의 "4949"와 "4948" 등의 양금 실물에서는 덮개가 포함되어있는 것으로 확인된다. 현행 전통 양금에서는 덮개가 양금의 기본 구성품의 하나로 포함되어있다. 그러나 문헌에서는 덮개의 유무에 대하여 언급된 기록이 발견되지 않기 때문에 덮개가 유입 초기부터 기본 구성품의 하나로 포함되어있었는지는 불분명하다. 만일 유입 초기에 양금의 덮개가 없었다면

유입 이후 어느 시기에 덮개가 추가된 것이라 할 수 있다. 하지만 비교적 이른 시기에 속하는 뉴욕 메트로폴리탄 미술관의 "1979. 202" 양금에 뚜껑이 있다는 점으로 볼 때, 비록 문헌에는 관련 기록이 없지만 유입 초기부터 덮개가 양금 기본 구성의 일부로 포함되어 있었을 가능성을 배제할 수 없다. 그리고 국립민속박물관의 "민속 87573"호 양금에는 서랍이 있다는 점에서 독특하다. 이 서랍은 아마도 금채를 보관하는 용도로 쓰였으리라 추정된다.

이상 살펴본 바와 같이, 한국 전통양금의 공명상자는 중국의 양금과 마찬가지로 좁은 상단과 넓은 하단을 가진 속이 비어 있는 사다리꼴로 이루어져 있다. 이와 같은 사다리꼴의 양금 모양은 한·중·일 양금에서 공동적으로 확인되는 모습으로서 한국 양금 역시 예외가 아니었음이 확인된다. 뿐만 아니라 양금의 제작 재료로서 오동나무가 사용되었다는 점 역시 중국 양금과 다름없다. 이러한 사실은 한국 전통양금이 공명통의 모양이나 제작 재료 면에서 애초 중국으로부터 유입되었던 초기의 원형을 유지하여 왔음을 말해 준다.[15]

(2) 금현의 수와 재질

한국의 전통양금은 모두 14현으로 되어 있다. 그리고 각각의 현은 대체로 4가닥이 동일 음으로 조율되어 한 벌[1현]을 이룬다. 매 현의 가닥 수를 합하면 14현 56가닥이 되는 셈이다. 그 56가닥은 4가닥[16]씩 동일 음고로 조율되어 하나의 음을 이루고 결과적으로 총 14현[음]을 이룬다. 그런데 각각의 현은 매우 드물게 세 가닥, 또는 다섯 가닥으로 이루어진 경우도 발견된다. 따라서 이제 금현의 수에 대하여 매 현 4가닥 한 벌, 3가닥 한 벌, 5가닥 한 벌 순으로 살펴보기로 하겠다.

---

15   전통양금 가운데 공명통에 정 중앙에 서랍이 달린 모양(국립민속박물관의 "민속 87573"호)도 볼 수 있다.
16   양금은 14현은 총 56현이기도 하기 때문에 혼동이 일어날 수 있어서 같은 음고를 조율한 4개 현을 가닥으로 표기하겠다. 즉, 양금은 4가닥 한 벌[1현]로 14현이 일반적인 형태다.

가. 매 현 4가닥 한 벌

조선후기 18세기경 강세황의 『표암유고豹菴遺稿』(〈인용문 Ⅱ-9〉 참고)에는 "綑以銅絃四五十 …… 每四絃合作一聲"라고 하여 금현의 재질은 동사라고 하였지만, 수량은 '사오십四五十'이라 하여 40~50개로 기술되어 있을 뿐이어서 정확한 금현의 수를 알 수 없다. 단 "每四絃合作一聲"이라 한 문장을 통하여 매 현은 4가닥 한 벌로 이루어져 있음이 확인된다. 그렇다면 '사오십四五十'의 수란 전체 가닥의 수를 말하는 것으로 보이며, 매 현이 4가닥 한 벌로 이루어졌다는 점을 고려할 때, 『표암유고』에 언급된 양금은 전체 현의 수가 총 10-12현 정도임을 알 수 있다. 그런데 앞서 언급한 바와 같이 강세황이 기술한 양금의 제도는 한국 전통양금의 그것이 아니라 그가 알고 있었던 중국 양금에 대한 내용이다. 강세황은 실제로 중국 양금을 보고 들은 뒤 그 속성을 잘 파악한 것으로 보이지만, 금현 부분에 기술된 내용으로 보면, 양금을 직접 만져볼 수 있는 정도의 거리에서 확인한 결과가 아닌 것으로 보인다. 금현의 전체 가닥 수가 40~50개 정도라는 개략적인 수로 언급된 것은 그가 일정한 거리를 두고 파악한 결과로 보이기 때문이다.

한편, 박지원의 『열하일기熱河日記』 중 「망양록亡羊錄」[17]과 「동란섭필銅蘭涉筆」[18]에 수록된 양금 관련 문장을 보면, 양금 금현의 재료나 수에 대한 구체적인 내용이 언급되지 않았다. 다만 「망양록」에서는 박지원이 양금을 구라동현소금歐羅銅絃小琴이라 칭한 점, 한국에서는 그것을 중국에서 매입해왔다는 점, 홍대용이 연주한 양금을 동현금銅絃琴이라 칭한 점 등이 언급되었다. 또한 「동란섭필」에서는 구라파의 철사금歐邏鐵絲琴을 당시 한국에서 서양금西洋琴이라 불렀다는 점, 오군 풍시가가 처음 마테오리치로부터 구리 철사로 만든 줄을 가진 양금을 얻었다는 점, 당시 박지원이 소지하고 있었던 양금은 중국서 매입한 동현금銅絃琴이었다는 점 등이 언급되었다. 이러한 사실들을 통하여 당시 한국에서 사용하던 양금은 중국에서 구해온 양금 그대로였고, 그 금현은 구리로 만든 것이었음을 알 수 있다. 결국 18세기 사료에서 확인되는 양금 금현의 수는 『표암유고豹菴遺稿』를 통하

17　(조선)박지원, 『연암집』(권13), 별집 · 「열하일기」, 「망양록」, 46-70쪽.
18　(조선)박지원, 『연암집』(권15), 별집 · 「열하일기」, 「동란섭필」, 34-60쪽.

여 대략 10-12현 정도로서 정확하지 않고, 매 현은 4가닥 한 벌로 이루어진 것으로 확인되지만, 그것은 한국 전통양금에 대한 언급이라기보다 중국 양금에 대한 언급이라 할 수 있다. 따라서 18세기의 문헌 자료에서는 한국 전통양금의 금현을 알 수 있는 기록을 찾기 어렵다.

이후 1817년(순조 17)[19]에 이루어진 이규경의『구라철사금자보歐邏鐵絲琴字譜』[20]에 이르러 비로소 양금의 형제가 분명하게 드러난다. 거기에 명시된 양금은 순조 연간(1800~1834)에 속하는 양금으로서 그 시기 양금의 금현은 "황동세사黃銅細絲"로 만들어졌으며, 총 14현으로 이루어졌다. 그리고 매 현은 4가닥이 한 벌로 구성되어 총 56가닥을 이루고 있었음이 확인된다. 한편, 1884년(光緖 10)[21]에 이향율李響崒(?~?)이 편찬한『율보律譜』중 "율기론律器論"에도 "양금십사현양국악洋琴十四絃洋國樂"[22]이라 하여 양금의 금현이 14현이라 하였고, 1840년경[23] 서유구徐有榘(1764~1845)가 편찬한『유예지遊藝志』[24]에도 양금의 금현이 14현이라 하였다. 이와 같이 19세기 사료에서 확인되는 양금 금현의 수는 14현으

19 『歐邏鐵絲琴字譜』(韓國音樂學資料叢書 · 14), 국립국악원, 1984, 92쪽에 "丁丑仲春 同典樂文命新講作此譜"이라고 기록했다.
20 위의 악보, 94-97쪽. 원문은 "第五製形. 一絃四條左右, 各七弦共十四弦, 十四弦共五十六條. 左銅釘五十六, 右鐵釘五十六. 銅釘以大銅絲爲之, 鐵釘無蓋而圓, 下則如鍬而方. 琴之質用梧桐, 其狀上殺下廣, 其顚末樹杞處用榕木, 非榕則釘難錮, 盖榕性吸引銅鋳故也. 琴之腹, 空空如也, 可以發響. 琴之徽有二, 各鑿圓孔八而兩頭缺圓將以貫弦也. 徽上以一條大銅絲與徽長等者當中橫置, 將以承弦也. 兩徽相距以比例法爲度, 大棨鐵鋏過徽距鐵鋏二寸强, 則兩徽中間相距五寸, 銅釘邊徽距銅釘六寸强. 琴弦用黃銅細絲, 非燕産, 則體柔易鬆, 一弦合四條左右. 各七絃共十四弦, 總計五十六條, 貫于徽, 每孔一上一下, 則弦互交其勢如織帛者之貫筬焉. 琴左端則小銅釘, 右端則鐵釘, 其大如箭鏃, 入木處矩之, 掛弦處規之, 而弦之餘緒, 纒于此釘. 而掛弦時, 弦之兩端, 暫入于火中, 取出放冷, 然后作套圈及纒釘, 則不絶弦, 若断絶則解此條改焉. 弦之緊鬆, 專在於此, 而欲緊鬆時, 有曲鋳者, 狀如隱穴鑰匙冒于釘頭, 而挼之隨纒絃之勢而左右之. 盖銅鋳兩釘之數與絃数等欲義其飾者兩徽之間黏雕玉小圓銅釘之内板. 亦如之鼓弦之竿削竹片長可五寸廣可一分薄其中厚其首尾把而鼓之, 其勢裊裊然琴匣視琴之體随其狀而制之, 洋布爲最褐布爲次. 琴體大小不拘焉, 大者可至三尺, 小者可至一尺此无定度然, 大則聲濁小則聲清"이다.
21 『律譜』(韓國音樂學資料叢書 · 2), 국립국악원, 1980, 137쪽에 "大淸光緖十年甲申仲冬李響崒撰"이라고 기록했다.
22 위의 악보, 137쪽.
23 김우진, 앞의 논문(2009), 38쪽.
24 『遊藝志』(韓國音樂學資料叢書 · 15), 국립국악원, 1984, 144쪽. 원문은 "洋琴十四絃, 除十二律呂, 則餘二絃定爲變宮變徵."이다.

로서 매 현은 4가닥 한 벌로 이루어진 것으로 확인된다. 즉 18세기 사료에서 불분명하였 던 금현의 수가 19세기 사료에서 14현으로 분명해졌고, 4가닥 한 벌이라는 매 현의 구성 은 18세기 중국 유입 당시부터 전해온 전통이라 할 수 있다.

19세기 사료에서 분명하게 드러나는 14현이라는 금현의 수는 20세기의 악보에서도 동일하게 나타난다. 즉 조이순趙彛淳(?~?)의 『양금여민악보楊琴與民樂譜』(1906년[25])에도 양 금이 "십사현十四絃"[26]이라고 기록되어 있어 이 시기의 양금 역시 14현이었음을 확인할 수 있다. 또한 『일사양금보一簑洋琴譜』(1920년 경[27]) 중의 범례凡例[28], 「이보형 소장 양금보洋 琴譜」(1920년[29])의 범凡[30], 1916년[31]에 한우석韓玗錫(?~?)이 편찬한 『방산한씨금보芳山韓氏 琴譜』 중의 서금(양금) 범례凡例[32] 등에서도 양금의 제도와 관련된 기록들이 발견되는데, 3종 문헌에 명시된 양금 금현의 수 역시 공히 14현으로 나타난다. 따라서 한국 양금 금현 의 수는 19세기 사료에서 14현으로 분명하게 드러난 뒤로 14현으로 정형화되어 변화 없 이 유지되어온 것으로 확인된다.

한편, 매 현의 구성에 대하여 『일사양금보一簑洋琴譜』이하 『이보형 소장 양금보洋琴譜』, 『방산한씨금보芳山韓氏琴譜』에서는 공히 4가닥 한 벌을 이룬다고 하였다. 이와 같이 매

---

25 『楊琴與民樂譜』(韓國音樂學資料叢書·19), 국립국악원, 1985, 161쪽에 "光武十年丙午仲秋南呂之月"이 라고 기록했다.

26 위의 악보, 139쪽.

27 김우진, 앞의 논문(2009), 39쪽.

28 『一簑洋琴譜』(韓國音樂學資料叢書·7), 국립국악원, 1981, 101쪽. 원문은 "兩裸分陰陽, 裸各六孔, 陽律 六, 陰律六, 三品分排象三才, 一絃四絲合四序, 十二絃應十二時, 後加二絃, 即變宮, 變徵, 絃具十二, 然後 十二律四清聲之相生分明. 仲呂當生淸黃鐘, 而損益之數有差, 故以蕤賓半律爲潢."이다.

29 김우진, 앞의 논문(2009), 31-48쪽, 39쪽.

30 『이보형 소장 洋琴譜』(韓國音樂學資料叢書·18), 국립국악원, 1985, 167쪽에서 재인용. 원문은 "兩棵分 陰陽, 棵各六孔, 陽律六, 陰呂六, 三品分排象天地人三才, 一絃四絲合四時, 十二絃象十二時, 後加二絃, 即 變宮, 變徵, 絃具十二, 然後十二律四清聲之相生分明也. 仲呂當生淸黃鐘. 而損益之數有差, 故以蕤賓半 律爲潢."이다.

31 장사훈, 『『芳山韓氏琴譜』解題」(韓國音樂學資料叢書·14), 국립국악원, 1984, 17쪽.

32 『芳山韓氏琴譜』(韓國音樂學資料叢書·14), 국립국악원, 1984, 157쪽. 원문은 "兩棵分陰陽. 裸各六孔, 陽律六, 陰律六, 三品分排象三才, 一絃四絲合四序, 十二絃應十二時, 後加二絃, 即變宮, 變徵. 絃具十二, 然後十二律四清声之相生分明. 仲呂當生淸, 黃鐘. 而損益之数有差, 故以蕤賓半律爲潢."이다.

현이 4가닥 한 벌을 이루는 구성은 18세기 사료에서 언급된 중국 양금의 제도를 수용한 결과로서 19세기를 거쳐 20세기 악보에서도 여전히 유지되고 있었음을 알 수 있다. 그런데 『일사양금보』를 비롯한 3종 악보에서는 매 현이 4가닥으로 이루어진 점에 대하여 독특한 해설을 부가하고 있어 주목된다. 즉 매 현 4가닥 한 벌을 이루는 4가닥의 "4"의 의미가 바로 춘·하·추·동의 사계를 상징한다는 것이다. 이와 같이 "4"의 숫자에 의미를 부여한 것은 한국 전통양금에서 확인되는 독특한 현상이라 할 수 있다.

한편, 현재까지 알려진 한국 역대 실물 양금의 금현을 살펴보면 16종 가운데 14종이 총 56가닥으로 매 현 4가닥씩 14현을 이루고 있는 것으로 파악된다. 즉 뉴욕 메트로폴리탄미술관 소장 양금 2대, 음악의 도시 파리 필하모니 소장 양금 1대, 베를린 구 국립미술관 소장 양금 2대, 세계민속악기박물관 소장 양금 1대, 국립국악원 소장 양금 2대, 국립민속박물관 소장 양금 3대, 국립중앙박물관 소장 양금 1대, 경운박물관 소장 양금 2대가 그것들이다. 단 대전광역시 시립박물관 소장 양금은 현재 총 56가닥으로 매 현 4가닥씩 14현으로 세팅되어 있지만, 좌우의 양 끝에 본래 박혔던 자국이 선명하게 남아있으므로 여기서는 제외하였다. 어쨌든 해외 소장 5대와 국내 소장 9대의 양금들이 모두 매 현이 4가닥 한 벌[1현]로 이루어져 있다. 그리고 그 14종의 양금들은 현의 재질이 모두 철현인데, 바로 문헌에서 말하는 구리임이 분명하다. 이와 같이 16종의 역대 실물 양금 가운데 총 56가닥으로 매 현 4가닥씩 14현으로 이루어진 양금이 무려 14종으로서 절대 다수를 차지함을 알 수 있다. 이러한 금현의 제도는 바로 문헌이나 악보에서 확인되는 금현의 제도와 완전 일치하고 있다.

이상, 18세기부터 20세기의 문헌과 고악보 및 역대 실물 양금을 통하여 양금 금현의 수와 매 현의 가닥 수를 살펴보았는데, 18세기에 속하는 『표암유고豹菴遺稿』에서는 정확한 금현의 수를 명시하지 않은 채 단지 "환이동현사오십絚以銅絃四五十"이라 하였을 뿐이지만 그나마 그것도 당시 중국 양금에 대한 것이었고, 『열하일기熱河日記』에는 금현의 수가 언급되지 않았다. 이후 19세기 사료에서부터 양금 금현의 수가 14현으로 분명해지고 이러한 수는 전통화되어 20세기로 이어진 것으로 확인되었다. 소위 4가닥 한 벌이라는 매 현의 구성 특징은 18세기 사료를 비롯하여 20세기 악보에 이르기까지 모든 사료에서 예외 없이 일치하고 있는 것으로 확인되었는데, 특히『일사양금보一簑洋琴譜』와『일사양금보芳山韓氏琴譜』및『이보형 소장 양금보洋琴譜』에서는 4가닥 한 벌이라는 '4'의 수가 춘·하·추·동 사계를 의미한다고 부언되어있어 한국 양금에서 발견되는 독특한 현상으로서 주목되었다. 또한 16종의 현전 역대 실물 양금 중에서도 무려 14종이 매 현을 4가닥 한 벌로 삼은 14현 양금인 것으로 확인되었다. 따라서 한국의 전통양금은 역대로 매 현을 4가닥 한 벌로 삼은 14현 양금이 보편적으로 사용되어왔음을 알 수 있었다. 이러한 역대 양금의 금현 재료는 구리로서 이는『열하일기』의 관련 기록에 의하여 중국에서 유입되던 당시의 그것이 그대로 유지되어왔음이 확인된다.

나. 매 현 3가닥 한 벌

현전 역대 실물 양금이나 사료 중의 양금 금현을 보면 대부분이 14현으로서 매 현이 4가닥 한 벌을 이루는데 비하여 국립민속 박물관 소장 양금 중에는 유일하게 매 현 3가닥 한 벌인 양금이 포함되어 있어(〈그림 IV-1〉 참고)[33] 주목된다. 이 양금은 14현이라는 점에서는 여타의 양금과 같지만, 매 현을 3가닥 한 벌로 삼았다는 점에서 매우 독특한 경우라 할 수 있다. 그러나 이 악기에 대한 구체적인 정보가 없기 때문에 그것의 제작 목적이나 실제 사용 용도를 알 수 없고, 또 음열이 어떠하였는지 그 조현법도 알 수 없다. 이 양금에서 더욱 주목되는 점은 현축弦軸[34]과 고정핀 및 괘의 모양이 독특하다는 사실이다. 그것들의 모양을 보면 여타의 한국 전통 실물 양금의 그것들과 다르고, 또 한국의 문헌 중에도 이 양금과 같은 모양의 현축과 고정핀 및 괘의 모양을 지닌 양금이 발견되지 않는다. 이러한 모양은 오히려 중국 전통양금에서 흔히 발견된다는 점에서 이 양금은 한국 전통양금보다는 중국 전통양금의 특징을 지닌 악기라 할 수 있다. 이러한 사실은 이 양금이 한국에서 제작된 것이라기보다 중국에서 매입한 것일 가능성을 높여준다. 국립민속박물관 측

---

33 국립민속박문관의 "민속 87573"호 양금.
34 양금의 현축(弦軸)은 줄을 걸기 위하여 금체 상면 좌우에 박혀진 못을 말한다. 주로 좌측의 못은 줄을 걸어 고정시키는 역할을 하고, 우측의 못은 줄을 걸은 뒤 그것을 돌려서 감거나 풀어서 음의 높이를 조절하는 역할을 한다.

에서는 이 양금의 연대를 명시하지 않았으나, 만일 이 양금이 중국에서 매입된 것이라면 이 양금의 연대는 18세기로 추정할 수 있을 것이다.

다. 매 현 5가닥 한 벌

앞의 "공명상자의 모양과 재질"에서 살펴본 바와 같이, 조선 후기의 여러 의궤에서 양금의 도상이 발견되었다. 〈표 IV-1〉의 10종 의궤에 묘사된 양금 도상에서 확인할 수 있는 바와 같이 조선조의 여러 의궤 중에 명시되어 있는 양금은 그 대강의 모습을 그렸기 때문에 세부의 구체적인 내용을 정확하게 파악하기 어려운

〈그림 IV-1〉 국립민속 박물관에 소장된
"민속 87573"호 양금 실물

면이 있다. 일부 양금 그림에서 금현과 가닥의 수가 현축의 수와 맞지 않는 경우가 발견되기 때문이다. 양금에서의 현축은 줄을 걸거나(좌측) 걸어서 조이거나 풀어서 음고를 조절하는 역할을 하므로(우측) 그 상→하, 즉 종향從向의 행 수는 금현의 수와 같고, 좌→우, 즉 횡향橫向의 수는 매 현의 가닥 수와 같기 때문에 그 수는 금현의 수를 파악하는데 중요한 단서가 된다. 그런데 「고종 5년 무진진찬의궤」(1868)에 묘사되어 있는 양금의 경우, 금현의 수는 16개인데 반하여, 현축의 상→하, 즉 종향의 행 수는 12행이어서 서로 모순이 되고 있다. 이러한 현상은 여타의 의궤에서도 마찬가지로 드러난다. 따라서 의궤에 나타난 양금 도상을 통해서는 현이나 현축의 유무나 위치 등의 파악은 가능하지만 정확한 수를 파악하기가 어렵다. 비록 그렇지만, 현축의 좌→우, 즉 횡향橫向의 수는 4개 혹은 5개로 양분되어 나타나고 있어 비교적 구체적으로 묘사되었다고 할 수 있다. 즉 「순조 28년 무자 진작의궤」(1828), 「순조 29년 기축 진찬의궤」(1829), 「헌종 14년 무신 진찬의궤」(1848)와 「고종 5년 무진 진찬의궤」(1868) 등 4종 의궤에 묘사된 양금들은 현축의 좌→우, 즉 횡향橫向의 수가 5개로 묘사되었다. 반면, 「고종 14년 정축 진찬의궤」(1877),

「고종 24년 정해 진찬의궤」(1887), 「고종 29년 임진 진찬의궤」(1892), 「광무 5년 신축 진찬 의궤」(1901), 「광무 5년 신축 진연의궤」(1901) 및 「광무 6년 임인 진연의궤」(1902) 등 6종 의궤에 묘사된 양금들은 현축의 좌↔우, 즉 횡향橫向의 수가 4개로 묘사되었다. 말하자 면 1828년부터 1868년에 속하는 의궤에서는 현축의 좌↔우, 즉 횡향의 수는 5개로 나타 나고, 1877년부터 이후에 속하는 의궤에서는 그것이 4개로 바뀌어 나타난다. 이러한 사 실은 적어도 1868년까지 조선조에서 사용된 양금은 5가닥 한 벌 구성의 양금이었으며, 이후, 늦어도 1877년부터는 4가닥 한 벌 구성의 양금으로 바뀌었음을 말해준다고 할 수 있다.

기실, 현축의 좌↔우, 즉 횡향의 수 가 5개인 양금은 대전광역시시립박 물관의 "향사역민기증 662"호 양금[35] 〈그림 IV-2〉 참고) 실물에서도 발견된 다. 그 양금의 현축을 보면, 좌측 현 축의 좌↔우, 즉 횡향의 수는 5개로 확연히 드러나는 반면, 우측의 그것 은 4개만 현축이 박혀 있다. 하지만

〈그림 IV-2〉 대전광역시시립박물관 소장된
"향사역민기증 662"호 양금 실물

가장 우측에 현축이 박혀있었던 구멍이 확연히 남아있어 좌↔우의 현축이 5개였음을 말 해주고 있다. 현재 좌우측의 4개 현축에만 줄이 걸려있는 것으로 보아 원래 매 현 5가닥 한 벌이었던 것을 4가닥 한 벌의 양금이 보편화되면서 어느 시기엔가 좌우 4개의 현축에 만 줄을 걸어놓은 것으로 추정된다. 그러나 사용하지 않게 된 현축 자국이 메워지지 않은 채 그대로 보존됨으로써 이 악기의 제작 시기를 늦어도 1877년 이전으로 가름할 수 있는 근거로 삼을 수 있게 되었다고 할 수 있다. 왜냐하면 5가닥 한 벌 구성의 양금은 적어도 1868년까지 조선조 궁정에서 사용되어오던 양금의 제도이기 때문이다.

---

35   2020년 1월 23일에 대전광역시시립박물관으로부터 제공받은 이미지이다.

이상의 정황으로 볼 때, 한국 전통양금에는 비교적 이른 시기에 5가닥 한 벌의 양금도 존재하였음을 확인할 수 있다. 이 양금의 현축 모양 역시 4가닥 한 벌의 양금과 동일하다.

앞서 『표암유고豹菴遺稿』, 『구라철사금자보歐邏鐵絲琴字譜』, 『방산한씨금보芳山韓氏琴譜』, 『일사양금보一蓑洋琴譜』 및 『이보형 소장 양금보洋琴譜』 등 고문헌이나 고악보 자료를 통하여 확인되는 양금의 금현 구성 특징으로 매 현이 4가닥 한 벌로 이루어졌다는 점에 대하여 언급하였다. 이러한 금현 구성 특징은 뉴욕 메트로폴리탄 미술관의 "1979.202" 와 "89.4.148", 음악의 도시 파리 필하모니의 "E.1598", 베를린 구 국립미술관의 "VII c 280 a. b"와 "2011.210", 대전광역시시립박물관의 "향사역민기증 662", 세계민속악기박물관의 "영월전시관 88", 국립국악원의 "기증 1269"와 "보유 460", 국립민속박물관의 "민속 5121", "민속 32235", "민속 32400", 국립중앙박물관 "신수 4058", 경운박물관 "4949" 와 "4948" 등의 양금 실물을 통하여 입증되어 나타난다. 뿐만 아니라 고문헌이나 고악보 중에 언급된 금현의 구성 원리, 즉 총 56가닥을 4가닥씩 분배하여 총 14현을 이룬다는 내용 역시 양금 실물에서 그대로 체현되어 나타난다. 양금은 비록 서양악기이지만 4가닥 한 벌이라는 금현 구성 원리는 춘·하·추·동 사계를 의미하는 동양 철학적 상징이 반영되어 있는 것으로 논의되어왔다. 이는 중서 문화의 융합 현상으로 해석할 수 있다. 다만 국립민속박물관의 "민속 87573"호 양금 실물은 총 42가닥을 3가닥 한 벌로 안배하여 14개의 금현을 이루고 있다는 점에서 여타의 양금들과 다르다. 이 양금의 제작에 대한 정보를 알 수 없으므로 혹 어느 시기에 중국으로부터 영입한 것인지의 여부에 대하여 살펴볼 필요가 있을 것이다. 그밖에 1828년, 1829년, 1848년과 1868년의 의궤에 나타난 양금 그림과 대전광역시시립박물관의 "향사역민기증 662"호 양금을 통하여 5가닥 한 벌의 양금도 존재하였음을 확인하였다. 이러한 양금들은 현축의 흔적이 분명하게 드러나는 대전광역시시립박물관의 "향사역민기증 662"호 양금의 사례에 비추어 14개의 금현을 이루고 있었으리라 추정된다. 비록 매 현의 줄 수는 다르지만 14현이라는 점에서는 차이가 없기 때문에 실재 연주에서는 여타의 양금과 동일한 연주 조건을 갖추고 있다고 할 수 있다. 다만 3가닥인 경우 음량 면에서는 여타의 양금보다 다소 미흡하였을 가능성이 있다. 그리고 실물 양금의 금현은 철현으로서 그 재질 역시 문헌 기록과 같이 구리임을 알 수 있다.

요컨대, 현전 한국 양금 실물에서 확인되는 금현은 모두 구리로 된 철현으로서 그 수는 14현으로 큰 변화가 없이 유전되었으며, 4가닥 한 벌로 삼은 금현의 구성 특징이 정형화되어 전통으로 자리하여왔음이 확인된다. 다만 조선조(궁정)에서 사용하던 양금은 최소한 1868년까지 5가닥 한 벌의 양금을 사용하다가 늦어도 1877년부터는 4가닥 한 벌의 양금으로 바뀌게 되었다. 이와 같은 금현의 재질과 수 및 4가닥 한 벌이라는 매 현의 구성 특징은 일부 특별한 경우(3가닥 한 벌, 5가닥 한 벌)를 제외하면 고문헌이나 고악보에 언급된 양금의 금현 수와 재질에 대한 내용과도 일치한다. 말하자면 문헌의 기재 내용이 양금 실물로써 그대로 체현되어 나타남을 알 수 있다.

(3) 괘의 모양과 수량 및 재질

한국 전통양금은 모두 공명상의 상면에 14개의 금현을 얹을 수 있는 2개의 괘를 가진 점에서 공통되지만 괘의 모양은 악기에 따라 다르기도 하다. 괘 모양의 차이는 양금의 형제가 현지화되는 과정에서 나타난 결과로서 양금의 연주에는 그다지 영향을 미치지는 않는다.

18세기 강세황의 『표암유고豹菴遺稿』[36]에 의하면, 당시 한국 사람들이 중국으로부터 매입해온 양금의 괘는 2개의 나무 조각으로 이루어졌음이 확인된다. 1817년(순조 17)에 이규경이 쓴 『구라철사금자보歐邏鐵絲琴字譜』[37]에 의하면, 양금의 괘는 2개로서 각각 줄을 통과시킬 수 있도록 8개의 원형의 구멍을 뚫는다고 하였다. 즉 2괘의 모양은 "ㅇ형 목제 브래킷(상단 연결)"(〈표 Ⅳ-3〉 참조)으로 되어있다. 그림을 보면, 괘에는 8개의 구멍 보이는데, 괘 끝에 완전한 원이 아닌 구멍도 보인다. 한편, 『일사양금보一蓑洋琴譜』에 제시된 "兩裸分陰陽, 裸各六孔, 陽律六、陰律六, 三品分排象三才"[38], 『이보형 소장 양금보洋琴譜』에

---

36 (조선)강세황, 앞의 책, 344쪽. 원문은 "絙以銅絃四五十 以兩木片依函面廣狹而斜挂之"이다.
37 『歐邏鐵絲琴字譜』(韓國音樂學資料叢書·14), 국립국악원, 1984, 94-97쪽. 원문은 "琴之徽有二, 各鑿圓孔八而兩頭缺圓, 將以貫弦也. 徽上以一條大銅絲與徽長等者當中橫出, 將以承弦也. 兩徽相距以比例法爲度, 大檠鐵鏃过徽距鐵鏃二寸強, 則兩徽中間相距五寸, 銅釘邊徽距銅釘六寸強."이다.

제시된 "兩楪分陰陽, 楪各六孔, 陽律六·陰呂六, 三品分排象天地人三才"³⁹ 및 『방산한씨금보芳山韓氏琴譜』에 제시된 "兩楪分陰陽, 楪各六孔, 陽律六·陰律六, 三品分排象三才"⁴⁰ 등을 통하여 20세기 20년대 양금의 괘 역시 2개로서 각각 6개의 구멍이 있었음을 알 수 있다. 기실, 『일사양금보一蓑洋琴譜』나 『이보형 소장 양금보洋琴譜』 및 『방산한씨금보芳山韓氏琴譜』에 기술된 내용은 기본적으로 같다. 즉 세 악보에서 공히 괘는 2개로서 각각 6개의 구멍이 있다는 점과, 금 면은 세 부분으로 나뉜다는 점에 대하여 언급하였다. 여기서 주목되는 점은 2괘를 음·양으로 구분하였고, 2괘의 각 6공은 6율, 6려로 연결하였으며, 금 면의 세 부분은 천, 지, 인 삼재로 해석한 점이다. 이는 앞서 살펴본 매 현의 가닥 수 "4"를 춘, 하, 추, 동 4계와 결부시킨 것과 같은 맥락이다. 이와 같이 양금의 각 부위에 의미를 부여한 것도 한국 양금에서 보이는 독특한 현상이라 하겠다.

뿐만 아니라, 조선「순조 28년 무자 진작의궤」(1828),「순조 29년 기축 진찬의궤」(1829),「헌종 14년 무신 진찬의궤」(1848),「고종 5년 무진 진찬의궤」(1868),「고종 14년 정축 진찬의궤」(1877),「고종 24년 정해 진찬의궤」(1887),「고종 29년 임진 진찬의궤」(1892),「광무 5년 신축 진찬의궤」(1901),「광무 5년 신축 진연의궤」(1901) 및 「광무 6년 임인 진연의궤」(1902) 등 10종 의궤에 묘사된 양금 도상(〈표 Ⅳ-1〉 참조)에도 양금의 괘는 모두 2개이고, 괘에 "ㅇ형" 구멍이 있음을 알 수 있다.

한편, 양금 실물 자료에 나타난 양금 괘의 모양, 수량 및 재질을 정리하면 다음 〈표 Ⅳ-2〉와 같다.

---

38 『一蓑洋琴譜』(韓國音樂學資料叢書·7), 국립국악원, 1981, 101쪽.
39 『이보형 소장 洋琴譜』(韓國音樂學資料叢書·18), 국립국악원, 1985, 167쪽.
40 『芳山韓氏琴譜』(韓國音樂學資料叢書·14), 국립국악원, 1984, 157쪽.

〈표 IV-2〉 양금 실물에 나타난 양금 괘의 모양 및 재질

모양 및 특징	재질	실물	사진[41]
ㅇ형 목제 브래킷 (상단 연결)	목재	뉴욕 메트로폴리탄 미술관 "1979.202", 뉴욕 메트로폴리탄 미술관 "89.4.148", 대전광역시시립박물관 "향사역민기증 662", 세계민속악기박물관 "영월전시관 88", 국립국악원 "기증 1269", 국립국악원 "보유 460", 국립민속박물관 "민속 5121", 국립민속박물관 "민속 32235", 국립민속박물관 "민속 32400", 국립중앙박물관 "신수 4058", 경운박물관 "4949", 경운박물관 "4948"	 42
ㅇ형 목제 브래킷 (상단 분리)	목재	베를린 구 국립미술관 "VII c 280 a, b"	

양금의 괘 모양은 국립민속박물관에 소장된 "민속 87573"호 양금[43]을 제외하면 거의 다 "일자형"임으로 확인된다. 즉, "ㅇ형 목제 브래킷(상단 연결)"과 "ㅇ형 목제 브래킷(상단 분리)"으로 나타난다. 한 괘에 둥근 구멍이 6개있음을 알 수 있다.

요컨대, 양금 괘의 수량, 모양 및 재질에 있어, 고문헌과 고악보 자료, 실물 등을 통해 양금의 괘가 모두 2개임을 알 수 있다. 고문헌에 나타난 금괘는 둥근 구멍이 6개이고 괘 끝에 완전한 원이 아닌 구멍이 두 개가 보이는데, 양금 실물을 통하여 이 부분을 확인할 수 있다. 양금 괘의 재질은 거의 나무로 되어 있다. 모양은 "일자형"이며, 중국 양금 괘의 모양은 "일자형" 이외에 이와 모양이 다른 "돌출형"이 있어 비교된다.

(4) 금채의 모양과 수량 및 재질

현재 한국 전통양금은 오른 손에 하나의 채만 들고 연주를 한다. 이와 같이 양금의 연주에서 하나의 금채만 사용하는 것은 동아시아 각 국 가운데 유일하게 한국 전통양금에서

41　각 해당 사진은 앞 격자에서 밑줄이 그어진 실물에 나타난 괘의 모양인 것이다.

42　송혜진, 『韓國樂器』, 서울: 열화당, 2000, 155쪽.

43　이 양금 괘의 특징은 ㅁ형 목제 브래킷(상단 분리)인 것이다.

만 볼 수 있다는 점에서 한국 전통양금의 특징으로 꼽을 만하다. 그런데 박물관 소장 현전
실물 한국 전통양금 중에는 두 개의 금채를 양금과 함께 전시한 경우가 발견되기도 한다.
따라서 한국 전통양금이 언제부터 하나의 채만 사용하게 되었는지 궁금하다.

18세기 강세황의 『표암유고豹菴遺稿』[44]에는 단지 "以小竹篦叩之"라고만 되어있어 몇
개의 채를 사용하였는지 알 수 없고, 대나무의 껍질 부분을 활용하여 만든 채로 연주한다
는 사실만 알 수 있다. 1817년(순조 17)에 이규경이 쓴 『구라철사금자보歐邏鐵絲琴字譜』[45]
에서도 금채의 수는 언급하지 않은 채, "鼓弦之竿, 削竹片, 長可五寸, 廣可一分, 薄其中,
厚其首尾, 把而鼓之, 其勢裊裊然."라고 하여 금채의 재료와 크기, 구조, 음향 효과에 대하
여 언급하였다. 즉 양금의 채는 대나무를 깎아 만드는데, 길이는 5촌 쯤 되게 하고, 너비
는 1분 쯤 되게 하되, 그 중간은 얇게 하고, 머리와 꼬리 양 끝은 두껍게 한다고 하였다.
이와 같이 양 끝이 두껍고 중간이 얇은 채로 연주하면 그 소리가 은은하여 길게 이어지는
음향 효과[裊裊然]가 있다는 것이다. 양금의 그림이 수록되어있는 사료 가운데 양금 채가
함께 명시된 경우는 매우 드물다. 그런데 1900년대(일제시대)에 편집된 것으로 추정되는
이윤용李潤容(?~?)의 『철현금보鐵絃琴譜』(〈그림 Ⅲ-14〉 참고)에는 양금의 산형도와 함께 금
채가 함께 명시되어 있는데,[46] 그것에 의하면 하나의 금채만 명시되어있다. 그러한 사실
은 당시 하나의 금채만 사용하였음을 말해준다.

기실, 20세기 전반에 한국 전통양금의 연주에서 하나의 금채만 사용한 사실은 그 시기의
연주 모습을 담은 여러 사진을 통하여도 확인이 된다. 예컨대 "기생의 음곡합주"(1910년
대), "무대에서 음악과 무용을 공연하는 기생"(1920년대), "평양기생학교수업 광경"(1930),
"양금을 연주하는 기생"(1930년대), "김상순의 경성방송국 출연 모습"(1934), "이습회 5주년
기념 연주회"(1937) 등의 사진에는 오른 손에 금채를 잡고 한 손으로 연주하는 모습들이
담겨있다.[47]

---

44 (조선)강세황, 앞의 책, 344쪽.
45 『歐邏鐵絲琴字譜』(韓國音樂學資料叢書 · 14), 국립국악원, 1984, 94-97쪽.
46 『鐵絃琴譜』(韓國音樂學資料叢書 · 34), 국립국악원, 1999, 266쪽.
47 이시원, 「20세기 전기 양금 교육 및 연주 양상」, 한국예술종합학교 석사학위논문, 2020.

특히 1935년에 이왕직아악부 이습회에서 개최한 공개연주회에서 이복길(후에 이주환으로 개명하였음)이 수요남극을 쌍채질로 연주하였는데, 그것에 대하여 성경린은 다음 〈인용문 Ⅳ-1〉과 같이 회고한 바 있다.

〈인용문 Ⅳ-1〉
아악부에는 이습회라는 부원의 기술향상을 위한 월례 연주회가 있었다. 여기 그는 <u>양금탄주에 쌍채질을 시도하여 동료를 놀라게 하였다. 양금은 지금도 오른손으로 외채질이 행하고 있으나 원래는 양손에 채를 들고 두드리는 쌍채질이 원식이었던 것이다.</u> 그것을 소남 자신의 착안이었던가 아니면 오당 함화진선생의 종용이었던가는 미심하지만 <u>양금에 있어 쌍채질을 복원한 것은 획기적인 실험이었다.</u>[48]

상기와 같은 성경린의 회고 내용을 통하여 20세기 전반에는 양금의 연주에 하나의 금채로만 연주하는 외채질이 유행하고 있었음을 알 수 있다. 그런데 당시 이복길이 연주한 쌍채질, 즉 두 개의 채를 양손으로 각각 나눠 쥐고 현을 두드리는 양손 주법을 "시도"라고 말하였고, 양손에 채를 들고 두드리는 쌍채질이 원식이었다고 하였으며, 이복길의 시도를 원식인 쌍채질의 복원이라고 표현한 것은 의미가 있다. 하지만 그가 말하는 "원식"이 한국 전통양금의 내원처來源處인 중국 양금의 연주법인지, 한국 전통양금에 적용되었던 연주법인지가 불분명하다. 만일 두 개의 금채로 연주하는 쌍채질이 한국 전통양금에 쓰였던 연주법의 원식을 말하는 것이라면 하나의 금채로 연주하는 외채질은 언제부터인가 바뀐 연주법이라는 말이 된다. 그러나 장사훈의 『한국악기대관』에 한국 전통양금의 연주법은 하나의 채를 오른 손에 쥐고 치는 외채질, 즉 "한손주법"이라고 하였고,[49] 이전 사료에도 두 개의 채로 연주한다는 내용이 발견되지 않는다. 따라서 성경린이 원식으로 간주한 쌍채질의 연주법은 중국 양금의 그것을 말하는 것으로 추정된다.

---

48 성경린, 「이주환님의 생애와 예술」, 『寬齋成慶麟先生九旬記念 寬齋論文集』, 서울: 은하출판사, 2000, 128쪽.
49 장사훈, 『한국악기대관』, 서울: 한국국악학회, 1969, 104쪽.

한편, 현전 16종의 한국 역대 전통양금 사진을 보면, 3종 양금에 금채의 모습이 보인다. 즉 뉴욕 메트로폴리탄 미술관의 "1979. 202" 양금과 베를린 구 국립미술관의 "2011. 210" 양금에는 상면에 2개의 금채가 놓여있고, 베를린 구 국립미술관의 "VII c 280 a. b" 양금에는 하나의 금채가 놓여있다. 두 개의 금채가 놓여있는 뉴욕 메트로폴리탄 미술관의 "1979. 202" 양금은 19세기의 것으로 알려져 있고, 베를린 구 국립미술관의 "2011. 210" 양금은 연대가 미상이다. 이 두 양금에 두 개의 채를 얹어놓은 이유가 전시효과를 위하여 하나를 추가한 것인지, 원래 두 개였는지 불분명하다. 비록 한국 전통양금의 연주법은 하나의 채를 오른 손에 쥐고 치는 외채질, 즉 "한손주법"이라고 하고, 또 문헌에 두 개의 금채를 사용하였다는 기록은 발견되지 않지만, 19세기에 속하는 양금 실물에 두 개의 금채가 함께 전시되고 있다는 사실은 한국 전통양금도 이른 시기에는 혹 두 개의 채를 사용하여 연주하기도 하지 않았을까 의문이다. 이 점에 대해서는 의문으로 남기고 향후 그것을 입증할 만한 사료가 발견되기를 기대할 뿐이다.

요컨대, 한국의 전통양금은 하나의 금채를 사용한다는 점에서 중국이나 일본과는 다른 독특한 특징을 지니고 있다. 양금 관련 사료에는 양금 금채의 수량에 대하여 언급한 기록이 발견되지 않고 오직 20세기 전반에 속하는 이윤용의 「철현금보鐵絃琴譜」에 양금의 산형도와 함께 하나의 금채가 명시되어 있는 것으로 확인될 뿐이다. 유사 시기의 양금 연주 모습을 담은 사진들에서도 역시 하나의 채를 사용하는 것으로 확인되었다. 이와 같이 20세기에 들어서 하나의 금채로 연주한다는 것은 확연히 드러나지만, 19세기에 속하는 한국 양금 실물에 두 개의 금채가 함께 전시되고 있다는 사실은 혹 한국 전통양금도 이른 시기에는 두 개의 채를 사용하여 연주하지 않았을까 의문스러운 면이 있다. 이 점에 대해서는 향후 그것을 입증할 만한 20세기 이전의 새로운 사료가 발굴되기를 바라면서 의문으로 남긴다. 그리고 금채의 재질은 대나무로서 길이는 5촌 정도, 너비는 1분 정도이며, 은은하여 길게 이어지는 음향 효과[裊裊然]를 위하여 양 끝은 두껍고 중간은 얇게 하였다.

2) 개량양금

현재 한국에는 전통양금과 개량양금이 모두 사용되는데, 음악 갈래에 따라 용도가 서로 다르다. 즉 전통양금은 주로 전통음악의 정악에 사용되고, 개량양금은 주로 창작곡에 활용된다. 개량양금은 음의 수가 많고, 음역이 넓어 풍부하고 다양한 음을 표현할 수 있다는 이점으로 인하여 그 인기가 꾸준히 상승하고 있다. 한국의 현악기는 예로부터 대부분 명주실을 꼬아서 만든 줄을 사용하지만, 양금은 동사로 만든 줄을 사용하기 때문에 그 음색이 맑고 선명한 특징을 지닌다. 기실, 한국음악은 떠는 음이나 전성, 퇴성 및 추성 등의 표현기법을 특징으로 하는데, 양금은 그러한 표현기법을 연출할 수 없는 취약점이 있는 악기라 할 수 있다. 하지만 은은하면서 청량한 음색으로 인하여 예로부터 소규모 편성의 합주 또는 중주 음악에서 많이 애용되어 왔다. 그러나 현대에 이르러 음악의 공연이 무대화 되면서 얇은 동사를 현으로 삼은 양금은 뜨거운 조명으로 인한 음정의 변화에 신속히 대처할 수 없어 점점 외면당하기 시작하였고, 영상회상과 가곡반주에서 조차도 소외당하는 경우가 많아졌다.[50] 뿐만 아니라 양금은 작은 음량으로 인하여 한국음악사에서 "음악의 주류로서 사용하였다기보다는 비주류 악기로서의 한계를 가지고 있었다."[51]는 지적이 있었다. 양금의 연주 기법과 음향 면에서 최근의 개량은 바로 그러한 종래의 취약점을 보완하려는 취지에서 진행된 것으로 보인다.

20세기 이후 음악의 창작 활동이 왕성해짐에 따라 많은 창작곡이 양산되었고, 그러한 음악을 효과적으로 표현하기 위한 일환으로 한국 전통악기의 개량 사업이 전개되기 시작하였다. 다른 한편, 한·중 수교가 이루어지자 한·중 음악교류의 일환으로 양금음악의 교류가 이루어지고, 또 서양 양금과의 교류 활동도 증가하였다. 이에 한국 전통악기의 개량 사업이 활발해짐과 맥을 같이 하여 한국의 전통양금 역시 음위 특징과 형제가 개선

---

50   전홍도, 앞의 논문(2006), 12쪽; 李銀珠, 「韓國揚琴的傳統和演變」, 中國音樂學院 碩士學位論文, 2011, 7頁; 원우가, 앞의 논문(2012), 5쪽; 윤은화, 양미지, 앞의 논문(2015), 138쪽.
51   홍선숙, 앞의 논문, 1쪽.

됨은 물론, 연주법과 음향 특징 면에서도 새로운 기능이 개발되었다. 특히 개량양금의 연주에서 두 개의 금채를 사용하게 된 점은 대표적인 변화라고 할 수 있다.

양금의 개량 작업이 언제부터 시작되었는지, 그 구체적인 시점에 대해서는 분명하게 알려진 바가 없다. 기존의 여러 연구에서는 1999년에 김경희에 의하여 개량된 양금을 한국의 초기 개량양금으로 논하여왔다. 그 개량양금은 1999년에 김경희에 의하여 개량 되고 궁정국악기(대표 박성기)에 의하여 제작되어 같은 해 5월, 제1회 김경희 양금독주회 에서 시연된 것으로 알려져 있다.[52] 그와 같이 김경희에 의하여 이루어진 개량양금을 양 금 개량의 시초로 논해온 이유는 그것이 기존 전통양금의 14현을 18현으로 늘리고, 하나 의 채만 활용하던 한손 주법을 두 개의 채를 활용하는 양손 주법으로 바꾸는 등 가시적인 변화에 있는 것으로 보인다. 그러나 박물관에 소장된 여러 양금 실물을 통하여 더 이른 시기에 양금의 개량이 시도되었던 사실을 확인할 수 있다. 그것들은 대체로 전통양금과 동일하게 14현을 지닌 점에서 변화가 두드러지지는 않지만, 각 부분을 자세히 살펴보면 세부적인 면에서 개량의 흔적이 남아있음을 발견할 수 있다. 그런데 일부 문헌 자료에 의하면 전통양금의 14현을 15현으로 바꾸어 연주하였던 사실도 발견된다.[53] 이러한 현 수의 보완 역시 양금 개량의 일환으로 해석할 수 있다. 이 책에서는 전통양금에 가해진 개량까지 개량양금의 범주에 포함하여 그것들을 시기와 성격에 따라 초기와 후기로 구 분하고자 한다.

초기와 후기의 양금 개량은 목적에 따라 지향점이 서로 달랐다. 즉 초기에는 주로 전통 음악, 즉 가곡 반주와 풍류에 사용되어왔던 기존의 용도에 적합한 음역 정도면 되었지만, 창작 음악은 음역이 넓고 다양하기 때문에 그러한 음악을 표현해내려면 음의 수와 음역 의 확대가 필연적으로 요구되었다. 물론 양금이 처음 개량되던 초기에도 양금이 일부

---

52 전홍도, 앞의 논문(2006), 12-13쪽; 李銀珠, 앞의 논문, 8頁. 이 논문에서는 김경희라는 이름을 구체적으로 거명하지는 않지만, 그림으로 명시한 한국 개량양금의 구조가 김경희에 의하여 개량되었던 양금의 그것과 같은 점으로 미루어 김경희에 의하여 이루어진 개량양금에 대한 언급임을 알 수 있다; 원우가, 앞 의 논문, 2012, 65-66쪽; 윤은화, 양미지, 앞의 논문(2015), 151쪽.

53 성경린, 앞의 논문, 24쪽; 張師勛, 『國樂의 傳統的인 演奏法 I 거문고 · 가야고 · 양금 · 장고편』, 서울: 세 광출판사, 1982, 32쪽.

창작곡에 활용되기도 하였지만 그것은 극히 소수에 불과하였다. 따라서 초기의 개량은 음량, 음질의 개선 면에 치중하였다면 후기의 개량은 음역의 확대와 연주법의 개발 및 출현 음 수의 다양성 면에 주력하였다고 할 수 있다. 이와 같이 악기의 용도에 따른 음악적 요구에 부응하여 이루어진 두 시기의 양금 개량의 결과에 의하여 "초기의 양금 개량: 음량과 음질의 개선"과 "후기의 양금 개량: 음역의 확대와 연주법의 개발" 등 두 측면으로 구분하여 살펴보고자 한다.

(1) 초기의 양금 개량: 음량과 음질의 개선

한국의 우륵박물관에는 우륵 76호, 기증 29호, 우륵 22호, 우륵 29호 등 4종의 양금 실물이 소장되어 있는데, 이러한 양금들의 모양은 기본적으로 기존 전통양금의 그것과 유사하다. 즉 공명통이 사다리꼴인 점, 매 현을 4가닥으로 한 14개의 금현을 지닌 점에서는 기본적으로 전통양금의 그것을 벗어나지 않았다. 그러나 그것들을 기존 전통양금과 비교해보면, 악기 자체의 크기나 현축弦軸의 모양과 크기에서 차이가 발견된다. 국립국악원에 소장된 남갑진 제작의 양금(보유 462호) 역시 유사한 사례에 속하는 악기라 할 수 있다. 우선 5종 양금을 소개하면 다음 〈표 IV-3〉과 같다.

〈표 IV-3〉 한국 초기의 개량양금

시기	명칭	사진	구조 특징	소장처
광복 이후	사다리꼴 양금		현수: 14현, 4줄 한벌 현축: 112개, 왼쪽 고정 현축, 오른쪽의 조정 현축 괘: ㅇ형 목제 브래킷(상단 분리) 2개 공명상자: 위가 좁고 아래가 넓은 사다리꼴, 82.0*25.0*10.5(㎝) 음위: 14개 기타: 뚜껑	우륵박물관 (재고 번호: 우륵 76)

광복 이후	사다리꼴 양금		현수: 14현, 4줄 한벌	우륵박물관 (재고 번호: 기증 29)
			현축: 112개, 왼쪽 고정 현축, 오른쪽의 조정 현축	
			괘: ㅇ형 목제 브래킷(상단 분리) 2개	
			공명상자: 위가 좁고 아래가 넓은 사다리꼴, 90.0*26.0*5.5(㎝)	
			음위: 14개	
			기타: 뚜껑	
2000 이후	사다리꼴 양금		현수: 14현, 4줄 한벌	우륵박물관 (재고 번호: 우륵 22)
			현축: 112개, 왼쪽 둥근형 현축, 오른쪽 사각형 현축	
			괘: ㅇ형 목제 브래킷(상단 분리) 3개	
			공명상자: 위가 좁고 아래가 넓은 사다리꼴	
			음위: 14개	
			기타: 뚜껑	
2000 이후	사다리꼴 양금		현수: 14현, 4줄 한벌	우륵박물관 (재고 번호: 우륵 29)
			현축: 112개, 왼쪽 둥근형 현축, 오른쪽 사각형 현축	
			괘: ㅇ형 목제 브래킷(상단 분리) 2개	
			공명상자: 위가 좁고 아래가 넓은 사다리꼴	
			음위: 14개	
			기타:	
1986 남갑진	사다리꼴 양금		현수: 14현	국립국악원 (재고 번호: 보유 462)
			현축: 오른쪽 십자 나사형 현축 28개, 왼쪽 톱니 모양 헤드머신 28개	
			괘: ㅇ형 목제 브래킷(상단 분리), 1개	
			공명상자: 위가 좁고 아래가 넓은 사다리꼴	
			음위: ?	
			기타: ?	

위 〈표 IV-3〉에서 확인되는 바와 같이 5종의 개량양금은 공명통이 사다리꼴인 점과, 14현을 지닌 점에서 기본적으로 전통양금의 제도를 벗어나지 않았다. 그럼에도 불구하고 이러한 양금들을 개량양금으로 간주하게 된 이유는 전통양금과의 차이를 통하여 음량이나 음질의 개선, 그리고 악기 취급의 편리를 도모함으로써 전통양금의 단점을 보완하고자 한 노력이 읽혀지기 때문이다. 우선, 우륵박물관 소장 우륵 76호와 기증 29호 양금의 경우, 그 크기가 전통양금[54]에 비하여 크고, 왼쪽 고정 현축의 모양 역시 전통양금과 다르다. 예컨대 "우륵 76호" 양금은 가로 82.0cm, 세로 25.0cm, 높이 10.5cm이고, "기증 29호" 양금은 가로 90.0cm, 세로 26.0cm, 높이 5.5cm로서 가로 73.7cm, 세로 20.7cm, 높이 6.4cm[55]로 이루어진 전통양금에 비하여 크기가 크다. 악기 몸체의 크기는 음량과 상관되고, 현축의 변화는 현의 고정 문제와 상관된다는 점으로 미루어 음량의 증폭과 현의 고정 면에서 기존 양금의 단점을 보완하려 하였던 노력을 읽을 수 있다.

또한 우륵박물관 우륵 22호와 우륵 29호 양금의 경우, 현축 모양이 왼쪽은 둥근형으로, 오른쪽은 사각형으로 개선되었다. 그리고 "보유 462호" 양금은 현축의 모양이 왼쪽은 톱니 모양의 헤드머신인 점에서 특이한데, 오른쪽은 십자 나사형으로 확인된다. 이와 같이 현을 보다 안정적으로 고정시키고자 하는 의도에서 현축의 다양한 변화가 시도되었던 것으로 나타난다. 특히 "우륵 29호" 양금은 음향판이 흑색의 나무를 사용함으로써 오동나무 자연색이었던 전통양금과 다른데, 단순히 멋을 위하여 오동나무에 흑색을 입힌 것인지, 다른 목재를 활용하여 음량의 증폭을 꾀한 것인지 알 수 없다. 하지만 상면이 흑색인 점은 독특하다고 할 수 있다.

국립국악원 소장의 남갑진 제작 양금은 그 특징이 괘가 하나 밖에 없다는 점 외에 왼쪽에는 28개의 톱니 모양 헤드머신을, 오른쪽에는 28개의 십자 나사형 현축를 갖추었다는 점이다. 괘가 하나이기 때문에 다양한 음을 표현하기에는 불리하지만 현축의 변화는 현의 고정 면에 개선을 도모한 것으로 추정된다. 이 악기의 제작 목적과 용도는 불분명하다.

---

54 예를 들면 국립국악원 기증 1269호 양금의 크기: 가로 73.7cm, 세로 20.7cm, 높이 6.4cm.
55 국립국악원 기증 1269호 양금의 크기를 참고한다.

그밖에, 위의 5가지 양금 실물 괘의 모양은 모두 "ㅇ형 목제 브래킷(상단 분리)"으로 확인된다. 그런데 "우륵 22호" 양금 실물을 보면, 좌괘가 하단부터 3현까지와 4현 이상으로 두 개의 괘로 분리되어 있다. 이와 같이 "우륵 22호" 양금 실물은 결과적으로 괘의 수가 3개가 됨으로써 전통양금과는 확연히 다르다.

박물관 소장 실물이라 양금의 산형도가 없어 정확한 음위를 파악할 수 없지만 악기의 모양이나 현의 수 면에서 기본적으로 전통양금의 조건을 지닌 점으로 미루어 이 악기들의 용도는 전통양금의 용도와 동일하였으리라는 짐작은 어렵지 않다. 따라서 박물관 소장 실물 양금들의 실제 음위는 전통양금의 그것과 같으리라 판단된다. 다만 "보유 463호" 양금의 경우, 전통양금과 달리 매 현이 2가닥 한 벌이라는 점에서 독특한데, 매 현의 가닥 수를 줄인 이유가 혹 조율의 번거로움을 피하기 위해서인지, 그 이유는 분명치 않다.

한편, 성경린이 1967년에 쓴 글에 의하면, "양금은 오동 겹 널판에 철사鐵絲로 메운 현악기가 되고 있는데, 한 줄은 철사 네 가닥을 모아 모두 열네 줄이었으나 고선姑洗과 응종應鍾의 음이 없어 한 줄을 더해 열다섯 줄로 한 것은 오래전의 일이다."라고 함으로써 1967년 보다 이른 시기부터 네 가닥 한줄씩, 총 15현의 양금이 사용되어왔다고 한다.[56] 장사훈 역시 1982년, 그의 저술에서 군악軍樂의 연주를 가능하게 하기 위하여 "지금은 중앙 제3현과 제4현 사이에 고세姑洗와 응종應鍾이 나도록 한 줄을 더 얹어서 사용하기도 한다."고 함으로써 1982년 당시 15현 양금의 사용을 언급하였다.[57] 이 두 기록은 15현 양금이 1967년 이전부터 1982년 당시까지도 꾸준히 사용되어왔다는 사실을 말해주고 있다. 그리고 고선의 음이 출현하는 군악의 연주를 위하여 기존 전통양금의 14현을 15현으로 늘렸다는 것으로 미루어 이 15현 양금이 정악의 연주에 활용되어왔음을 알 수 있다. 그럼에도 불구하고 15현 양금의 실물은 현재까지 발견되지 않고 있고, 그 사용의 시작이나 종결 시점도 불분명하다.

---

56 성경린, 「한국악기 개량 연구: 중간보고」(『예술원논문집』, 1967(6)), 『寬齋成慶麟先生九旬記念 寬齋論文集』, 서울: 國樂高等學校同窓會, 2000, 24쪽.
57 張師勛, 앞의 책(1982), 32쪽.

한편, 김천흥이 엮은 『정악양금보』에 명시되어있는 "양금도해洋琴圖解"에 의하면, 양금의 현 수와 음위가 기존의 전통적인 산형과 완전히 일치하고 있는 것으로 확인된다.[58] 그런데 그 하면에 "협종夾鍾 줄은 쓰이지 않으므로 우괘右棵 왼편에 가괘假棵를 받쳐서 고세姑洗으로 조율한다."는 내용이 부언되어 있어 주목된다. 말하자면, 현행 정악용 양금은 14현으로서 전통양금의 그것을 유지하고 있지만, 기존 협종 현의 우괘 좌측에 가괘假棵를 설치함으로써 협종을 반음 높여 고선으로 조현하고 있다. 이로써 종래 고선 · 응종의 현을 별도로 설치하였던 폐단을 일소하고 전통적 14현을 회복하는 동시에, 군악을 포함한 영산회상 전체 곡을 모두 연주할 수 있게 되었다. 현재 일반적으로 사용되는 정악용 양금에서 가괘의 설치는 바로 15현 양금을 무용지물로 만든 원인으로 작용하였을 가능성이 크다고 본다. 15현 양금의 출현 자체도 이미 음악적 요구에 의한 양금 개량의 사례라 할 수 있지만, 가괘가 설치된 현행 정악 양금은 15현 양금에서 진일보한 개량의 결과라 할 수 있을 것이다. 결국 전통 14현 양금이 오늘 날의 가괘가 있는 14현 양금으로 정착되기까지는 그 중간에 14현과 15현 양금이 병행되던 시기가 있었음을 확인하게 되었다.

이상, 초기의 양금 개량은 기본적으로 전통양금의 형제에 기초하여 이루어졌음을 확인하였다. 전통양금에 가해진 개량의 사례는 대체로 악기의 크기와 현축의 형태를 통하여 발견할 수 있었다. 즉 음량의 증폭을 위하여 악기의 크기를 확대하고, 현을 안정적으로 고정시키는 효과를 위하여 현축의 형태를 바꾸는 등의 시도가 이루어졌다. 또한 기존 전통양금의 음위로는 연주 불가한 악곡의 연주를 위하여 별도의 현을 추가하기도 하였다가 최종적으로 협종 현에 가괘를 설치함으로써 기존 14현의 전통을 회복한 동시에 군악을 포함한 전통 정악곡을 모두 연주가능하게 된 과정도 확인할 수 있었다. 이와 같이 기능한 한 원형을 벗어나지 않은 초기의 개량양금들을 통하여 1960년대의 악기 개량에서 강조되었던 "악기의 전통적 특징을 상실하지 않아야 한다는 점, 모양을 크게 변개하지 않아야 한다는 점, 현악기의 개량 연구는 주로 음량 증대를 목표로 한다는 점" 등이 결과로서 그대로 드러나고 있다고 할 수 있다.[59]

---

58   김천흥(엮음), 『정악양금보』, 사단법인 대악회, 1982, 2쪽.

(2) 후기의 양금 개량: 음역의 확대와 연주법의 개발

현재 국립국악원이 보유한 150호 소장품 은 1989년 김현곤이 음량의 증대와 음역의 확대를 목표로 개량하였던 양금이다(〈그림 IV-3〉 참고). 금현의 수는 총 24현으로 매 현 은 4가닥을 한 벌로 삼았다. 즉 매 현의 가닥 수는 전통양금과 같으면서 전체 현의 수를 10현 늘리어 음역이 대폭 확대되었다. 현축

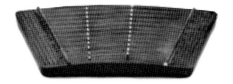

〈그림 IV-3〉 김현곤에 의한 개량양금

의 모양 역시 전통양금과 같으면서 수량은 현의 가닥 수에 비례하여 192개로 확대되었 다. 그리고 괘는 "분리 상아 브래킷"이 2개이고, 음위는 24개로 확인된다. 이 양금은 음역 의 확대에 주력한 개량양금으로서는 비교적 이른 시기에 속하는 악기라 할 수 있다. 전통 양금에 비하여 악기의 크기와 현의 수를 확대함으로써 음량의 증대와 음역의 확대를 도 모하였지만, 매 현의 가닥 수나 현축의 모양, 그리고 사다리꼴형의 공명통을 지닌다는 점에서 전통양금의 그것들을 벗어나지 않 으려는 의지가 읽혀진다.

이후 약 10년 뒤부터 음역의 확대에 주력 한 여러 개량양금들이 지속적으로 출현하 였다. 예컨대 1999년에 김경희에 의하여 개량된 양금(〈그림 IV-4〉 참고[60])은 18현으로 서 악기제작사 궁정국악기에서 만들어졌 다. 이 개량양금은 1999년 5월 17일 국립국 악원 우면당에서 열린 제1회 김경희 양금 독주회에서 처음으로 시연되었다.[61] 그리

〈그림 IV-4〉 김경희에 의한 개량양금

---

59   성경린, 앞의 논문, 21-36쪽.
60   원우가, 앞의 논문(2012), 66쪽.

고 2005년에 고흥곤 역시 18현 양금(〈그림 IV-5〉 참고[62])을 제작하였는데, 이 개량양금은 국립국악원 창작악단 전명선 등 양금연주자들에 의하여 활발히 활용되고 있다.[63] 2011년에 이르러 윤은화는 북한 양금을 모티브로 하여 전통양금과 중국 양금의 장점을 모아 43현 양금을 탄생시켰다. 이 개량양금은 43현으로 56개 음위를 지녔는데, 매 음은 12반음계로 이루어졌으며 음역은 4옥타브 반에 이른다. 이 3종의 개량양금은 다음 〈그림 IV-6〉[64]과 같다.

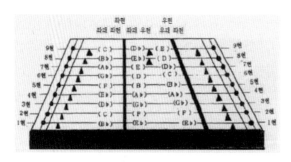

〈그림 IV-5〉 고흥곤에 의한 개량양금

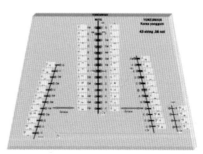

〈그림 IV-6〉 윤은화에 의한 개량양금

상기 3종의 개량양금은 창작곡 전용으로 활용되고 있으며, 연주법 역시 양손에 채를 들고 치는 양손 주법을 사용한다. 이와 같이 1980년대 후반부터 지속적으로 이루어진 양금의 개량은 주로 음역의 확대와 출현 음의 다양성, 그리고 양손 주법의 개발에 주력하였다고 할 수 있다. 이러한 개량 방식은 이른 시기부터 추진하여오던 개량 방식, 즉 전통양금의 기초위에 음량 증대와 현의 안정된 고정에 주력하여오던 것과는 현격한 차이가 있다.

---

61   전홍도, 앞의 논문(2006), 12-13쪽; 원우가, 앞의 논문(2012), 65-67쪽; 윤은화, 양미지, 앞의 논문(2015), 151쪽.
62   위의 논문, 152쪽.
63   위의 논문, 151쪽.
64   위의 논문, 159쪽.

2. 중국 양금의 특징과 변모

중국 양금의 형제는 청대에 이미 여러 가지 변화를 거치면서 중국풍의 형제가 현지화되었다. 20세기 이후에도 두 차례에 걸쳐 개변이 이루어졌는데, 첫 번째 개변은 20세기 초에 이루어졌고, 두 번째 개변은 1949년 중화인민공화국이 건국된 이후에 이루어졌다. 그런데 중국음악사에서 드러나는 양금의 역사적 변천은 한국의 경우와 다르다. 앞서 살펴보았듯이 한국의 경우, 현재 주로 정악을 중심으로 연주해온 전통양금과 창작곡만을 연주하는 개량양금이라는 두 갈래의 양금이 병존하고 있다. 그러나 중국의 경우는 일단 개량양금이 대두되면 기존양금은 역사에서 자취를 감추어버린다는 면에서 한국과 다른 특징을 지닌다. 현재 중국 양금은 중화인민공화국 건국 이전과 이후의 양금으로 구분되고 있다. 전자를 전통양금이라 부르고, 건국 이후에 대두된 양금들을 개량양금이라 칭하고 있다. 기실, 개량이란 기존의 단점을 수정, 보완한다는 말이 되므로 기존의 것이 폐기되는 것은 당연한 이치일 것이다. 그러한 원리대로 중국 양금은 거듭된 개량과정을 거치면서 과거로부터 오늘에 이른 최종결과만 남아있을 뿐인 것이다. 따라서 중국 양금은 전통양금에서 개량양금으로 전환된 한 가닥의 변천사가 있을 뿐이다. 이 책에서는 중국 음악계의 일반설에 따라 중화인민공화국 건국 이전의 전통양금과 이후의 개량양금으로 구분하여 그것들에 대하여 살펴보고자 한다.

1) 전통양금

양금은 금체와 금채로 구성되고, 또 금체는 공명상자와 금현 및 괘 등으로 구성된다. 고문헌과 양금 실물 자료를 통하여 금체의 각 부분과 금채의 변화 양상을 살펴보고자 한다.

(1) 공명상자의 모양과 재질

중국 전통양금의 공명상자는 부채꼴형을 포함한 사다리꼴형과 나비형 두 가지가 있었다. 또한 공명상자에는 출음공, 즉 소리창의 유무에 따른 차이가 있다. 소리창이 있는 경우, 그 소리창은 그 재료에 따라 상아 조각 소리창, 나무 조각 소리창, 보드 윗면 소리창 등으로 다양하게 나타난다.

가. 사다리꼴형

청나라 고계자顧季慈(1830~?)의『강상시초江上詩鈔』(1871)에는 청나라 강희 연간(1661~1722)[65]에 생존했던 전지수錢之燧(?~?)의 창작시「양금」이 수록되어있는데,[66] 그 시 가운데 언급된 당시 양금의 모양은 "반규여월半規如月"로 묘사되었다. "반쪽의 그림쇠[半規]"란 말을 통하여 당시 양금의 외형이 반달[半月]과 같았음을 알 수 있으며, 반달은 마치 부채꼴과 같으므로 일종의 사다리꼴형에 속한다고 할 수 있다. 또한 서가徐珂(1869~1928)의『청패류초清稗類鈔』소재 "양금洋琴"조에는 강희 때의 양금 외형이 "기형사선其形似扇"으로 묘사되어있고,[67] 같은 책 "금적천청양금金赤泉聽洋琴"조에는 건륭 연간(1736~1796) 양금 외형이 "도형완연여편면圖形宛然如便面"으로 묘사되어있어[68] 강희 연간부터 건륭 연간까지의 양금의 모양이 부채꼴, 즉 사다리꼴형으로 이루어졌음을 알 수 있다. "금적천청양금"

---

65 (清)顧季慈(輯), 謝鼎容(補輯)의『江上詩鈔 1』(上海: 上海古籍出版社, 2003, 688頁)에 "康熙己卯年(강희 38년 또는 1699)"을 기록했다. 원문: "錢之燧, 字元玉, 號匏園, 常熟增生. 徙居邑之北濡, 少英敏. 十三歲遊庠, 從錢湘靈遊, 與張京江何義門俱有名士之目. 康熙己卯疑元不售, 遂絕意進取. 京江薦亦不起 幼孤, 事母至孝, 著南村詩稿."

66 위의 사료, 690頁. 원문은 "洋琴: 二十二條金縷絲; 半規如月高張之. 丫頭十五店門坐; 玉纖敲出斷腸詞." 이다.

67 《洋琴》: 康熙時, 有自海外輸入之樂器, 曰洋琴, 半於琴而略闊, 銳其上而寬其下, 兩端有銅釘, 以銅絲為絃, 張於上, 用鎚擊之, 鎚形如箸. 其音似箏、筑, 其形似扇, 我國亦能自造之矣.((清)徐珂(編), 앞의 책, 55頁)

68 《金赤泉聽洋琴》: 乾隆時, 錢塘有金赤泉典簿焜有, 好音樂, 嘗聽洋琴而作歌以紀之, 歌曰:「雲和之琴空桑瑟, 至人攄思中音律. 庖犠不作古樂亡, 雜沓箏琶始競出. 此琴來自大海洋, 制度一變殊凡常. 取材詎用斲桐梓, 發聲亦自循宮商. 圖形宛然如便面, 中絚鐵絲經百鍊. 鈿釘櫛比排兩頭, 二十六條相貫穿. 攜來可擊不可彈, 雙椎巧刻青琅玕. 琴師舉手指未落, 滿座蕭聽生心歡. 初持孤椎祇輕打, 秋樹寒蟬飲霜啞. 旋舒雙腕著意敲, 淅瀝雨飄青竹瓦. 左擊右擊無雷同, 疏槌密槌相間工. 五音和會含眾妙, 節奏宛轉包纖鴻. 琮琮琤琤盈耳注, 碎珮叢鈴滿煙雨. 簷前玉砌墮冰簪, 洞裏春泉滴山乳. 忽然止椎絃不鳴, 反舌入夏愁無聲. 中心一擊復成響, 地底陰雷破蟄轟. 有聲無聲相雜揉, 變化在心兼在手. 以心運手手運心, 小技入神希匹偶. 座中聽者皆忘疲, 共道此琴鐵勝絲. 柳公雙鎖未為巧, 李氏百張胡足奇. 我聞古人作樂各有取, 舊典至今存府. 閑邪納正是為琴, 如此曼淫同鄭嫵. 請君舉手絕其絃, 靡靡自古不在懸. 錦囊出我龍湫瀑, 追取希聲太始前.」自注: 余在家藏古琴, 背有文曰龍湫瀑.(위의 책, 56-57頁)

조에는 "취재거용착동재取材詎用斲桐梓"라고 하여 양금의 금체 재질에 대하여도 언급되어있는데, 이를 통하여 건륭 연간의 양금은 오동나무[桐樹]나 개오동나무[梓樹]를 주재료로 삼았음을 알 수 있다. 그밖에도 건륭 연간에 이루어진 여러 저술에서 당시 양금의 외형이 묘사된 여러 기록들이 발견되는데 그 사료와 기술 내용을 열거하면 다음과 같다.

① 종성원宗聖垣(1735~1815)의 『九曲山房詩鈔』권4 소재 「洋琴歌」[69]: "斲木中虛扇作式, 團花四角加金漆".[70]

② 장훈張壎(?~?)의 『竹葉庵文集』권17 소재 「洋琴歌」[71]: "琴身一尺七寸長, 句股不圓亦不方".[72]

③ 건륭 연간(1736~1786)[73] 왕우량王友亮(1742~1797)의 『雙佩齋詩集』권6 소재 「洋琴十二韻」: "形侔疊扇偏, 匣中來隱隱".[74]

---

69   『九曲山房詩鈔』에는 각 권마다 "丁亥"라는 세주를 통하여 이 책이 쓰여진 시기를 명시하였다. 건륭 연간의 정해년은 1767년이 되므로 이 책이 1767년에 이루어졌음을 알 수 있다. (『淸代詩文集彙編』編纂委員會 (編), 『淸代詩文集彙編 391 九曲山房詩鈔』, 上海: 上海古籍出版社, 2010)

70   (淸)宗聖垣(撰), 『九曲山房詩鈔』, 卷4.16ab. "洋琴歌"條: 洋琴歌: 斲木中虛扇作式, 團花四角加金漆. 華篋橫排十四絃, 柚銅夾線分行窣. 細橙雙條篸削成, 是敲非弄下指輕. 八音金絲合爲一, 錚鏦連鎖其聲淸. 巧樣新裁年未久, 云出姑蘇女工手. 古製曾傳海外來, 改作於今誇僅有. 綠窓夜永燈花地, 滿腔柔膩無從寫. 檮鍊春心製此琴, 要使淫哇變風雅. 深閨一鳴天下聞, 意在千秋眞傑女. 吾鄕老賀與小胡, 彈詞妙舌如鶯雛. 專精此琴得琴理, 滿盤細碎傾珍珠. 軟能無骨隨欲酥, 壓倒琵琶笙笛竽. 歡愁融冶成絲縷, 恩怨分明及兒女. 座客迷離盡少年, 落紅萬點隨風舞. 豔曲原從綠綺生, 成連不遇亦移情. 流傳未卜何年放, 不是秦聲是鄭聲. (위의 책, 391, 41頁)

71   이 「양금가」는 『竹葉庵文集』卷17 祕閣集二에 수록되어 있는데, 祕閣集二 아래에 "庚子八月迄辛丑閏五月"이라는 주가 붙어있다. 건륭 연간 중의 경자년은 1780년(건륭45)이고, 신축년은 1781년(건륭46)이다. 즉 祕閣集二는 1780년[경자] 8월부터 1781년[신축] 5월 간에 속하는 작품들을 모은 것이다. 따라서 그 중에 포함되어있는 「양금가」는 1780년-1781년에 이루어진 작품임을 알 수 있다.

72   (淸)張壎, 『竹葉庵文集』, 권17.5b, "洋琴歌"條: 洋琴洋琴來西洋, 四十八柱十二行. 琴身一尺七寸長, 句股不圓亦不方. 搓銅作絃分子母, 削竹爲筳捶宮商. 可憐兩手弄兩筳, 絃多韻亂淒中腸. 是日山頭半夕陽, 掩掩抑抑爭洞房. 一溪風浪羚羊峽, 四處楥聲薜荔牆. 人生半百不稱意, 那能爲爾久傍徨. 記曾少歲游山塘, 桃花李花開綠楊. 長橋小市停湖舫, 子夜新聲出女郎. 二十餘季花徑改, 百千舊恨水亭荒. 似我靑春逐水流, 想君白髮故人羞. 拌將老病閒支枕, 不爲天涯重倚樓. (위의 책, 375, 103頁)

73   『雙佩齋詩集』의 서(序)에서 건륭 壬子年(57년 또는 1792)이라고 쓰였는데 이 시집(詩集)은 건륭 연간에 완성되었다고 본다. (위의 책, 401, 651頁) 이 시집은 시건순으로 구성되었는데 같은 책의 701쪽에서는 "以下庚子(건륭 45 또는 1780)"라고 기록했으니 「양금」은 건륭 45년에 창작되었다고 본다. (위의 책, 401, 701頁)

④ 주상현朱象賢(?~?)의『聞見偶錄』, 卷23 소재「擊琴」: "形制半于琴而畧濶, 銳其上而寬其下".[75]

　　이상과 같이 종성원의『구곡산방시초九曲山房詩鈔』에서는 양금이 나무를 깎아 속을 비운 부채꼴 모양으로 묘사되었고, 장훈의『죽엽암문집竹葉庵文集』에서는 금신의 길이는 1.7척(0.568미터)으로서 구고句股가 둥글지도 네모지지도 않은 모양으로 묘사되었으며, 왕우량의『쌍패재시집雙佩齋詩集』에서는 부채 모양으로, 주상현의『문견우록聞見偶錄』에서는 상단이 좁고 하단이 넓은 모양으로 묘사되었다. 뿐만 아니라 조선 후기 영조와 정조 연간(중국의 건륭 연간과 수평시기)에 편찬된 홍대용洪大容(1731~1783)의『담헌서湛軒書』[76]와 김경선의『연원직지燕轅直指』권6「류관별록留館別錄」[77]에도 당시의 중국양금은 오동나무로 만든 사다리꼴 모양의 악기로 기술되었다. 이와 같이 건륭 연간에 속하는 중국 사료는 물론, 한국의 사료에 묘사된 양금의 외형은 모두 사다리꼴형으로 나타난다.

　　이러한 양금의 외형은 도광 연간(1820~1850)에 이루어진 저술에서도 동일하게 나타난다. 즉 도광 연간[78]에 이루어진 고록顧祿(1793~1843)의『동교의도록桐桥倚棹录』권11 소재「양금」에는 "琴作 ⬚ 形桐面中空"[79]이라 하여 속이 빈 오동나무로 된 사다리꼴로 묘

74　(淸)王友亮,『雙佩齋詩集』, 卷6.5ab,「洋琴【十二韻】: 渺渺復綿綿, 金聲近自然. 斜風吹暗雨, 淡月咽幽泉. 秋砌蛩吟碎, 春梁燕語圓. 大都無激萬, 多半是流連. 義取搖琴古, 形侔叠扇偏. 匣中來隱隱, 燈下出淵淵. 左右秦筝柱, 高低趙瑟絃. 左右絃數二柱絃數亦與瑟同. 畧同心緒亂, 不藉指音宣. 細籟應難辨, 繁絲劇可憐. 雙枝飛急電, 一串裊晴咽. 製豈西洋得, 名堪北里傳. 羈愁無處. (淸代詩文集彙編纂委員會(編),『위의 책, 401, 710頁)

75　(淸)朱象賢, 앞의 책 卷23.70ab, "擊琴"條. 원문은〈인용문 Ⅱ-1〉참조.

76　洋琴者出自西洋, 中國效而用之. 桐板金絲, 聲韻鏗鏘. 遠聽如鐘磬惟太滌蕩, 近噍殺不及於琴瑟遠矣. <u>小者十二絃大者十七弦</u>, 大者益雄亮也. ((조선)홍대용,『湛軒書』外集 卷10 燕記 樂器, 新朝鮮社, 1939, 23-24쪽)

77　洋琴出自西洋, <u>桐板金絲</u>. 聲韵鏗鏘, 遠聽則雖若鍾磬. 然其太條蕩近噍殺, 不及於琴瑟遠矣. <u>小者十二絃, 大者十七絃</u>. ((朝鮮)金景善,『燕轅直指』(장서각 소장본) 卷六「留館別錄」, 53-54頁)

78　(淸)顧祿의『桐桥倚棹录』(上海: 上海古籍出版社, 1980) 1쪽에 따라 인용된 판본은 1842년(道光壬寅 또는 道光 22)의 것이다.

79　洋琴: 虎丘只半塘呂殿揚一家製造。琴作 ⬚ 形, 桐面中空, 以細銅花絲四十二條, 兩頭用銅鐵八角小椿夾釘, 架於竹馬之上, 宮商既調, 始以兩小軟竹糙擊之, 其聲淫靡, 易動俗耳。顧元熙《洋琴》詩云:「絕異絲聲與竹聲, 裁桐一樣作琴形。只因誤受夷人號, 遺恨中朗爨下聽。(위의 책, 157頁)

사되었고, 역시 도광 연간에 속하는 것으로 추정되는[80] 왕유신王維新(1785~1848)의『해당교사집海棠橋詞集』권2 소재「법곡헌선음法曲獻仙音 양금洋琴」에는 "선면횡피扇面橫披"[81]이라 하여 당시 양금의 외형이 부채꼴로 묘사되었다. 이와 같이 도광 연간에 속하는 문헌에서도 양금의 외형이 사다리꼴로 나타남으로써 강희 연간 이래의 외형이 그대로 유지되어 왔음을 알 수 있다. 특히『해당교사집海棠橋詞集』에서는 "비기평장안방棐幾平將安放"이라 하여 당시 양금을 비자나무로 만든 작은 다탁茶卓인 비기棐幾 위에 올려놓고 연주하였음을 말해주고 있다.

한편, 현전하는 양금 실물은 우선 소리창이 있는 것과 없는 것으로 대별된다. 소리창이 있는 경우에는 그 재질에 따라 상아 조각 소리 창과 나무 조각 소리창으로 구분되고, 또 소리창의 위치가 공명상자의 전면에 있는지 후면에 있는지에 따라 차이가 있다. 우선 소리 창이 없는 양금으로는 북경밀운박물관北京密雲博物館에 소장된 북경오음대고양금北京五音大鼓揚琴[82], 이가림수장李家林收藏의 양배마팔당제형금兩排碼八檔梯形琴[83], 스웨덴 공연 예술 박물관 "M938"호 선면양금扇面揚琴, 스웨덴 공연 예술 박물관 "M889"호 선면양금扇面揚琴, 브뤼셀 악기 박물관 "1932"호 호접양금蝴蝶揚琴 등이 있다. 또 소리창이 있는 경우로서 그 재질에 따라 상아 조각으로 된 소리 창 2개가 있는 양금으로는 라이프치히 대학교 악기 박물관 "3744"호 선면양금扇面揚琴, 음악의 도시 파리 필하모니 "Chassiron 140" 선면양금扇面揚琴 등이 있다. 반면 나무 조각으로 된 소리 창 2개가 있

80　왕유신(王維新, 1785~1848)은 주로 가경 연간(1796~1820)과 도광 연간(1820~1850)에 활동했다. 그러나 1826년(도광 6) 전에는 주로 과거(科擧) 시험에 매진했으며 그 후 서거할 때까지 무선(武宣)의 교유(教諭), 평악부(平樂府)의 교수와 사성부(泗城府)의 교수 등을 역임했다. 이 일들을 했던 곳은 현재 광서성에 있으니 그의 고향인 용현(容縣)과 가까웠다. 또한 이 시집의 명칭인 해당교(海棠橋)는 왕유신의 고향에 있는 다리라서 이 시집은 왕유신이 고향에서 가르치는 일을 했을 때 쓴 것임을 알 수 있다. ((清)王維新(著), 彭君梅 等(校),『《海棠橋詞集》校注』, 北京: 光明日報出版社, 2013, 1-2頁)

81　扇面橫披, 金絲錯組, 棐幾平將安放。寶蓋初開, 輕敲重擊, 紛紜起落難狀。想絕域傳來處, 魚龍駭奇創。乍聞響, 憶年時, 有人攜著, 明月下, 聲應遠牆飄蕩。此際略相同, 作孤鴻天際嘹亮。依永能諧, 任歌喉健捷雄壯。彼鷗弦雁柱, 入座當先推讓。(위의 책, 93頁)

82　楊佳, 앞의 논문, 67頁.

83　鄭世連, 張翠蘭,「廣州濠畔街樂器作坊遺存洋琴輯考」,『藝術百家』, 2009(25), 170頁.

는 양금으로는 부병수장付兵收藏의 제형양배마양금梯形兩排碼揚琴[84], 라이프치히 대학교의 악기 박물관 "4979" 선면양금扇面揚琴 등이 있다. 또한 보드 뒷면에 소리 창 2개가 있는 양금으로는 이광석수장李廣石收藏의 「쌍구형雙九型」양금揚琴[85] 등 이다. 장식 없는 소기창 2개가 있는 양금은 뉴욕 메트로폴리탄 미술관 "1990.289.15"호 선면양금도扇面揚琴圖 등을 들 수 있다. 소리창이 있는 양금의 경우, 소리창의 수는 공히 2개인 것으로 확인된다.

나. 나비형

1919년에 구학주는『금학신편琴學新編』의 범례凡例[86]에서 양금의 형태를 소개하였는데, 그 원문을 보면 다음 〈인용문 Ⅲ-2〉와 같다.

〈인용문 Ⅳ-2〉

揚琴之製。俱用梧桐木。其形如扇面一般。初出於揚州。故名曰揚琴。後吾粤人乃有效而作之。改其形如蚨蝶樣。若其形如扇面。則名曰扇面揚琴。其形如蚨蝶。則名曰蚨蝶揚琴。

揚琴之面。造有圓眼一對。用象牙雕花而蓋之者。盖起用意。在乎所打之琴竹。在該部位而下。約離琴馬一寸爲度也。

위의 인용문에 의하면, 양금은 오동나무로 만들었음을 알 수 있는데, 원래 모습은 부채처럼 생겼지만 광동 사람들이 나비 모양으로 고친 것으로 보인다. 당시 두 종류의 양금이 다 존재했는데, 형태에 따라 명칭이 달랐다. 그리고 양금의 면 위에 출음공인 두 개의 둥근 원圓이 있는데, 그 위에 상아로 조각한 꽃을 상감하였다.

양금 실물을 보면, 상아 조각 문리 창 2개가 있는 실물은 뉴욕 메트로폴리탄 미술관

---

84 楊佳, 앞의 논문, 66頁.
85 위의 논문, 68頁.
86 丘鶴儔, 앞의 책(1920), 13頁.

"1986.348"호 호접양금蝴蝶揚琴, 브뤼셀 악기 박물관 "LS0033"호 호접양금, 게르만 국립 박물관 "MIR1390"호 호접양금, 바르셀로나 음악 박물관 "MDMB 640"호 호접양금, 음악의 도시 파리 필하모니 "E.999.11.1"호 호접양금, 음악의 도시 파리 필하모니 "E.2279"호 호접양금, 브뤼셀 악기 박물관 "3540"호 호접양금, 브뤼셀 악기 박물관 "3564"호 호접양 금, 스웨덴 공연 예술 박물관 "F551"호 호접양금, 음악의 도시 파리 필하모니 "E.2439"호 호접양금, 동방악기박물관에 소장된 호접양금, 김원정수장품金元正收藏品1인 호접양 금[87], 왕무황수장王茂璜收藏의 양배마칠당접형양금兩排碼七檔蝶形揚琴[88], 백아평수장白亞 平收藏의 쌍칠형접식양금雙七型蝶式揚琴[89], 불산월극박물관佛山粵劇博物館의 양배마칠당 접형양금[90], 미국남달과타대학음악진렬관美國南達科他大學音樂陳列館의 양배마칠당접형 양금[91], 양성충수장梁成忠收藏의 양배마칠당접형양금[92], 민행박물관閔行博物館에 소장된 양배마칠당접형양금[93], 향항문화박물관香港文化博物館에 소장된 칠당접형금七檔蝶形琴[94] 등 이다. 나무 조각 소리창 2개가 있는 실물은 메트로폴리탄 미술관 "89.2.182"호 호접양 금 등 이다. 장식 없는 소리창의 실물은 스웨덴 공연 예술 박물관 "F552"호 호접양금, 음 악의 도시 파리 필하모니 "E.2007.7.1."호 호접양금 등이다.

또한, 양금의 공명상자 재질은 오동나무로 보인다. 양금 실물 자료인 뉴욕 메트로폴 리탄 미술관 "1986.348"호 호접양금蝴蝶揚琴, 메트로폴리탄 미술관 "89.2.182"호 호접양 금, 라이프치히 대학교 악기 박물관 "3744"호 선면양금扇面揚琴, 게르만 국립 박물관 "MIR1390"호 호접양금, 음악의 도시 파리 필하모니 "E.999.11.1"호 호접양금, 음악의

---

87   2019년 9월 11일에 침정국(沈正國)이 上海音樂學院 藝術成果展廳에서 열린 "百年大同(1919-2019)暨紀 念大同樂會成立百年紀念活動"의 "百年大同文物展覽"에서 촬영했다. 2019년 11월 18일 상해음악학원 동방악기박물관의 형원(邢媛) 교수님께 이 자료를 받았다.
88   鄭世連, 張翠蘭, 앞의 논문(2009), 168頁.
89   楊佳, 앞의 논문, 48頁.
90   鄭世連, 張翠蘭, 앞의 논문(2009), 168頁.
91   위의 논문, 169頁.
92   위의 논문, 169頁.
93   위의 논문, 170頁.
94   위의 논문, 170頁.

도시 파리 필하모니 "E. 2279"호 호접양금, 브뤼셀 악기 박물관 "3540"호 호접양금, 브뤼셀 악기 박물관 "3564"호 호접양금, 스웨덴 공연 예술 박물관 "F551"호 호접양금, 스웨덴 공연 예술 박물관 "F552"호 호접양금 , 음악의 도시 파리 필하모니 "Chassiron 140" 선면양금, 음악의 도시 파리 필하모니 "E. 2007. 7. 1."호 호접양금 등에 나타난 양금 공명상자의 특징은 공명상자 앞의 가운데 부분에 서랍이 있으며, 게르만 국립 박물관 "MIR1390"호 호접양금, 음악의 도시 파리 필하모니 "E. 999. 11. 1"호 호접양금, 음악의 도시 파리 필하모니 "Chassiron 140" 선면양금, 음악의 도시 파리 필하모니 "E. 2007. 7. 1."호 호접양금 등 양금 실물의 서랍에는 튜너도 넣어 있다. 그리고 뉴욕 메트로폴리탄 미술관 "1986. 348"호 호접양금, 메트로폴리탄 미술관 "89. 2. 182"호 호접양금, 게르만 국립 박물관 "MIR1390"호 호접양금, 음악의 도시 파리 필하모니 "E. 999. 11. 1"호 호접양금, 음악의 도시 파리 필하모니 "E. 2279"호 호접양금, 브뤼셀 악기 박물관 "3540"호 호접양금, 브뤼셀 악기 박물관 "3564"호 호접양금, 음악의 도시 파리 필하모니 "Chassiron 140" 선면양금, 음악의 도시 파리 필하모니 "E. 2007. 7. 1."호 호접양금 등 양금 실물에는 덮개도 보인다.

요컨대, 양금 공명상자의 모양 특징 및 재질에 있어, 공명상자는『묘명서옥유집妙明書屋遺集』과『해당교사집海棠橋詞集』에 기록된 "편면便面",『구곡산방시초九曲山房詩鈔』에 기록된 "선작식扇作式",『쌍패재시집雙佩齋詩集』에 기록된 "선편扇偏" 및『동교의도록桐橋倚棹錄』에 기록된 " ☐ " 등 여러 명칭으로 양금의 사다리꼴 외모를 묘사했는데, 부병수장付兵收藏의 제형량배마양금梯形兩排碼揚琴, 라이프치히 대학교의 악기 박물관 "4979" 선면양금扇面揚琴, 라이프치히 대학교 악기 박물관 "3744"호 선면양금, 음악의 도시 파리 필하모니 "Chassiron 140" 선면양금, 이광석수장李廣石收藏의「쌍구형雙九型」양금揚琴, 뉴욕 메트로폴리탄 미술관 "1990. 289. 15"호 선면양금도, 북경밀운박물관北京密雲博物館에 소장된 북경오음대고양금北京五音大鼓揚琴, 이가림수장李家林收藏의 양배마팔당제형금兩排碼八檔梯形琴, 스웨덴 공연 예술 박물관 "M938"호 선면양금, 스웨덴 공연 예술 박물관 "M889"호 선면양금 등에서 사다리꼴 양금 실물을 확인할 수 있다. 특히 소리창이 없는 양금과 보드 뒷면에 소리창이 있는 양금 실물은 공명상자의 모양이 사다리꼴이라는 사실을 통하여 중국 양금의 초기 모양이 사다리꼴임을 알 수 있다. 『금학신편琴學新編』에 의하면, 민국시기의 양금은 부채(사다리꼴)형 양금과 나비형 양금 이상 두 가지가 있었다. 청말 민초의 양금 실물이 대부분 나비 모양이라는 사실은 민간에 수용·정착된 광동 양금 문화의 활기를 보여주는 것으로 보인다. 양금 위의 상아로 조각한 꽃을 상감한 둥근 원圓인 출음공(소리 창)은 대부분의 양금 실물에서 확인된다. 공명상자의 재질도 실물과 문헌 기록 모두 오동나무임을 알 수 있다. 마지막으로 고문헌의 기록은 없지만 양금 실물을 통하여 공명상자의 앞부분에 서랍이 있고 서랍에 튜너를 넣은 것도 보인다. 그리고 양금의 덮개도 때때로 보인다.

(2) 금현의 수와 재질

고문헌과 현전 실물 양금을 통하여 확인되는 중국 전통양금은 금현의 수와 매 현의 가닥 수가 일정하지 않아 여러 가지로 다양하게 나타난다. 반면, 양금 현의 재질에 대해서는 비교적 간명하면서 일관성이 있게 구리로 집약되고, 그러한 재질이 악기의 명칭과 직접 연결되는 것으로 나타난다. 우선 금현의 수를 보면 12현, 14현, 16현, 17현 등으로 다양하고, 매 현의 가닥 수 역시 2가닥 한 벌, 3가닥 한 벌, 4가닥 한 벌 등으로 다양하다. 특히 16현 양금과 17현 양금은 중국 문헌에서 발견되지 않음에도 불구하고, 현전 양금 실물이나 한국의 문헌을 통하여 그러한 악기들이 존재하였다는 사실은 주목할 만하다. 이와 같이 중국 전통양금의 현에 관한 정보는 대체로 문헌의 기록과 양금 실물을 통하여 그 다양함이 확인되기도 하지만, 일부 문헌의 기록은 불완전하기도 하고, 또 현전하는 실물 악기 가운데 일부는 파손이 되어있어 양금의 금현을 정확히 파악하기 어려운 면이 있다. 이제 전체 현의 수를 중심으로 매 현의 가닥 수 별로 살펴나가되, 절대 다수를 차지하는 14현 양금을 우선으로 삼아 14현 양금, 16현 양금, 12현과 17현 양금 순으로 기술하기로 한다.

가. 14현 양금

14현 양금은 매 현의 가닥 수에 따라 3종류로 구분된다. 즉 매 현이 3가닥 한 벌인 경우,

4가닥 한 벌인 경우, 2가닥 한 벌인 경우 등이다.

가) 매 현 3가닥 한 벌

도광 연간에 이루어진 고록의『동교의도록桐桥倚棹录』권11에는「양금」[95]에 대한 기록이 있는데, 그 기록 중에는 고록과 같은 시대의 시인인 고원희顧元熙(?~?)의 시,「양금」이 포함되어있다. 고록의「양금」중에는 "以細銅花絲四十二條"이라 하여 양금의 현에 대한 언급이 있는데, 동사로 만든 금현 42가닥이란 말을 통하여 고록의「양금」중에 언급된 양금은 매 현을 3가닥 한 벌로 하는 총 14현의 악기임을 확인할 수 있다.

유금조劉錦藻(1854~1934)의『황조속문헌통고皇朝續文獻通考』권194「악고7 악기」(〈그림 Ⅳ-7〉참고)[96]에 의하면 광서 연간(1875~1908)[97] 양금의 금현은 구리로 만들었고, 중음현과 고음현으로 구분되며, 매 현은 3줄이 한 벌로 구성된 것으로 나타난다. 이는 동방악기박물관에 소장된 호접양금蝴蝶揚琴이 중음현과 고음현으로 구성된 것과 같은 원리이다. 이후 1920년에 출간된『금학신편琴學新編』에 명시된 악기 그림[98]에서도 총 14현으로서 매 현이 3가닥 한 벌로 구성된 것으로 확인된다. 두 문헌의 악기 그림은 다음 〈그림 Ⅳ-7〉, 〈그림 Ⅳ-8〉과 같다.

---

95 (清)顾禄,『桐桥倚棹录』, 上海: 上海古籍出版社, 1980, 157頁.

96 "洋琴本西洋製, 銅絲絃, 低絃用雙絲絞成. 音不甚美, 中高二部並三絲爲一音. 奏用薄頸竹梪, 音量不大, 常與胡琴琵琶等相合."((清)劉錦藻(撰),『皇朝續文獻通考』⇨『續修四庫全書』編纂委員會(編),『續修四庫全書818 史部 政書類』, 上海: 上海古籍出版社, 2002, 258頁에서 재인용); 이 문헌에서 양금의 모양이 보인다.

97 유금조(劉錦藻, 1854~1934)는 清朝續文獻通考』의 저자로 유명한데, 총 400권으로 이루어진『清朝續文獻通考』는 전반부[건륭 51년-광서 30년]와 후반부[광서31년-선통3년]로 구분된다.「皇朝續文獻通考凡例」중 "溫綸初以光緖三十年爲限, 辛亥以後蟄處海濱复輯三十一年至宣統三年"이라고 한 설명에 의하면, 전반부는 1894년[光緖甲午年]부터 시작하여 1905년(光緖30)에 이루어졌고. 후반부는 1911년 신해혁명(辛亥革命) 이후에 보충된 것이다. 후반부가 완성된 해는 1921년으로서 이 때『皇朝續文獻通考』의 권320~권400까지 총 80권의 내용을 증보함으로써 총 400권을 이루게 되었다. (金曉東,「『皇朝續文獻通考』編纂始末與學術價值」,『蘭州學刊』, 2009(1), 109-112頁) 본문에 인용된 내용은 권194이므로 이 부분의 내용은 광서 30년 이전 시기에 대한 기록이라 할 수 있다.

98 丘鶴儔, 앞의 책(1920), 30頁.

〈그림 IV-7〉『皇朝續文獻通考』중의 양금 도상   〈그림 IV-8〉『琴學新編』중의 양금 도상

한편, 총 14현이면서 매 현이 3가닥 한 벌로 구성된 양금은 현전 악기 실물에서도 발견되는데, 미국남달과타대학음악진렬관美國南達科他大學音樂陳列館의 양배마칠당접형양금兩排碼七檔蝶形揚琴[99], 양성충수장梁成忠收藏의 양배마칠당접형양금[100], 뉴욕 메트로폴리탄 미술관의 "1986.348"호 호접양금蝴蝶揚琴, 게르만 국립 박물관의 "MIR1390"호 호접양금, 바르셀로나 음악 박물관의 "MDMB 640"호 호접양금, 브뤼셀 악기 박물관의 "LS0033"호 호접양금, 음악의 도시 파리 필하모니의 "E.2007.7.1."호 호접양금 등이 그것들이다. 그리고 백아평수장白亞平收藏 쌍칠형접식양금雙七型蝶式揚琴[101], 부병수장付兵收藏 제형량배마양금梯形兩排碼揚琴[102], 스웨덴 공연 예술 박물관의 "F552"호 호접양금, 왕무황수장王茂璜收藏 양배마칠당접형양금[103], 민행박물관閔行博物館에 소장된 양배마칠당접형양금[104] 등 5종 실물 양금들 역시 모두 42줄이라는 점에서 3가닥 한 벌로 구성된 총 14현의 악기들임을 알 수 있다. 이상 현전 양금 실물 가운데 총 12종이 공히 14현이면서 매 현이 3가닥 한 벌로 구성된 양금임을 확인할 수 있었다.

---

99   鄭世連, 張翠蘭, 앞의 논문(2009), 169頁.
100 위의 논문, 169頁.
101 楊佳, 앞의 논문, 48頁.
102 위의 논문, 66頁.
103 鄭世連, 張翠蘭, 앞의 논문(2009), 168頁.
104 위의 논문, 170頁.

나) 매 현 4가닥 한 벌

장개동張開東(1702~1781)의 『백순시집白荀詩集』 권16에 수록되어있는 「청정자리암원숭양금가聽鄭子履菴源崇洋琴歌」[105]는 1778년의 작품으로서[106] 그 시 중에 "銅絲爲絃木爲佩, 五十六絃綜十四"라는 말이 포함되어있다. 이는 바로 건륭 연간에 존재하였던 동사로 만든 56가닥을 매 현 4가닥씩 14현으로 나누어 맨 양금에 대한 표현이다. 그밖에 김원정金元正의 수장품收藏品1인 호접양금蝴蝶揚琴[107] 역시 총 14현으로서 매 현은 4가닥 한 벌로 구성되어있다. 이러한 정황들을 통하여 중국 전통양금 중에는 매 현이 4가닥 한 벌로 구성된 총 14현의 양금이 존재하였음을 확인할 수 있다.

다) 매 현 2가닥 한 벌

유금조劉錦藻(1854~1934)의 『황조속문헌통고皇朝續文獻通考』 권194 소재 「악고7 악기」[108]에 의하면, 광서 연간(1875~1908)의 양금은 저음현과 고음현으로 구분되는데, 그 중 저음현은 2줄이 한 벌로 구성된다고 하였다. 이는 동방악기박물관에 소장된 호접양금蝴蝶揚琴의 저음현이 2줄이 한 벌로 구성된 것과 동일하다. 이와 같이 양금 금현이 2가닥 한 벌로 구성된 사례는 뉴욕 메트로폴리탄 미술관의 "89.2.182"호 호접양금을 비롯하여 라이프치히 대학교 악기 박물관의 "3744"호 선면양금扇面揚琴과 "4979" 선면양금, 브뤼

---

105 張開東, 『白荀詩集』 卷16, 24ab, 「聽鄭子履菴源崇洋琴歌」: 鄭子洋琴來東海, 銅絲爲絃木爲佩. 五十六絃綜十四, 四絲同窾發淸籟. 以幹叩之鏗然鳴, 疎疎落落如點呂. 促然奔騰人馬走, 隨風散作千萬聲. 我昔驅車窮沙漠, 鴈門刺史陳邊樂. 霜淸月白亂琵琶, 似有此音中間作. 又嘗泛舟入蓬萊, 海上成連安在哉. 雍娥亦復久銷歇, 紛紛濫竽喧高臺. 吁嗟鄭子何奇絶, 堅如裂石輕如雪. 借問師授今爲誰, 令兄參軍親手訣. 旅舘吹簫王郎歌, 檀板金樽夜深多. 童僕懽呼老人笑, 少年不樂奈若何. 如今旱荒生事急, 鄰婦聞之轉號泣. 鄭子收聲且勿彈, 哀樂不同嗟何及.(『淸代詩文集彙編』編纂委員會(編), 『淸代詩文集彙編 333 白荀詩集』, 上海: 上海古籍出版社, 2010, 588頁)
106 『白荀詩集』의 목차에 의하면, 그 卷16에는 1776년[乾隆丙申]-1779년[乾隆己亥] 간에 이루어진 총 85首의 작품을 시간 순으로 수록한 것이다. 그런데 宗聖垣의 「양금가」는 1778년[乾隆戊戌]에 지어진 「麥園花溪醉歌行【戊戌稿】과 1779년[乾隆己亥]에 지어진 「遙憶方七栢亭新遷贛州郡守【己亥稿】」 사이에 위치한다. 그러므로 이 시는 1778년에 쓰여진 작품임을 알 수 있다.
107 각주 505)와 같음.
108 (淸)劉錦藻(撰), 『皇朝續文獻通考』⇨『續修四庫全書』編纂委員會(編), 『續修四庫全書 818 史部 政書類』, 上海: 上海古籍出版社, 2002, 258頁에서 재인용.

셀 악기 박물관의 "3564"호 호접양금, 음악의 도시 파리 필하모니의 "Chassiron 140" 선면양금 등 5종의 실물 양금들에서도 발견된다. 이러한 양금 실물들은 총 14현으로서 2가닥 한 벌로 구성되었지만, 뉴욕 메트로폴리탄 미술관의 "89.2.182"호 호접양금만은 현축이 42개만 확인된다는 점에서 다르다.

나. 16현 양금

문헌에서는 총 16현의 양금에 대한 기록이 발견되지 않고, 현전 양금 유물에서만 확인될 뿐이다. 비록 문헌에서는 발견되지 않지만, 이러한 양금 실물들을 통하여 총 16현의 양금이 존재하였음을 알 수 있다.

가) 매 현 3가닥 한 벌

스웨덴 공연 예술 박물관 "M938"호 선면양금扇面揚琴을 보면 총 16현으로서 매 현이 3가닥 한 벌로 구성되어 있는 것으로 확인된다. 따라서 양금 실물을 통하여 매 현을 3가닥 한 벌로 구성하는 총 16현의 양금도 존재하였음을 알 수 있다.

나) 매 현 4가닥 한 벌

스웨덴 공연 예술 박물관의 "M889"호 선면양금扇面揚琴이나 브뤼셀 악기 박물관의 "1932"호 호접양금蝴蝶揚琴은 총 16현으로서 매 현이 4가닥 한 벌로 구성되어 있는 것으로 확인된다. 비록 문헌에서는 발견되지 않지만, 이러한 양금 실물들을 통하여 매 현이 4가닥 한 벌로 구성된 총 16현의 양금도 존재하였음을 알 수 있다.

다. 12현과 17현 양금

12현과 17현 양금에 대한 정보는 문헌에서만 확인될 뿐, 현전 양금 실물에서는 발견되지 않는다. 2종 악기 중 12현 양금에 관한 기록은 한·중 문헌에서 공히 확인되지만, 17현 양금에 대한 기록은 오직 한국의 문헌에서만 발견된다는 점에서 주목할 만하다. 그런데 아쉽게도 한국의 문헌에서는 매 현의 가닥 수에 대한 언급이 없고, 중국의 문헌에서만

12현 양금에 대하여 그것을 언급하였을 뿐이다. 먼저 중국의 문헌을 살펴보기로 한다.

장훈의『죽엽암문집竹葉庵文集』권卷17[109]에 수록되어있는「양금가洋琴歌」는 건륭 연간의 작품으로서 그 문장 중에는 "四十八柱十二行", "搓銅作絃分子母" 등 건륭 시기 양금의 금현에 관한 내용이 포함되어있다. 그것에 의하면 건륭 연간에는 동사로 만든 48가닥을 매 현 4가닥씩 나누어 총 12현을 이룬 양금이 존재하였음을 알 수 있다.

한편, 홍대용의『담헌서湛軒書』나 김경선의『연원직지燕轅直指』등 한국의 현전 문헌 중에도 중국 전통양금에 관한 내용이 수록되어 있다. 홍대용의『담헌서』[110]의 기록 내용에 의하면, 건륭 연간(1736~1796)의 양금은 금사로 금현을 만들었으며, 12현의 작은 양금과 17현의 큰 양금 두 종류가 존재하였음을 알 수 있다. 그리고 김경선의『연원직지』권6「류관별록留館別錄」[111]에는 그가 순조 32년(1832) 6월에서 순조 33년(1833) 4월까지 청나라를 방문했을 때 보았던 양금의 모습이 기록되어있는데, 이를 통하여 도광 연간(1820~1850)의 양금은 금사로 금현을 만들었으며, 작은 양금은 12현이고 큰 양금은 17현임을 확인할 수 있다. 이와 같이 건륭 연간과 도광 연간의 중국 전통양금을 언급한 한국 문헌 중의 기록은 공히 금사로 금현을 만들었다는 점과, 12현의 작은 양금과 17현의 큰 양금 두 종류를 언급한 점에서 차이가 없다. 이러한 사실은 12현과 17현 양금이 건륭 연간부터 도광 연간까지 지속적으로 유전되고 있었음을 말해준다고 하겠다. 특히 17현 양금에 대한 언급은 한국의 문헌에서만 발견된다는 점에서 독특하다.

라. 기타

상기 문헌을 제외한 여타의 문헌 중에서도 양금의 금현에 대한 여러 가지 기록들이 산견된다. 이러한 기록들은 비록 양금 금현의 수를 명확히 밝히지는 않았지만, 양금 금현의 재질이나 금현에 관한 다양한 정보를 제공해주는 면이 있다. 예컨대 조선조 박지원朴趾源(1737~1805)의『열하일기熱河日記』에 수록되어있는「동란섭필銅蘭涉筆」[112]에는 "利瑪竇以

---

109 『清代詩文集彙編』編纂委員會(編), 『清代詩文集彙編 375 竹葉庵文集』, 上海: 上海古籍出版社, 2010, 103頁.
110 (朝鮮)홍대용, 『湛軒書』外集 卷10 燕記 樂器, 新朝鮮社, 1939, 23-24쪽.
111 (朝鮮)金景善, 『燕轅直指』(장서각 소장본) 卷六「留館別錄」, 53-54쪽.

銅鐵絲爲絃"이라는 구절이 보이는데, 이는 양금이 마테오리치에 의하여 중국으로 처음 들어왔을 때 구리나 철로 만든 줄을 금현으로 삼았음을 언급한 것이다. 이는 청대 이전의 중국 전통양금 금현의 재질에 관한 기록이다.

중국 문헌 중에 언급된 중국 전통양금의 금현에 관한 기록은 청대의 전통양금에 대한 언급으로 편중되어 있는데, 그 내용은 대체로 금현의 재질과 금현의 수로 대별되고 있다. 우선 금현의 재질에 관한 내용들을 정리하면 다음과 같다.

① 전지수의 「양금」[113]에는 강희 연간 당시 22개의 금색의 누사縷絲처럼 생긴 금현을 지닌 양금에 대한 언급이 있다. 누사縷絲는 실크처럼 가늘고 긴 실로서 금루사金縷絲는 바로 가늘고 긴 금색의 실을 말한다. 이는 아마도 동사銅絲에 대한 표현일 것이다.

② 인광임印光任(1691~1758)과 장여림張汝霖(?~1190)의 『오문기략澳門記略』 하권[114]에 수록되어있는 "有[銅絲琴], 削竹扣之, 錚錚琮琮."에 의하여 건륭 연간(1736~1796)[115]에는 구리가 양금 금현의 재질로 사용되었으며, 그로 인하여 당시에는 양금을 "동현금銅絲琴"[116]이라 불렀음을 알 수 있다.

③ 건륭 연간에 속하는[117] 오황吳璜(1727~1773)의 『황탁산방집黃琢山房集』 권5 소재 「양금행洋琴行」[118]에는 "銅絲疾點翻怒濤"라고 되어있어 건륭 시기에 구리가 양금 현의 재질

112 (조선)박지원, 『연암집』(권15), 별집 · 「열하일기」, 「동란섭필」, 34-60쪽.

113 (淸)顧季慈(輯), 謝鼎容(補輯), 『江上詩鈔 1』, 上海: 上海古籍出版社, 2003, 690頁.

114 "有[銅絲琴], 削竹扣之, 錚錚琮琮."(『續修四庫全書』編纂委員會(編), 『續修四庫全書 676 史部 地理類』, 上海: 上海古籍出版社, 2002, 715頁)

115 『澳門記略』의 서문에 기록되어있는 "乾隆十六年"에 근거하여 이 책이 이루어진 시기가 1751년[乾隆辛未]임을 알 수 있다. (위의 책, 676, 658頁)

116 광서 5년(1879) 田明燿修, 陳澧等 纂한 『香山縣志』에서 『澳門記略』의 내용을 인용했다. 원문: "樂器則有風琴, 銅弦琴, 銅鼓, 蕃笛. 他如眼鏡, 照身鏡, 千里鏡, 顯微鏡, 火鏡之屬, 皆工緻. 餘多淫巧, 祝志參澳門記略."(위의 책, 713, 532頁) 香山縣은 현재 중국 광동성 중산시, 주해시와 마커오 등의 지역이었다.

117 『黃琢山房集』의 서문에는 "乾隆 丁酉(42 또는 1777) 六月"(『淸代詩文集彙編』編纂委員會(編), 『淸代詩文集彙編 360 黃琢山房集』, 上海: 上海古籍出版社, 2010, 60頁)이라고 기록되어 있는데 본고의 성서(成書) 시간은 건륭 연간(1736~1796)이다.

118 (淸)吳璜, 『黃琢山房集』, 권5, 14b-15a "洋琴行"條: 有客萬里來大洋, 攜琴別調含宮商. 傳看頓覺規模異, 舊物翻新問誰製. 鼓時底用勞指揮, 雙椎敲出聲煩碎. 想當風引三山高, 銅絲疾點翻怒濤. 徬徨龍伯罷釣鼇釣, 珊瑚擊斷深夜逃. 自從流移入中土, 一時學習爭翻譜. 嘈嘈聒耳疑箏琶, 以僞亂眞無足取. 此琴少見多所怪, 蕩心溺巧終垂戒. 不如撫軫聆古音, 湘妃淚染叢篁深. 曲終遠抱刺船去, 何限成連海上心. (위의 책,

로 사용되었음을 알 수 있다.

④ 역시 건륭 연간에 속하는 주상현朱象賢(?~?)의『문견우록聞見偶錄』(〈인용문 Ⅱ-1〉 참고) 소재「격금擊琴」에도 "以銅絲爲絃, 急張於上"이라고 되어있어 건륭 시기에 구리가 양금 현의 재질로 사용되었음을 알 수 있다.

⑤ 가경 연간(1796~1820)[119]에 속하는 봉화생捧花生(?~?)의『진회화방록秦淮畫舫錄』[120]에도 "玲瓏更擊銅絃琴"이라는 말이 포함되어있다. 따라서 당시 양금 금현의 재질이 구리라는 것과 악기의 명칭이 "동현금銅絃琴"이었음을 알 수 있다.

⑥ 도광 연간(1820~1850)[121]에 속하는 번빈樊彬(1796~1881)의『문청각시집問青閣詩集』권9에 수록된「청진령타양금가聽陳伶打洋琴歌」[122]에는 "運鐵軫, 理銅絃"이라는 말이 포함되어있다. 즉 철로 된 돌쾌를 돌려서 구리로 된 줄을 조현한다는 내용이다. 이를 통하여 도광 연간에 구리가 양금 금현의 재질로 사용되었음을 알 수 있다.

⑦ 역시 도광 연간에 속하는 왕유신의『해당교사집海棠橋詞集』권2 소재「법곡헌선음法曲獻仙音 양금洋琴」[123]에는 "金絲錯綑"라 하여 당시 양금의 현이 매어있는 모습을 형용하였다. 이 문장에서 양금의 금현을 금사라고 썼는데, 이는 금으로 만든 줄이라 해석하기보다 금색의 줄로 해석하는 것이 더 타당하다고 본다. 금빛의 금속류는 구리이기 때문에 당시 구리가 양금의 금현으로 사용되었음을 미루어 짐작할 수 있다.

이상 살펴본 바와 같이 청대의 8종 문헌에 언급된 양금 현에 관한 내용에서는 청대 전

108-109頁)

119 『秦淮畫舫錄』에는 "嘉慶丁丑(가경 22년 또는 1817)"이라고 기록되어 있다. (蟲天子(編), 『香艷叢書 第7冊 第14集 秦淮畫舫錄』, 上海: 上海書店出版社, 2014, 440頁)

120 玲瓏更擊銅絃琴。以竹取聲成妙音。(위의 책, 542頁)

121 『問青閣詩集』의 서문에는 "道光己亥秋九月"이라 기록되어 있는데 그해는 도광 19년(1839)년이다. (『清代詩文集彙編』編纂委員會(編), 『清代詩文集彙編 592 問青閣詩集』, 上海: 上海古籍出版社, 2010, 567頁)

122 "聽陳伶打洋琴歌: 運鐵軫, 理銅絃, 斷竹捶擊聲鏗然. 調珠喉動玉指, 嬌鶯曉囀春花底. 何人制器比絲桐, 繁音不與箏琶同. 大珠小珠紛錯落, 宮商一片何玲瓏. 寒冰敲碎琉璃薄, 亂觸刀槍掣鈴索. 五更雨搖修篁, 萬滴飛泉漱幽壑. 瑤環玉珮相和鳴, 清歌裊裊縈絲竹. 曲終斂神閒暇, 猶聞餘韻飄飄笙. 陳郎絕技真罕匹, 名在梨園誇第一. 朱門貴客爭纏頭, 歌舞鐏罷無虛日. 青年回首惜流光, 漂泊天涯柳絮狂. 猶按霓裳舊時譜, 聊同竽木戲逢場. 故人重見何戚老, 落紅滿地依芳草. 我也萍蹤滯異鄉, 樽前且唱春光好." (위의 책, 643頁)

123 (清)王維新(著), 彭君梅 等(校), 『《海棠橋詞集》校注』, 北京: 光明日報出版社, 2013, 93頁.

통양금 금현의 재질이 구리라는 점과, 악기 명칭이 동현금銅絃琴이라 한다는 점만 언급되었을 뿐, 현의 수에 대한 언급이 없다. 반면, 일부 청대의 문헌에서는 양금의 현 수와 상관된 기록이 발견되는데 그 내용을 정리하면 다음과 같다.

① 건륭 연간에 속하는 종성원宗聖垣(1735~1815)의 『구곡산방시초九曲山房詩鈔』권卷16에 수록되어있는 「양금가洋琴歌」에는 "華篋橫排十四絃"[124]이라 하여 금체 위에 14개 금현이 수평으로 배열되어있음을 묘사하였다. 이로써 전체 현의 수가 14현임은 알 수 있지만 매 현의 가닥 수나 금현의 재질 등은 알 수 없다.

② 서가徐珂(1869~1928)의 『청패류초淸稗類鈔』에 수록되어있는 「금적천청양금金赤泉聽洋琴」[125]에는 건륭 연간 중 적청赤泉 김혼金焜(?~?)이 지은 시가詩歌와 그 창작 배경에 대하여 언급되어있다.[126] 평소 음악을 즐겼던 김혼이 어느 날 양금 소리를 듣고서 그 시가詩歌를 창작하였다는 것이다. 그 시가 중에는 "中絙鐵絲經百鍊", "二十六條相貫穿" 등 양금의 금현에 관한 내용이 언급되어있는데, 이를 통하여 건륭 연간의 양금에는 매우 여러 번 정련을 거친[經百鍊] 철현이 사용되었다는 점, 현의 수가 26가닥이었다는 점 등을 알 수 있다. 하지만 현의 수로 언급된 26가닥이라는 것만으로는 당시 양금의 정확한 현의 수를 정확히 파악하기가 어렵다.

한편, 현전 양금 실물 중에는 양금의 금현에 대한 정확한 정황을 파악하기 어려울 정도로 파손 상태가 심각한 악기들이 남아 전하고 있다. 그와 같이 잔여물만 남은 양금들 가운데 예컨대 이광석李廣石 소장 「쌍구형雙九型」양금揚琴의 경우, 잔여 현축의 상태를 통하여 매 현이 4가닥 한 벌이라는 구성은 확인되지만, 전체 금현의 수는 확인이 불가능하다.

이상, 중국과 한국의 문헌과 현전 양금 실물을 통하여 중국 전통양금 금현의 수와 매 현의 가닥 수 및 재질에 대하여 살펴보았다. 이로써 중국 전통양금 금현의 수는 12현,

---

124 『淸代詩文集彙編』編纂委員會(編), 『淸代詩文集彙編 391 九曲山房詩鈔』, 上海: 上海古籍出版社, 2010, 41頁.

125 (淸)徐珂(編), 앞의 책, 56-57頁.

126 이 기록은 1754년(乾隆19)에 金焜이 출판한 『妙明書屋遺集』의 내용을 인용한 것이다. ((淸)金焜, 『妙明書屋遺集』, 11-13頁) 徐珂는 김혼의 글을 거의 그대로 인용하였지만, 두 문헌을 비교해보면 5개의 이체자가 발견된다.

14현, 16현, 17현 등으로 다양하였고, 매 현의 구성 역시 2가닥, 3가닥, 4가닥 등으로 차이가 있었음이 확인되었다. 전체 현의 수로 볼 때, 14현 양금이 절대 다수를 차지하고, 나머지는 대체로 큰 차이가 없는 것으로 나타났다. 그것들은 또 매 현의 가닥 수별로 구분되는데 그 결과를 요약하면 다음과 같다.

①-1 매 현 3가닥 한 벌의 14현 양금은 고록의『동교의도록桐橋倚棹录』, 유금조의『황조속문헌통고皇朝續文獻通考』, 구학주의『금학신편琴學新編』등 3종 문헌과 미국남달과타대학음악진렬관美國南達科他大學音樂陳列館의 양배마칠당접형양금兩排码七檔蝶形揚琴, 양성충수장梁成忠收藏의 양배마칠당접형양금, 뉴욕 메트로폴리탄 미술관의 "1986.348"호 호접양금蝴蝶揚琴, 게르만 국립 박물관의 "MIR1390"호 호접양금, 바르셀로나 음악 박물관의 "MDMB 640"호 호접양금, 브뤼셀 악기 박물관의 "LS0033"호 호접양금, 음악의 도시 파리 필하모니의 "E.2007.7.1."호 호접양금, 백아평수장白亞平收藏 쌍칠형접식양금雙七型蝶式揚琴[127], 부병수장付兵收藏 제형량배마양금梯形兩排码揚琴, 스웨덴 공연 예술 박물관의 "F552"호 호접양금, 왕무황수장王茂璜收藏 양배마칠당접형양금, 민행박물관閔行博物館에 소장된 양배마칠당접형양금 등 12종 현전 양금 실물을 통하여 확인할 수 있었다.

①-2 매 현 4가닥 한 벌의 14현 양금은 장개동의『백순시집白蒓詩集』과 김원정金元正의 수장품收藏品1인 호접양금蝴蝶揚琴 등 1종의 문헌과 1점의 현전 양금 실물을 통하여 확인할 수 있었다.

①-3 매 현 2가닥 한 벌의 14현 양금은 유금조의『황조속문헌통고皇朝續文獻通考』와 뉴욕 메트로폴리탄 미술관의 "89.2.182"호 호접양금蝴蝶揚琴, 라이프치히 대학교 악기 박물관의 "3744"호 선면양금扇面揚琴과 "4979" 선면양금, 브뤼셀 악기 박물관의 "3564"호 호접양금, 음악의 도시 파리 필하모니의 "Chassiron 140" 선면양금 등 5종의 현전 실물 양금들을 통하여 확인할 수 있었다. 단, 뉴욕 메트로폴리탄 미술관의 "89.2.182"호 호접양금만은 현축이 42개만 확인된다는 점에서 그 5종의 양금 실물들과 다르다.

②-1 매 현 3가닥 한 벌의 16현 양금은 문헌에서는 발견되지 않고, 유일하게 스웨덴

---

127 楊佳, 앞의 논문, 48頁.

공연 예술 박물관 "M938"호 선면양금扇面揚琴에서 확인되었다.

②-2 매 현 4가닥 한 벌의 16현 양금 역시 문헌에서는 발견되지 않고, 스웨덴 공연 예술 박물관의 "M889"호 선면양금扇面揚琴과 브뤼셀 악기 박물관의 "1932"호 호접양금蝴蝶揚琴을 통하여 확인되었다.

③ 12현과 17현 양금은 장훈의 『죽엽암문집竹葉庵文集』을 비롯하여 홍대용의 『담헌서湛軒書』나 김경선의 『연원직지燕轅直指』 등 한국 측 문헌을 통하여 확인할 수 있었다. 2종의 한국 문헌에서는 매 현의 가닥 수를 언급하지 않았지만 중국 문헌인 『죽엽암문집竹葉庵文集』에서 12현 양금에 대하여 매 현의 구성이 4가닥 한 벌임을 명시한 점은 문헌적으로 처음 나타난다는 점에서 특징적이다. 그리고 한국 문헌을 통하여 12현과 17현 양금을 각각 작은 양금과 큰 양금으로 불렀음을 확인하였다.

④-1 그밖에 여러 문헌에 산재해있는 기록들을 통하여 양금 금현의 재질이나 금현에 관한 다양한 사실들을 확인할 수 있었다. 한국 문헌 가운데 박지원의 『열하일기熱河日記』를 통하여 초기 중국 전통양금 현의 재질에 대한 내용을 확인할 수 있었다. 중국 전통양금의 금현에 관한 기록은 청대의 중국 문헌에 편중되어 있는데, 금현의 재질에 관하여 언급된 문헌으로는 전지수의 「양금」, 인광임과 장여림의 『오문기략澳門記略』, 오황의 『황탁산방집黃琢山房集』, 주상현의 『문견우록聞見偶錄』, 봉화생의 『진회화방록秦淮畫舫錄』, 번빈의 『문청각시집問青閣詩集』, 왕유신의 『해당교사집海棠橋詞集』 등 청대의 8종 문헌의 관련 기록을 통하여 청대 전통양금 금현의 재질이 구리라는 것과 그 재질로 인하여 악기 명칭이 동현금이었음을 확인할 수 있었다.

④-2 양금의 현 수와 상관된 기록이 발견되는 청대 문헌으로는 종성원의 『구곡산방시초九曲山房詩鈔』, 서가의 『청패류초清稗類鈔』 등이 있고, 양금 실물로는 이광석李廣石 소장 「쌍구형雙九型」양금揚琴이 있다. 『구곡산방시초』의 관련 기록을 통하여 전체 현의 수가 14현임은 알 수 있지만 매 현의 가닥 수나 금현의 재질 등은 알 수 없다는 점을 확인할 수 있었다. 다만 건륭 32년(1767)의 『구곡산방시초』부터 양금의 현 수는 14현으로 확실하게 정착되었음을 알 수 있다. 그리고 『청패류초』의 관련 기록을 통하여 현의 수가 26가닥이었다는 점은 알 수 있었지만 전체 현의 정확한 수는 알 수 없었다. 그리고 이광석 소장

「쌍구형」양금의 경우, 잔여 현축을 통하여 매 현이 4가닥 한 벌이라는 구성은 확인되지만, 파손으로 인하여 전체 금현의 수는 확인할 수 없었다.

⑤『강상시초江上詩鈔』와『묘명서옥유집妙明書屋遺集』의 경우, 당시 양금의 금현의 수가 22현, 26현으로 기록되었는데, 매 현의 가닥 수에 대한 명시가 없어 금현의 구성원리를 확인할 수 없었다는 점 역시 부언하고자 한다.

⑥ 고문헌 자료와 양금 실물 자료를 종합하면, 양금 금현의 재질은 거의 구리로 만든 것으로 보인다. 청말 민초에는 강철로 만든 금현도 보이지만, 이는 양금의 첫 번째 개량과 관련된 것으로 다음 절에서 이 부분의 내용을 다시 살펴보고자 한다.

⑦ 양금 실물을 보면, 청대 중엽 이후 전통양금 금현을 고정·조율하기 위한 현축은 대부분 "왼쪽 팔각형 현축, 오른쪽 네 모서리 튜닝 페그" 식으로 되어 있고, 스웨덴 공연 예술 박물관 "M938"호 선면양금扇面揚琴 및 스웨덴 공연 예술 박물관 "M889"호 선면양금, 브뤼셀 악기 박물관 "1932"호 호접양금蝴蝶揚琴 등 양금 실물을 보면, 오른쪽 현축만 있었음이 확인된다.

(3) 괘의 모양과 수량 및 재질

중국 전통양금은 예외 없이 모두 2개의 괘를 갖추고 있었다. 왕우량의『쌍패재시집雙佩齋詩集』권6 소재「양금십이운洋琴十二韻」[128]에는 "左右秦箏柱"라 하여 양금의 괘는 진쟁秦箏의 괘처럼 생겼고 좌우로 두 개가 있었던 것으로 묘사되었는데, 재료나 모양에 대한 언급은 없다. 그리고『황조속문헌통고皇朝續文獻通考』에 명시되어있는 양금 그림(〈그림 Ⅳ-7〉 참고)과『금학신편琴學新編』에 명시된 양금의 그림(〈그림 Ⅳ-8〉 참고)에도 양금의 괘는 두 개로 확인되는데 역시 재료에 대한 언급이 없다. 그런데 고록의『동교의도록桐桥倚棹录』에는 "架於竹馬之上"[129]이라 하여 괘의 수는 언급하지 않은 대신, 그 재료와 명칭에 대하여 언급하였다. 이를 통하여 도광 연간에는 양금의 괘를 "죽마竹馬"라고 명명하였으며

---

128 『清代詩文集彙編』編纂委員會(編),『清代詩文集彙編 401 雙佩齋詩集』, 上海: 上海古籍出版社, 2010, 701頁.
129 (清)顾禄,『桐桥倚棹录』, 上海: 上海古籍出版社, 1980, 157頁.

그 재료는 대나무였음을 알 수 있다.

한편, 현전하는 여러 양금 실물을 통하여 확인되는 괘를 보면 그 모양이 문헌에서 확인되는 것과 다르다. 우선 양금 실물의 괘를 명시하면 다음 〈표 Ⅳ-4〉와 같다.

〈표 Ⅳ-4〉 양금 실물에 나타난 양금 괘의 모양 및 재질

모양	특징	재질[130]	실물	사진[131]
일자형	ㅁ형 목제 브래킷 (상단 연결)	목제	메트로폴리탄 미술관 "89.2.182"호 蝴蝶揚琴, 음악의 도시 파리 필하모니 "E.2279"호 蝴蝶揚琴	
일자형	ㅇ형 목제 브래킷 (상단 연결)	목제	뉴욕 메트로폴리탄 미술관 "1990.289.15"호 扇面揚琴圖, 브뤼셀 악기 박물관 "1932"호 蝴蝶揚琴, 스웨덴 공연 예술 박물관 "M889"호 扇面揚琴	
돌출형	분리 상아 브래킷	상아	게르만 국립 박물관 "MIR1390"호 蝴蝶揚琴, 바르셀로나 음악 박물관 "MDMB 640"호 蝴蝶揚琴	
돌출형	볼록 상아 브래킷	상아	뉴욕 메트로폴리탄 미술관 "1986.348"호 蝴蝶揚琴, 음악의 도시 파리 필하모니 "E.999.11.1"호 蝴蝶揚琴, 스웨덴 공연 예술 박물관 "F551"호 蝴蝶揚琴, 음악의 도시 파리 필하모니 "E.2007.7.1."호 蝴蝶揚琴, 음악의 도시 파리 필하모니 "E.2439"호 蝴蝶揚琴, 金元正收藏品1인 蝴蝶揚琴[132]	
돌출형	ㅁ형 목제 브래킷 (상단 분리)	목제	라이프치히 대학교 악기 박물관 "3744"호 扇面揚琴, 음악의 도시 파리 필하모니 "Chassiron 140" 扇面揚琴	
돌출형	분리형 목제 브래킷	목제	스웨덴 공연 예술 박물관 "M938"호 扇面揚琴, 동방악기박물관에 소장된 蝴蝶揚琴	
돌출형	볼록 목제 브래킷	목제	金元正收藏品2인 蝴蝶揚琴[133]	

130 여기 말한 괘의 재질은 금현과 연결 부분인 것이다.
131 각 해당 사진은 앞 격자에서 밑줄이 그어진 실물에 나타난 괘의 모양인 것이다.
132 각주 505)와 같음.
133 각주 505)와 같음.

위 〈표 IV-4〉의 그림을 통하여 확인되는 바와 같이 양금의 괘는 기본적으로 각 괘의 상단이 일一자로 연결된 "일자형"과 각 괘의 상단이 서로 분리된 "돌출형"으로 구분되어 나타난다. 상단이 연결되어있는 "일자형"은 괘 중간에 있는 구멍의 모양에 따라 다시 ㅇ형 목제 브래킷(상단 연결)과 ㅁ형 목제 브래킷(상단 연결)으로 구분된다. 반면, 상단이 각각 분리되어있는 "돌출형"은 볼록 목제 브래킷, 분리형 목제 브래킷, ㅁ형 목제 브래킷, 볼록 상아 브래킷 및 볼록 상아 브래킷 등 괘의 모양에 따라 다양하다. 이와 같이 다양한 괘의 모양은 음향 효과나 연주 효과를 위한 것이라기보다는 악기의 외관을 위한 일종의 장식물로서 기능하였던 것으로 여겨진다.

위 표에 명시된 양금 괘들을 상호 비교해 보면 그 모양이나 제작 재료에 따라 양금의 제작 공예나 양금 실물의 역사적 분기分期를 가름할 수 있는 면이 있다. 우선 괘의 모양을 보면, "일자형"에 속하는 ㅇ형 목제 브래킷과 "돌출형"에 속하는 목제 브래킷, 분리형 상아 브래킷, ㅁ형 목제 브래킷(상단 분리) 등은 볼록 상아 브래킷과 볼록 목제 브래킷에 비하여 제작 공예가 비교적 간단하다. 이러한 사실은 전자가 후자에 비해 더 긴 제작사製作史를 지닌다는 점을 시사해준다. 또 괘의 재질을 보면, 나무가 상아보다는 더 이른 시기에 속한다고 할 수 있을 것이다. 이러한 점들을 고려할 때, 유럽이나 미국의 박물관에 소장되어있는 이 실물 양금들에 대하여 박물관에서 제시하고 있는 시기는 그 악기들이 실제로 속하였던 시기와 맞지 않아 보인다. 예컨대, 스웨덴 공연 예술 박물관 소장의 M938 양금은 1923년[134]이라 제시되어있지만, 괘의 모양이나 제작 재료로 미루어 그 시기의 양금으로 간주하기 어려운 면이 있다. 기실, 박물관에서 제시하고 있는 시기는 그 악기를 입수한 시기인지, 실제 제작시기인지, 혹은 활용되었던 시기인지 불분명하다.

요컨대, 중국 전통양금의 괘는 문헌이나 실물 양금을 불문하고 모두 2개로 확인된다. 양금 괘의 모양에 대하여는 비록 고문헌에서 관련 기록이 발견되지 않지만, 실물 양금들을 통하여 확인되는 괘는 상단이 연결된 "일자형"과 상단이 분리된 "돌출형"이 있고, 또 그 "일자형"과 "돌출형"에도 각각 다양한 모양의 괘가 있었던 것으로 나타난다. 이러한

---

134 현상 악기 박물관(https://www.mimo-international.com, 2019. 11. 7.)

실물 양금에서 확인되는 다양한 모양의 괘들은 제작 기술이나 제작재료 면에서 상호 비교를 통하여 해당 악기의 대략적 연대를 추정할 수 있었다.

(4) 금채의 모양과 수량 및 재질

중국 전통양금은 초기부터 두 개의 채를 양손에 각각 1개씩 들고 연주해온 것으로 확인된다. 양금의 채에 관한 기록은 모두 건륭 연간 이후에 속하는 청대의 문헌에 편중되어 있다. 『오문기략澳門記略』에 "削竹扣之"[135]라고 한 내용을 통하여 건륭 연간에는 대나무를 깎아 만든 채로 연주하였음을 알 수 있다. 이와 같이『오문기략』의 관련 기록에서는 금채의 수를 언급하지 않았지만,『청패류초淸稗類鈔』에는 "雙椎巧刻靑琅玕"[136]라고 기록되어있어 건륭 연간에는 양금의 채가 두 개였으며, 두 채에 "청랑간"을 조각하였던 것으로 나타난다. 그리고『청패류초』의 "동인추금銅人搥琴"조[137]는 비록 양금을 지칭하는 용어는 없지만, 기록된 연주 방법과 "自西洋輸入" 등의 내용으로 미루어 건륭 연간 당시의 양금 공연 장면을 묘사한 것임을 짐작할 수 있다. 그 문장 중 "兩手起。執椎擊琴"라 한 내용을 통하여 당시 양금의 금채가 두 개였음이 재확인된다. 그밖에 건륭 연간에 속하는 다른 여러 문헌 중에서도 양금의 채에 관한 기록이 다수 발견되는데 그것들을 정리하면 다음과 같다.

① 『九曲山房詩鈔』권16에 "細樾雙條簒削成"[138]라고 하여 꽃술이 늘어진 2개의 금채에 대하여 언급하였다.

② 『黃琢山房集』에 "雙椎敲出聲煩碎"[139]라고 하여 양금의 금채가 두 개임을 언급하였다.

---

135 『續修四庫全書』編纂委員會(編),『續修四庫全書 676 史部 地理類』, 上海: 上海古籍出版社, 2002, 715頁.
136 (淸)徐珂(編), 앞의 책, 56-57頁.
137 "銅人搥琴: 乾隆時。平湖沈文恪公初在閩。見一銅人。高數尺。如十三四丫頭。面粉。衣繪。前置琴。啟銅人之鑰。則兩手起。執椎擊琴。左右高下。其聲抑揚頓挫。悉合節奏。頭容目光。皆能運轉。助其姿致。鼓畢。則置椎於琴。兩手下垂矣。又置飛雀。呼噪逼眞。蓋自西洋輸入者也。"((淸)徐珂(編), 앞의 책, 57頁)
138 『淸代詩文集彙編』編纂委員會(編),『淸代詩文集彙編 391 九曲山房詩鈔』, 上海: 上海古籍出版社, 2010, 41頁.

③『竹葉庵文集』에 "削竹爲筵搥宮商 可憐兩手弄兩筵"[140]라고 하여 대나무를 깎아 만든 채를 양
　　손에 들고 연주하였음을 묘사하였다.

④『白蓭詩集』에 "以簳叩之鏗然鳴"[141]라고 하여 수량에 대한 언급 없이 조릿대로 만든 금채에
　　대하여 언급하였다.

⑤『雙佩齋詩集』에 "雙枝飛急電"[142]라고 하여 양금 금채의 수량이 두 개임을 언급하였다.

⑥『聞見偶錄』(〈인용문 II-1〉참고)에 "用鎚擊之, 鎚形如筯"라고 하여 수량에 대한 언급이 없이 금
　　속으로 된 젓가락 모양의 금채에 대하여 언급하였다.

　이상 건륭 연간에 속하는 여러 문헌에 언급된 양금의 채는 모두 2개이고, 제작 재료는
대체로 대나무로 나타나지만, 『문견우록聞見偶錄』에서는 유일하게 금속 채에 대한 언급
이 있다.

　한편, 가경 연간(1796~1820)에 속하는 『진회화방록秦淮畫舫錄』에는 "以竹取聲成妙音"[143]
이라 하여 양금 채의 제작재료가 대나무임을 언급하였으나 수량에 대한 언급은 없다.
또한 도광 연간(1820~1850)에 속하는 『문청각시집問青閣詩集』에도 "斷竹搥擊聲鏗然"[144]이
하여 양금 채의 제작재료가 대나무임을 언급하였으나 역시 수량에 대한 언급은 없다.
그런데 도광 연간에 속하는 『동교의도록桐桥倚棹录』에는 "以兩小軟竹糙擊之"[145]이라 하여
부드러운 대나무로 만든 2개의 채에 대한 언급이 있다.

　이후 광서 연간(1875~1908)에 속하는 『황조속문헌통고皇朝續文獻通考』에는 "奏用薄頸
竹椎, 音量不大"[146]라고 하여 양금의 금채를 얇은 대나무로 만들어 음량이 크지 않게 한다

139　위의 책, 360, 108-109頁.

140　위의 책, 375, 103頁.

141　위의 책, 333, 41頁.

142　위의 책, 592, 643頁.

143　蟲天子(編),『香艶叢書 第7冊 第14集 秦淮畫舫錄』, 上海: 上海書店出版社, 2014, 542頁.

144　『清代詩文集彙編』編纂委員會(編),『清代詩文集彙編 592 問青閣詩集』, 上海: 上海古籍出版社, 2010, 643
　　頁.

145　(清)顾禄,『桐桥倚棹录』, 上海: 上海古籍出版社, 1980, 157頁.

146　(清)劉錦藻(撰),『皇朝續文獻通考』⇨『續修四庫全書』編簒委員會(編),『續修四庫全書 818 史部 政書類』,

고 하였다. 그리고『금학신편琴學新編』에 수록되어있는 "금죽琴竹"[147]에서는 양금의 금채가 대나무로 만들어진 것으로 나타나고, 같은 책 양금 연주법[148]의 기록에서는 금채가 2개인 것으로 나타난다.

현전 실물 양금의 경우, 금채가 함께 소장되어있는 사례는 그리 흔치 않다. 금채가 함께 소장되어있는 양금 실물은 뉴욕 메트로폴리탄 미술관의 "1990.289.15"호 선면양금도扇面揚琴圖, 라이프치히 대학교 악기 박물관의 "3744"호 선면양금扇面揚琴, 음악의 도시 파리 필하모니의 "E.999.11.1"호 호접양금蝴蝶揚琴, 브뤼셀 악기 박물관의 "1932"호 호접양금 등 4종인데, 파리 필하모니의 "E.2007.7.1."호 양금을 제외한 나머지 3종 양금은 모두 금채가 2개인 것으로 확인된다. 파리 필하모니의 "E.2007.7.1."호 양금의 경우, 금채 하나는 빠져 있는 것으로 보인다. 하지만 금채의 제작 재료는 모두 대나무인 것으로 확인된다.

요컨대, 중국 전통양금에 사용된 금채의 수량은 공히 2개로 나타나고, 그 제작재료는 대부분 대나무인 것으로 나타난다. 그리고 양금 실물을 통하여 확인되는 금채의 모양은 마치 얇은 목의 젓가락과 같은데, 힘줄처럼 부드러웠던 것으로 확인된다.

2) 개량양금

(1) 1949년 중화인민공화국 건국 이전

1981년에 중국 무한음악학원에서 열린 "전국 고등 예술원교 양금 회의全國高等藝術院校揚琴會議"[149]에서 여러 양금 전문가들과 학자들이 함께 협의한 끝에 중국 양금의 전승 상황을 기준으로 중국 양금을 광동파 양금, 사천파 양금, 동북파 양금과 강남사죽파 양금 등 이상 4가지 유파로 분류하였다.[150] 이때부터 중국 양금의 연주 특징이나 연주 풍격 등에

上海: 上海古籍出版社, 2002, 258頁에서 재인용. 이 문헌에서 양금의 모양이 보인다.

147 丘鶴儔, 앞의 책(1920), 13頁.

148 위의 책, 19-25頁.

149 무한음악학원(http://www.whcm.edu.cn, 2019.9.10.)

관한 논의가 크게 4가지 유파로 확연히 구별되게 되었다. 중국 양금의 지역별 특징과 풍격이 언제부터 다르게 형성되게 되었는지 그 과정을 살펴보고자 한다.

20세기 초반 "학당악가學堂樂歌" 시기에 "복고여습서병진復古與襲西並進"이라는 "고악부흥"의 음악 운동이 전개되기 시작되었다.[151] 1918년에 정근문鄭覲文(1872~1935)은 악기를 제작하고 연구하기 위한 목적으로 상해에 "금슬학사琴瑟學社"를 창립하였는데, 이듬해(1919)에 단체 이름을 "대동악회大同樂會"로 개칭하였다. 이 단체는 "培養演奏人材、研究中西音樂理論和製作、改革樂器, 組建樂隊"라고 하여 연주인재 배양, 중서음악 이론 연구, 악기 제작 연구, 악기 개량, 악대 결성을 주요 목표로 삼아[152] 활동을 전개하였다. 그로 인하여 1920년대는 중국 전통악기 개량이 활발했던 신진 시기라 할 수 있다. 그와 맥을 같이 하여 양금의 개량도 전개되기 시작하였으니 이 시기는 양금 악파 형성의 중요한 시기라 할 수 있다.

가. 광동파 양금 형제의 개량

광동성은 양금이 해외로부터 중국으로 처음 유입된 지역으로서 청말 민초에 이미 광동 음악에 양금을 적용함으로써 광동파 양금을 형성하기 시작하였다. 즉 1920년대 초에 양금은 월금粵琴, 진금秦琴과 결합하여 "삼건두三件頭"의 조합을 형성하였고, 이로부터 광동음악에서 광동파 양금의 역사가 시작되었다.[153] 앞서 인용한 〈인용문 Ⅲ-21〉을 보면 광동인[粵人]은 나비형 양금을 전통적인 사다리꼴로 바꿈으로써 형제 면에서의 개혁을

---

150 傅瑜, 앞의 논문(2012), 18-19頁. 또한, 동북 양금 전승인인 신한문(申漢汶, ?~?)은 "在1981年武漢召開的 全國揚琴專業研討會上, 東北揚琴被確認爲全國四大流派之一"이라고 말했다. (程曉穎,「營口大地誕生的 藝術瑰寶—東北揚琴」,『營口春秋』, 2014(3))

151 1915년 1월,『科學』창간호에 발표된 조원임(趙元任, 1892~1982) 작곡의「화평진행곡(和平進行曲)」은 중국 최초의 피아노 창작 음악으로서 그 후면에 부가되어있는 "부록"에 "欲救今樂之失, 復古與襲西並進" 이라는 문장이 포함되어있다. "復古與襲西並進"이란 말은 바로 여기에서 나온 것이다. (馮長春,「20世紀 上半葉中國音樂思潮研究」, 中國藝術研究院 博士學位論文, 2005, 38頁에서 재인용)

152 陳正生,「鄭覲文與20世紀初民族樂器改革」,『演藝設備與科技』, 2008(01), 3頁.

153 王健,「廣東音樂揚琴源流考述」,『黃河之聲』, 2016(19), 76-77頁; 張志遠,「中國揚琴傳統流派比較研究」, 『齊魯藝苑』, 2004(3), 47頁.

꾀하였다.[154]

여문성呂文成(1898~1981)은 광주음악의 전문가일 뿐만 아니라 광동파 양금 개혁에 중요한 공헌자이기도 하다. 그는 1926년에 고호高胡를 개혁하는 데 성공하자 전통양금의 한계를 깨닫고 구학주丘鶴儔(1880~1942)와 사도인 몽암夢岩(1888~1954)의 지원과 도움을 받아 기존 호접胡蝶식 양금을 대담하게 개혁하였다.[155] 그는 전통양금의 음색을 풍부하게 하기 위하여 고음부 음역의 구리 줄[銅絲]을 철 줄[鐵絲]로 변경했는데, 저음 영역에서는 여전히 구리 줄을 사용하였다. 이와 같이 여문성은 양금을 고음부와 저음부 음역으로 구분하여 금현의 재료를 달리함으로써 양금의 음색을 풍부하게 하는 효과를 얻었을 뿐만 아니라 예술적 표현력도 향상시키는데 기여하였다. 동시에 양금의 금체를 크게 확대함으로써 양금의 공명을 늘렸을 뿐만 아니라 양금의 음량을 전에 없이 증폭시켰다.

기실, 양금 고음부 음역의 줄을 기존의 구리에서 철로 바꾸게 된 이면에는 고음부 음역의 줄은 얇아서 구리의 특성상 끊어지기 쉬웠기 때문에 그러한 단점의 보완을 위하여 기존의 구리 줄을 철제의 줄로 대체한 것으로 보인다. 우선, 구학주의『금학정화琴學精華』[156]에 기술되어있는 내용을 보면 다음 〈인용문 Ⅳ-2〉와 같다.

〈인용문 Ⅳ-2〉

揚琴所用之弦, 向來用黃銅製成, 但銅線體質輕脆, 若定低音三指合或四指合之弦 (照簫笛之音 定弦), 尚可適用, 惟是定高音五指合或六指合之弦, 其線易斷, 故近日市上發售一種揚琴所用 之鋼線, 體質堅固, 久用不斷, 較高音之揚琴, 甚爲合用.

위의 〈인용문 Ⅲ-2〉에서 확인되는 바와 같이 구학주는 당시 양금 금현이 지니고 있었던 문제점을 지적함으로써 20세기 초 광동파 양금 금현이 개혁된 이유를 밝히고, 아울러

---

154 丘鶴儔, 앞의 책(1920), 13頁.

155 藍綺文,「呂文成對廣東揚琴發展的貢獻與思考」, 中國音樂學院 碩士學位論文, 2012, 6頁.

156 劉月寧, 앞의 논문(1994), 9頁.

철 줄의 장점에 대하여 언급하였다. 즉 기존의 구리 줄은 재료의 특성상 저음부 음역에서는 사용해도 무방하지만 고음부 음역에서는 끊어지기 쉽기 때문에 단단하여 오래 되어도 잘 끊어지지 않는 철제의 줄을 사용하는 것이 더 적합하다는 견해이다. 여문성이 개량한 양금이 낮은 음역에서는 기존의 구리 줄을 계속 사용하되, 높은 음역에서는 철 줄을 사용한다는 점으로 볼 때, 인용문 중 "近日市上發售一種揚琴所用之鋼線"이라 한 양금은 바로 여문성의 개량양금을 말하는 것으로 추정된다. 이와 같이 구학주는 당시 양금의 개량 결과에 대하여 매우 긍정적인 평가를 하였음을 알 수 있다.

구학주는 당시의 개량양금에서 고음부 음역의 금현을 철 줄로 바꾼 것에는 긍정적이었지만 고음부 음역을 연주할 때 날카로우면서 딱딱한 소리가 난다는 면에서 문제가 있다고 여겼다. 『금학정화琴學精華』 중의 관련 기록에 의하면,[157] 구학주는 그러한 문제점을 해결하기 위하여 금채의 머리 부분에 테이프나 플란넬을 붙이도록 건의함으로써 금채의 개량 방안을 제안하였다. 결국 광동파 양금은 여문성에 의해 개량된 양금과 구학주에 의하여 개량된 금채가 결합함으로써 1920년대 말부터 광동 민간음악에 널리 채용되었을 뿐만 아니라 각 지역으로도 보급되어 중국 양금 예술의 발전에 기여를 하였다.

나. 사천파 양금 형제의 개량

앞서 언급한 바와 같이 대재우의 『사천양금사고四川揚琴史稿』에 수록된 관련 기록에 의하면 사천 양금의 공명상자는 사다리꼴 형태이다.[158] 그와 같이 사천 양금의 공명상자는 애초부터 사다리꼴이었기 때문에 외관상의 변화는 발생하지 않은 것으로 보인다.[159] 전통양금은 괘와 금현이 닿는 면적이 커서 소리를 낼 때 소음이 많고, 연주할 때에 단지 제어

---

157 위의 논문, 9頁.
158 代梓又, 앞의 책, 38頁.
159 代梓又에 의하면 중국의 초기 양금은 나비형이었으나 강희 연간에 이양(李洋)이 양금을 제작하는데 소요되는 노동량을 절약하기 위하여 직접 사다리꼴로 변경하였다고 한다. 그러한 사실을 들어 代梓又는 이양을 양금의 현지화 개혁에서 첫 번째 사람으로 꼽기도 한다. (위의 책, 38-39頁) 그런데 구학주의 『琴學新編』 13쪽에 "揚琴之製, 俱用梧桐木, 其形如扇面一般. 初出於揚州, 故名曰揚琴. 後吾粵人乃有效而作之, 改其形如蚨蝶樣."(〈인용문 II-2〉 참고)이라 한 것을 보면 이러한 견해는 재고의 여지가 있다고 본다.

할 수 있는 힘만 있으므로 양금의 음량 역시 이 때문에 제한을 받는다. 이는 사천 양금뿐만 아니라 광동 양금에서도 존재하고 있었던, 전통양금이 지닌 결점이었다. 도광 연간의 사조송謝兆松(1857~1930, 맹인盲人)은 바로 이러한 문제를 해결하기 위하여 원래의 긴 송곳 모양[錐形]의 괘를 오늘날의 양금 괘와 같은 "성가퀴 모양[雉堞形]"으로 바꾸고는 아래쪽의 약간 넓은 면을 금면에 놓고 위쪽의 아주 작은 부분으로 금현을 받치도록 하였다. 그 결과, 금현과 괘, 괘와 금면 사이의 마찰과 울림이 줄어들었고, 소음도 감소하게 되었다.[160]

이후, 조유태趙友太(1875~1918)와 역덕전易德全(?~1960) 등 양금연주자는 양금의 금현으로 사용되어오던 모든 동사를 피아노 철사鐵絲로 교체하였다. 피아노에서 사용하는 철사는 비교적 단단하고 맑으며 큰 소리를 낼 수 있다고 판단하였기 때문이다. 그러나 개량된 철사 양금의 저음 효과가 반감되어서 마지막으로 가장 낮은 4개음이 다시 동사로 대체되었다.[161]

사천 양금은 주로 맹인들에 의해 연주되었는데, 연주할 때 금현을 치는 정확성을 높이기 위해 민국 초기에 금채가 원래의 길이보다 2㎝ 길어졌고, 금채 전체가 넓어지고 두꺼워졌다. 이러한 금채는 비교적 단단하여 집중적이고 풍부하고 큰 소리가 나는 효과가 있다.[162] 현재 사용되고 있는 사천 양금의 금채는 다른 유파에서 사용되는 금채에 비하여 조금 길면서 가장 단단하고 가장 무거운 것으로 알려져 있다.

다. 동북파 양금 형제의 개량

동북파 양금의 창시자인 조전학趙殿學(1885~1963)은 요녕성遼寧省 개현盖縣 출신으로서 양금의 연주에 뛰어났을 뿐만 아니라 사호四胡, 고쟁古箏, 적자笛子, 쇄납[嗩吶] 등의 연주에도 뛰어났던 민간예인이었다.[163] 농사일을 병행하였던 그는 농한기로 접어들면 자신이 갖추고 있었던 목공 수공예 방면의 능력을 발휘하여 스스로 양금을 제작하여 판매

---

160 代梓又, 앞의 책, 39-40頁.
161 위의 책, 41-42頁.
162 위의 책, 42-43頁.
163 张倩楠, 「東北揚琴發展歷程研究」, 哈爾濱師範大學 碩士學位論文, 2015, 11頁.

한 것으로 알려져 있다.[164] 하지만 그가 양금을 개량하였다는 기록은 없고, 단지 금채의 길이와 두께를 개량한 것으로 알려져 있다.[165] 그는 자신의 양금 연주에서 전죽顫竹, 활죽滑竹, 유현揉弦 기법의 응용을 위하여 금채를 개량함으로써 동북 양금의 표현력을 풍부하게 하는 길을 열어주었던 것이다.

비록 동북파 양금에 대하여 악기의 개혁이 날로 완벽해졌다고는 하나,[166] 구체적인 정황은 알 수 없고, 단지 "8음양금[八音揚琴]"인 작은 양금으로부터 다음 〈그림 IV-9〉와 같이 3개의 괘를 지닌 악기로 개혁이 이루어져 음역이 크게 확대되었다는 사실만 알려져 있다.[167]

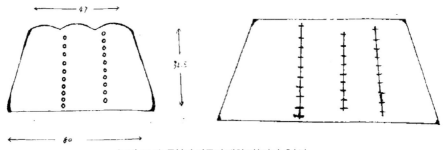

〈그림 IV-9〉 동북파 양금의 개혁 전(左)과 후(右)

라. 강남파 양금 형제의 개량

강남사죽江南絲竹은 강소江苏 남부와 절강浙江 서부, 상해上海 일대에서 유행해온 중국 민간 전통기악으로서의 사죽악이다.[168] 그것은 또 남음南音, 광동廣東음악과 함께 중국 남방의 중요한 악종에 속한다. 강남사죽양금의 대표 인물로는 임회초任晦初(또는 임회초任悔初, 1887~1952), 장지상張志翔(?~?), 유월정兪越亭(?~?)을 제1세대로 꼽고, 그 후의 항조화

164　劉安良, 앞의 논문(1991), 24頁.

165　위의 논문, 25頁.

166　张倩楠, 앞의 논문, 28頁.

167　劉安良, 앞의 논문(1991), 26頁.

168　卜秀峰, 「江南絲竹對中國揚琴藝術影響之探求」, 『音樂創作』, 2012, 127頁.

項祖华(1934~2017)와 주혜周惠(1922~2011) 등을 제2세대로 꼽는다. 특히 그 1대 종사인 임회초는 1917년에 상해에서 저명한 사죽 단체인 "청평집淸平集"을 창립하여 강남사죽음악의 전파에 지대한 공헌을 하였다. 뿐만 아니라 그는 1930년대에 기존의 사죽악곡 가운데『삼육三六』,『중화육판中花六板』을 양금독주곡으로 개편한 뒤 그것들을 음반에 취입함으로써 양금음악의 발전에 기여를 하였다.[169] 즉 그가 녹음한 음악 작품들은 중국 양금이 종래의 사죽 합주로부터 분리되어 하나의 독립된 예술 부문을 이루게 되는 중요한 표지가 되었다.[170] 당시 이러한 독주곡들을 하나의 채로 연주하는 주법으로 연주하였다는 사실은 강남사죽양금에 아직 양손 주법이 도입되지 않았음을 말해준다.

양금의 개량과 관련하여 임회초는 강남사죽양금의 현축을 원래의 구리못[銅釘]식에서 움직임이 적은 나선식으로 바꿈으로써 면판이 흔들릴 때의 음색을 개진하였다.[171] 기실, 강남사죽악이 중국음악에 끼친 양향이 작지 않다는 사실로 미루어 음악의 풍성한 발전과 비례하여 악기의 개량이 이루어졌으리라 추정되지만, 그에 대한 연구 사례가 발견되지 않는다. 현재까지의 연구 결과에 의하면 임회초에 의하여 이루어진 현축 부분의 개량 사실만 알려져 있을 뿐이다.

(2) 1949년 중화인민공화국 건국 이후

기존의 쌍칠형雙七型이나 쌍팔형雙八型 전통양금은 단음 선율법이 많은 음악에는 적합하였으나, 이후 연출 형식이 자탄자창自彈自唱으로부터 한 사람이 독자로 설창하고 소악대가 반주하는 형식으로 바뀌면서 기존 전통양금의 좁은 음역과 약한 음량은 악대樂隊의 수요를 만족시킬 수 없게 되었다.[172] 뿐만 아니라 양금 독주곡이 대량으로 양산되기 시작하면서 음량이 적고, 음역이 좁으며, 음위가 불합리한 기존 전통양금의 폐단을 개혁하고자 하는 목소리가 높아지게 되었다. 이에 대한 보완으로 "쌍십형雙十型 양금"이 대두되었

---

169 張敏, 앞의 논문(2009), 12頁.
170 卜秀峰, 앞의 논문, 128頁.
171 中國民族管弦樂學會(編),『華樂大典 揚琴卷』, 文論篇, 上海: 上海音樂出版社, 2016, 344頁.
172 湯晨,「中國揚琴的沿革與發展現狀研究」, 內蒙古師範大學 碩士學位論文, 2014, 12頁.

고, 그것을 시작으로 "율려식 대양금律呂式大揚琴"이나 "변음양금變音洋琴"류 등 대량의 개량양금들이 줄이어 출시되기 시작하였다.

가. 쌍십형雙十型 양금

변음양금의 창시자인 양경명楊競明(1918~1994)이 전통양금을 개혁하고자 한 정신은 1939년으로 거슬러 올라간다. 당시 35명으로 구성된 중앙TV방송국[中央廣播電視台] 민족악대가 창작곡『풍운제회風雲際會』를 연주하였을 때, 기존의 전통양금으로는 양금 성부에 활용된 여러 기법을 연주하기 어려웠다. 당시 사용하던 쌍팔형 양금은 음역이 좁고, 전조가 불가능하였기 때문에 시장에서 양금이 도태되어버릴 것이라는 우려를 자아냈던 것이다.

그가 본격적으로 양금 개량에 착수하게 된 시기는 그가 1949년 중앙인민방송국[中央人民廣播電台]에 소속된 악기 개혁 팀의 팀장으로 임명되면서부터이다.[173] 전조의 어려움, 좁은 음역, 음위 배열 등 기존 양금이 지니고 있었던 폐단을 해결하기 위하여 그는 북경민족악기공장[北京民族樂器廠, 현 "粵華樂器有限公司"] 양금조揚琴組의 유진흥劉進興(?~?)과 함께[174] 10번 정도 개량양금을 실험 제작하였다. 그러한 실험 과정을 거친 뒤 1957년에 마침내 "쌍십형雙十型 양금"이 출시되었는데, "쌍십형"의 "쌍"은 두 개의 괘를, "십"은 10현을 의미한다. 즉 "쌍십형 양금"이란 두개의 괘가 있고, 각각 10현씩, 총 20개의 음위를 지닌 악기이다.

이 악기의 음역과 음위에 대한 기록은 발견하지 못하였지만, 이후에 나온 "소전조 양금"이 이 양금에 기초하여 개량되었다는 사실을 통하여 그 음역과 음위를 알 수 있다. 즉 "소전조 양금"은 "쌍십형 양금"에 기초하여 우측에 저음 괘 하나를 추가 설치하여 이루어진 것이기 때문에 그 우측 괘와 중간 괘의 음위가 바로 "쌍십형 양금"의 음위에 해당한다.

---

173 田克儉, 田偉寧,「中國現代揚琴起源發展史」⇨ 中國民族管弦樂學會(編),『華樂大典·揚琴卷』, 文論篇, 上海音樂出版社, 2016, 89頁에서 재인용.

174 桂習禮,「中國揚琴之再造」,『演藝設備與科技』, 2005(05), 43頁.

"소전조 양금"의 음위 배열도 중 우측 두 개의 괘에 명시된 음들을 통하여 음역이 f¹-c³(혹은 F-c²)[175]이고, 음위[176]는 다음 〈그림 Ⅳ-10〉과 같았음을 알 수 있다.

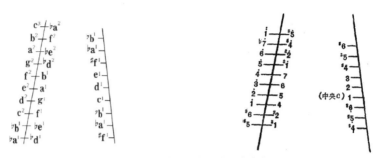

〈그림 Ⅳ-10〉 "쌍십형 양금"의 음위 배열도

나. 율려식 대양금

정보긍鄭寶恆(1924~2007)은 1952년에 중앙음악학원에 부임한 뒤 학생들을 교학시키는 과정에서 기존의 전통양금은 음역이 좁고, 반음이 없어서 조옮김이 쉽지 않으며, 음량도 작고, 여음을 막을 수 없다는 등의 결점이 있다고 느꼈다. 이에 1953년부터 그는 장자예張子銳(1918~2017)와 더불어 첫 번째 "율려식 대양금"의 실험 제작에 착수하였지만 제1차의 개혁은 실패하고 말았다. 그는 제1차의 실패를 교훈으로 당시 소련에서 중앙음악학원으로 보내온 양금을 참고하여 장자예, 조립업趙立業(?~?)과 함께 두 번째 대양금을 실험 제작하였다. 그들은 음역을 F#¹-d²로 확대하였고, 모든 반음을 포괄하되 음위 배열은 율려식으로 배열하여 임의로 이조할 수 있게 하였다. 뿐만 아니라 확대하고, 음판의 목재를 백송白松으로 바꾸는 등의 작업을 통하여 음량을 증대시키고, 제음기를 장착하여 여음을 막을 수 있게 하였다. 특히 기존의 고정적 산구山口를 활동적으로 바꿈으로써 조율의 편리함과 음율의 정확성을 기할 수 있게 하였다. 이러한 두 번째 대양금은 계속 개진하여 실험 제작

---

175 위의 논문(43頁)에는 f1-c3로, 楊競明의 「我改良洋琴的經過」(111頁)에는 F-c2로 표시됨으로써 한 음역 차이가 있다.

176 좌측은 桂習禮의 「中國揚琴之再造」에서, 우측은 楊競明의 「我改良洋琴的經過」에서 취한 것이다.

하다가 1956년에 천진공농병악기공장[天津工農兵樂器廠]에서 정식으로 생산하게 되었고, 그것들은 점차 전국의 대도시나 소수민족지구에서 사용되기 시작하였다. 1950-60년대에 각지 예술학교와 문예단체에 채용되었던 양금이 바로 두 번째 대양금이었다.

두 번째 대양금은 많은 장점이 있었지만 크고 무거워서 혼자서 이동하기 불편하다는 결점이 있었다. 결국 1958년에 그는 고음부 음역 증가, 체적 줄이기, 중량 줄이기 등을 목표로 제3차의 양금 개량을 시작하였다. 그 결과, 음역을 4개 8도로 늘리고 크기와 무게도 줄이는 성과를 이루었다.[177] 이 개량 대양금은 음역이 G-g³으로 넓어지고, 페달 댐퍼도 추가하였으며, 모든 반음을 낼 수 있다는 특징을 지녔다. 그 음위를 전통적 율려에 의하여 배열하였기 때문에 "율려식 대양금"이라 칭해졌는데, 세 번째 대양금은 짧은 거리를 혼자서도 이동할 수 있을 정도로 크기와 무게가 줄었으므로 두 번째 대양금이 지녔던 결점을 일소할 수 있었다. 그 양금의 모양과 음위 배열도[178]는 다음 〈그림 IV-11〉과 같다.

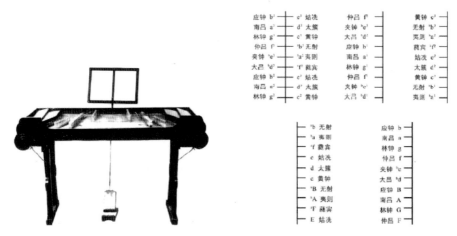

〈그림 IV-11〉 "율려 대양금"의 모양 및 음위 배열도

---

177 鄭寶恆, 「我們改良的大洋琴」⇨ 中央音樂學院中國音樂研究所(編), 『民族樂器改革文集 第一集』, 音樂出版社, 1961, 115~118頁.

178 桂習禮, 앞의 논문(2005), 44頁.

다. 변음 양금류

"변음 양금變音揚琴"은 일명 "쾌속전조양금快速轉調揚琴"이라고도 하는데, 그 이칭을 통하여 전조轉調를 악기 개량의 우선적인 목표로 삼았음을 짐작할 수 있다. 앞서 말한 바와 같이 변음 양금의 창시자로 양경명을 꼽는다. 그 종류로는 "소전조 양금小轉調揚琴", "대전조 양금大轉調揚琴", "401형 양금", "402형 양금", "개진형改進型 402 양금" 등 5종이 있다.

① 소전조 양금: 1959년에 양경명이 창양금조와 함께 제작한 개량양금으로서 본인이 1957년에 개량해냈던 전통 "쌍십형 양금"을 기초로 하여 1괘를 추가한 것이다. 그 결과, 음역이 c-c³으로 확대되었다. 그 양금의 모양과 음위 배열도[179]는 다음 〈그림 Ⅳ-12〉와 같다.

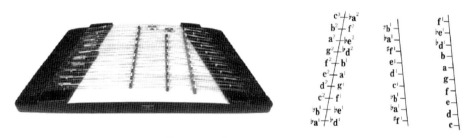

〈그림 Ⅳ-12〉 "소전조 양금"의 모양과 음위 배열도

② 대전조 양금: 1961년에 양경명이 북경민족악기공장 양금조와 함께 "소전조 양금"의 기초 위에 다시 낮은 괘를 하나 더 추가 설치함으로써 그 음역을 c-c³으로 넓히고는 "대전조 양금大轉調揚琴"이라 하였다.[180] 이 양금이 개진되면서 직전에 출시되었던 양금을 "소전조 양금"이라 칭하여 서로 구분하였다. "대전조 양금"의 모양과 음위 배열도[181]는

---

179 위의 논문, 43頁.
180 위의 논문, 44頁. 계습례는 저음부에 한 괘를 추가하였다고 하지만, 이 책에서는 두 악기의 음위 배열도를 비교해본 결과, 고음부에 한 괘를 추가한 것으로 보았다.
181 위의 논문, 43頁.

다음 〈그림 IV-13〉과 같다.

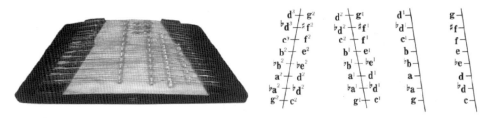

〈그림 IV-13〉 "대전조 양금"의 양금 모양 및 음위 배열도

③ 401형 양금: "대전조 양금"이 개진된 지 10년 이상이 지난 1973년에 양경명 등은 또 다시 "401 양금"을 개진하였다. 그 이유는 "대전조 양금"은 $E^{\flat}$, $A^{\flat}$, $D^{\flat}$ 등 3개 악조의 음위 배열이 매우 혼란하고 연주하기 불편하다고 여겼기 때문이다. 그러한 결함을 보완하기 위하여 좌측에 3음을 얹은 괘를 추가하고, 또 현의 수를 5현 늘렸다. 그 결과, 음역이 c-d^3으로 넓어졌다.[182] 이 "401형 양금"의 모양과 음위 배열도[183]는 다음 〈그림 IV-14〉와 같다.

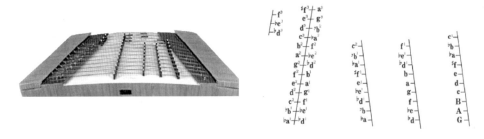

〈그림 IV-14〉 "401형 양금"의 모양 및 음위 배열도

---

182 위의 논문, 44頁.
183 위의 논문, 43頁.

④ 402형 양금: "402형 양금"은 1990년에 당시 중앙민족방송국[中央民族廣播] 악단의 황영복黃榮福과 고문조(항조화, 전방평, 계습례)가 북경민족악기공장의 풍원개豐元凱, 이강李江, 팽소중彭蘇中과 연합하여 개진하였다. "401형 양금"이 출시된 지 17년이 경과한 뒤의 일이다. 이 양금은 새롭게 대두된 이래 꾸준히 애호되어 현재 가장 광범위하게 사용되고 있다. 괘의 높이가 낮아지고, 중음부와 저음부 금현의 재질이 "851신식은색전현新式銀色纏弦"으로 변경되었으며, 외관이 아름다워졌고, F, g^1, c^2, c^2의 4음이 추가되었다.[184] 이 악기의 전신前身은 "401형 양금"으로 보이는데, 그에 비하여 형태나 조옮김, 연주 등 기능 면에서 많이 향상되었다. 이 "402형 양금"의 모양과 음위 배열도[185]는 다음 〈그림 Ⅳ-15〉와 같다.

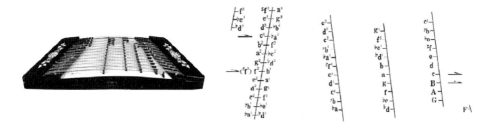

〈그림 Ⅳ-15〉 "402형 양금"의 모양 및 음위 배열도

⑤ 개진형 402 양금: "개진형改進型 402 양금"은 2002년에 중앙음악학원의 계습례桂習禮(1942~)가 "월화악기유한공사粵華樂器有限公司"의 마소당馬少堂, 팽소중彭蘇中, 공번기孔繁岐 등과 연합하여 연구 제작한 악기로서 "G-402형 양금"이라고도 칭한다.[186] 악기 이름에서 알 수 있는 바와 같이 이 악기는 기존의 "402형 양금"을 모태로 하여 개량을 꾀한 것이다. "402형 양금"에 비하여 저음부에 작은 괘 하나를 더 설치하여 E, F#, A^b, B^b 4음을 늘리고, 중음부 괘의 상단에 a^{b3}, b^{b3} 두 음을 늘림으로써 고저음부의 반음을 온전히 하였다. 뿐만 아니라 면판을 넓히고, 괘 간의 거리를 넓히는 등의 방식으로 음질의 개선

---

184 위의 논문, 44頁.
185 위의 논문, 44頁.
186 위의 논문, 44頁.

을 이루었다.[187] 그 악기의 모양과 음위 배열도[188]는 다음 〈그림 IV-16〉과 같다.

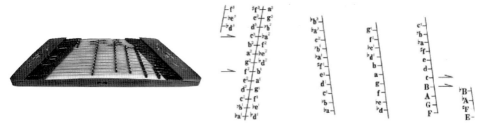

〈그림 IV-16〉 "개진형 402 양금"의 모양 및 음위 배열도

이상 언급한 변음 양금류 양금들의 기술 순위를 통하여 애초 "쌍십형 양금"을 모태로 하여 개량을 진행함으로써 최종적으로 "402형 양금"과 "402개진형改進型 양금"에 이르는 과정을 읽을 수 있다. "쌍십형 양금"으로부터 비롯하여 결과적으로 "쌍십형 양금" → "소전조 양금小轉調揚琴" → "대전조 양금大轉調揚琴" → "401형 양금" → "402형 양금" → "개진형 402 양금"으로의 개량 여정을 지나온 것이다. 그러한 여정에서 드러나는 현상은 새로운 개량양금이 대두되면서 모태가 되었던 기존의 양금은 자연 도태되어버린다는 사실이다. 단, "개진형 402 양금"의 경우, 그것이 "402형 양금"을 비록 모태로 삼아 이루어진 개량양금 이라고는 하나 "402형 양금"의 선호도를 뛰어넘지는 못하였다는 점에서 예외로 드러난다.

라. 401형 양금과 402형 양금에 기초한 개량양금류

기실, "401형 양금"과 "402형 양금"은 그것들에 기초하여 이루어진 개량양금들이 적지 않다는 점에서 후대에 미친 영향이 크다고 할 수 있다. "501형 양금", "502형 양금"은 "401 형 양금"에 기초하여 개량되었고, 특히 "402형 양금"은 앞서 언급한 "개진형 402 양금" 외에도 "나비형 402 양금", "나비형 저음 대양금"의 모태가 되었기 때문이다. 이와 같이

---

187 위의 논문, 44-45頁.
188 위의 논문, 44頁.

변음 양금류에 기초하여 개량을 진행하였다는 것은 중국 양금의 개량에서 전조의 문제를 가장 중요한 관건으로 삼았음을 말해준다.

① 501형 양금과 502형 양금 : 1978년에 중앙음악학원의 계습례는 북경민족악기공장의 이근순李根順, 이강李江 등과 함께 "401형 양금"에 기초하여 개량한 "501형 양금"(〈그림 Ⅳ-17〉과 참고)을 개진하였다. 그 양금은 모든 음위를 평균율에 의한 실용 반음으로 하여 전조와 화현을 자유롭게 하였을 뿐만 아니라 모든 금현을 은색전현銀色纏弦으로 바꿈으로써 고, 중, 저음부의 음질을 일관되도록 하였다. 그밖에도 금체를 려목鋁木으로 바꿈으로써 악기의 무게와 악기가 굽어지는 현상을 줄였고, 여음을 효과적으로 제어하기 위한 발 페달 댐퍼도 추가하였다. 이후 월화공사粵華公司는 26년간 사용해오던 "501형 양금"이 부피가 크고 고음역의 음질이 좋지 않다고 판단하여 계습례와 합작하여 2004년에 "502형 양금"을 개진하였다.[189] 이 "502형 양금"의 개량에 대한 구체적인 정황은 알 수 없지만, 크기와 금현 면에서 조절하였을 뿐, 음위 배열은 종래의 "501형 양금"과 다름없었으리라는 짐작은 어렵지 않다. "501형 양금"[190]의 모양과 음위도는 다음 〈그림 Ⅳ-17〉과 같다.

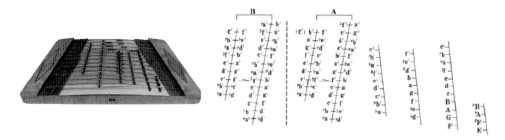

〈그림 Ⅳ-17〉 "501형 양금"의 모양 및 음위 배열도

② 나비형 402 양금과 나비형 저음 대양금 : "나비형 402 양금"과 "나비형 저음 대양금" 역시 "402형 양금"을 기초로 하여 개량되었다는 점에서 일종의 개진형 402 양금 부류에

---

189 위의 논문, 46頁.
190 위의 논문, 46頁.

속한다. 1998년에 반귀군潘貴軍은 전통 나비형 양금 형태와 402 양금의 음위를 조합함으로써 "나비형 402 양금"[191](〈그림 IV-18〉 참조)과 "나비형 저음 대양금"[192](〈그림 IV-19〉 참조)을 개진하였다.

　"나비형 402 양금"은 나비형으로 인하여 고음 영역에서 금체의 면적이 증가하였고, 그로 인하여 진동 면적도 증가되었으며, 저음부의 반음인 E, F♯, A♭, B♭을 증설하고 괘의 위치를 이동하면서 음질도 개선했다. 또한 "나비형 저음 대양금"의 경우, 음위 규율이나 연주 방법은 "402형 양금"의 그것들을 습용하되 모든 음위를 "402형 양금"에 비하여 완전 4도 아래로 낮추었을 뿐이다. "나비형 402 양금"과 "나비형 저음 대양금"의 악기 모양과 음위 배열도는 다음 〈그림 IV-18〉, 〈그림 IV-19〉와 같다.

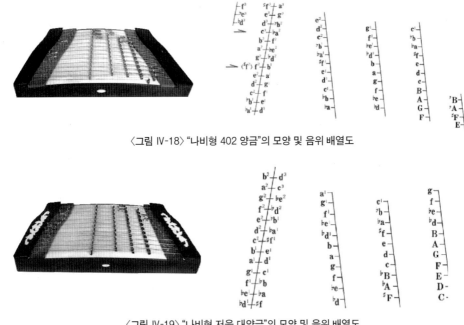

〈그림 IV-18〉 "나비형 402 양금"의 모양 및 음위 배열도

〈그림 IV-19〉 "나비형 저음 대양금"의 모양 및 음위 배열도

191　위의 논문, 48頁.
192　위의 논문, 48頁.

이상 살펴본 바와 같이 "401형 양금"과 "402형 양금"은 후대의 양금 개량에서 모태 악기로 작용하였는데, 비교적 이른 시기에는 대체로 "401형 양금"을, 비교적 늦은 시기에는 "402형 양금"을 기초로 삼았음을 알 수 있다. "401형 양금"은 초기 전자양금의 탄생에도 영향을 미친 것으로 나타난다.

마. 전자 양금류

1979년에 북경악기연구소의 장천탁張天鐸은 팽가림彭加林이 발명하였던 전자 양금에 기초하여 전자 양금을 제작하였는데, 그것은 공명상자, 습음기拾音機, 방대기放大器, 음상音箱으로 구성된다. 이 전자 양금은 기본적으로 "401형 양금"의 음위와 연주법을 그대로 준수하되, 독주와 반주에 적합하도록 음색을 감미롭게 하고, 음량을 조절할 수 있도록 하였다.[193]

1980년에 심양 군구 가무단瀋陽軍區歌舞團의 곡성충谷成忠(1947~)은 전통양금의 음색과 연주법에 기하여 양금의 음량을 개선하고 음질도 부드럽고 아름답게 만들기 위하여 "다용-전성양금多用電聲揚琴"을 발명했다. 이 다용-전성양금은 새로 추가된 6개 금현에 다른 악기의 소리 및 새 소리, 비행기 소리, 폭죽 소리도 추가되었는데, 다른 악기와 쉽게 합주할 수 있었다.[194]

호남사범대학교의 송택영宋澤榮, 장정봉張正鳳과 만언萬言은 401형 양금에 기하여 사다리꼴형의 "전성다공능양금電聲多功能揚琴"을 발명하였다. 이 양금의 정확한 제작 시기는 알 수 없지만, 1988년에 그것에 관한 논문이 발표[195]된 것을 보면 1988년 이전에 개진된 것임을 알 수 있다. 이 전자 양금은 양금 영역 이외에 고쟁, 독현금獨弦琴 및 특정한 리듬을 포함함으로써 두 부분으로 구성되었다.[196]

---

193 張天鐸, 「電揚琴簡介」, 『樂器科技』, 1980(02), 9頁.
194 桂習禮, 앞의 논문(2005), 46-47頁.
195 楚音, 「我國民族樂器創新成果"電聲多功能揚琴"」, 『湖南師範大學社會科學學報』, 1988(02).
196 위의 논문, 128頁.

파. 기타

이상 상술한 양금들은 대체로 중국 양금사에서 주류를 이루어온 악기들이라 할 수 있다. 중국에는 그러한 양금들 외에도 많은 종류의 양금들이 더 존재하고 있다. 그것들 중 비교적 대표성을 지닌 양금들을 일부 선별하여 소개하면 다음과 같다.

1974년에 광동 민족 악기 공장에서는 "홍기 십이평균률 양금紅旗12平均律揚琴"을 개량했는데, 음질 때문에 광동성 및 홍콩, 마카오 등 지역에서만 사용되었다.[197]

1979년에 상해음악학원에서는 "81형 양금"을 개량했는데, 조옮김이 쉽지 않아 강수성, 절강성 등 지역에서만 사용되었다.[198]

오늘날까지도 양금의 개량 운동은 계속 진행 중이다. 계습례의 「중국양금지재조中國揚琴之再造」에서는 다른 17가지 개혁 양금[199]도 소개했는데, 이 양금들은 실용 가치가 높지 않다는 공통된 단점이 있으므로 이 책에서는 거론하지 않았다.

3. 일본 양금의 특징과 변모

1) 수입 초기의 형제와 특징

제2장에서 살펴본 바와 같이 일본(유구국)에 유입된 양금은 주로 당시 복건성에서 사용되었던 양금이었다. 뿐만 아니라 양금은 1963년에 청조로부터 유구국으로 처음 전해진 이래, 1879년 유구국의 멸망과 함께 일본 무대에서 사라지기까지 일본의 전통음악에 융합하지 못하였다, 이러한 사실들은 일본(유구국)에서 연주되던 양금들이 청대의 중국 양금 형태와 다름없었음을 가늠케 한다.

---

197 桂習禮, 앞의 논문, 46頁.
198 위의 논문, 46頁.
199 위의 논문, 47頁.

일본에서 연주된 양금의 모양에 관해서는 제Ⅱ장에서 소개한 바 있는 츠와노번 加津和
野舊潘家에 소장된 두 대의 양금(〈그림 Ⅱ-5〉과 〈그림 Ⅱ-6〉 참고)과 미토 도쿠가와水戶德川 집
에 소장하고 있는 양금(〈그림 Ⅱ-7〉) 등의 실물을 통하여 확인할 수 있다. 그밖에 여러 가지
그림에서도 양금 그림이 확인되는데, 덕천미술관德川美術館의『류구가무음악연주도권琉
球歌舞音樂演奏圖卷』(〈그림 Ⅳ-20〉[200])와『류구악기琉球樂器』(〈그림 Ⅳ-21〉[201]), 율생로림모葎生
盧臨模의『류구국악기도琉球國樂器圖』(〈그림 Ⅳ-22〉[202]), 정가당靜嘉堂의『류구곡사주악의주
琉球曲詞奏樂儀注』(〈그림 Ⅳ-23〉[203]), 충승현박물관沖繩縣博物館의『류구인좌악병무지도琉球
人座樂並舞之圖』(〈그림 Ⅳ-24〉[204]) 등이 그것들이다.

〈그림 Ⅳ-20〉『琉球歌舞音樂演奏圖卷』중의 양금　　　　〈그림 Ⅳ-21〉『琉球樂器』중의 양금

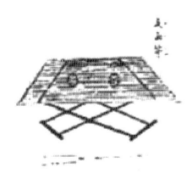

〈그림 Ⅳ-22〉『琉球國樂器圖』중의 양금　　　〈그림 Ⅳ-23〉『琉球曲詞奏樂儀注』중의 양금

---

200 王耀華, 앞의 책(2003), 186頁.
201 위의 책, 174頁.
202 위의 책, 178頁.
203 위의 책, 180頁.
204 위의 책, 185頁.

〈그림 IV-24〉『琉球人座樂並舞之圖』 중의 양금

상기와 같은 양금 실물들이나 그림을 보면, 일본(유구국)의 양금은 상면에 두 개의 괘가 있는 점, 두 개의 소리창(나무 조각과 상아 조각)이 있는 점, 양금의 공명상자가 사다리꼴형 扇面揚琴인 점 등에서 기본적인 특징이 중국 전통양금과 다름없다. 그와 같이 중국 양금과 동일할 수밖에 없는 이유는 그 양금들이 중국에서 유입된 것이기 때문이다. 일본(유구국) 에서 사용된 양금의 금현에 대한 기록은『류구곡사주악의주琉球曲詞奏樂儀注』에 매 현이 3가닥 한 벌로 구성되었다는 내용을 담고 있다. 그런데 일본(유구국) 양금의 금면에는 그림이 그려져 있는 경우도 확인된다. 이와 같이 양금의 금면에 그림이 그려진 사례는 일본 (유구국)의 양금에서만 발견되는 유일한 사례이다.

2) 현대 양금

유구국이 멸망한 이래 양금이 다시 일본으로 유입되기 시작한 것은 20세기 말(1980년 대)부터인데, 주로 중국 화교를 통하여 수용되었다. 1980년대 후반에 중국 양금 연주가 들이 일본을 방문하였고, 또 중국 중앙음악학원에 유학하여 양금을 학습한 일본 유학생 들이 본국으로 귀국한 뒤로 일본의 양금 문화가 다시 시작되었다. 이 시기에 그들과 함께 일본으로 들어온 중국 양금은 중국의 "401형 양금"이었다. 이후 중국의 "402형 양금"도 함께 전해졌고, 따라서 현재 일본에서 사용하고 있는 양금은 대부분 중국의 401형과 402 형 양금으로 알려져 있다.[205] 이와 같이 일본에서 활용되고 있는 양금은 모두 중국 양금이

---

205 각주 408)과 같음.

고, 또 일본에서 별도로 양금을 제작하였다는 설도 없기 때문에 일본의 양금에 대한 형제의 특징을 특별히 논할 것이 없다. 다만 2종의 중국 양금이 일본에서 어떻게 활용되고 있는가에 대한 향후 과제만 있을 뿐이다.

4. 소결

본 장에서는 고문헌, 고악보와 양금 실물 자료를 통하여 중국 양금, 한국 양금 그리고 일본 양금의 형제 특징 및 그 변천 상황을 살펴보았다. 그 결과 다음과 같은 사실들을 알 수 있었다.

첫째, 양금 공명상자[몸통]의 재질은 오동나무라는 점에서 세 나라가 모두 같았지만, 모양이나 장식물에서 차이가 있다. 중국 양금의 초기 모양은 사다리꼴로서 보드 뒷 면에 소리 창이 있는 것과 없는 것이 있었고, 민국 시기에는 부채형[사다리꼴]과 나비형이 있었지만, 나비형 양금의 상면에는 대부분 상아나 나무로 조각한 꽃을 상감한 둥근 울음공[소리 창]이 있다. 그리고 공명상자의 앞부분에 금채를 넣을 수 있는 서랍이 있는 양금도 있다. 반면, 한국과 일본의 양금은 모두 사다리꼴형으로 확인된다. 그런데 일본 양금 중에는 독특하게 금면에 그림이 그려져 있는 양금이 포함되어 있다.

둘째, 세 나라 양금 금현의 재질은 구리라는 점에서 같았지만, 각국에 정착하면서 금현의 수 및 구성 원리가 달라졌다. 중국 금현의 특징은 건륭 시기(1736~1796)까지 4가닥 한 벌이었으나, 도광 시기(1820~1950)에 3가닥 한 벌로 바뀌었다. 하지만 양금 실물에서는 2가닥 한 벌로 구성된 사례도 발견된다는 사실은 청말까지 금현 구성 원리가 일관되지 않았음을 나타낸다. 이와 달리 한국 전통양금의 금현은 거의 대부분 4가닥 한 벌이어서 비교적 변화가 없었다고 할 수 있으나, 특이하게 5가닥 한 벌로 구성된 양금도 있었음이 확인된다. 일본 양금의 금현은 3가닥 한 벌로서 특별한 변화가 없었다. 중국에서 전통양금의 금현의 수는 14현, 16현, 12현/17현이 있었고, 한국 전통양금의 금현은 일시적으로 15현인 시기도 있었지만 대체로 14현으로 일관되고, 일본(유구국)의 양금은 모두 14현으로 확인된다.

셋째, 한국과 중국 및 일본의 전통양금 괘의 수량은 모두 2개(고정괘)인 점에서 동일하지만, 모양과 재질은 다양하다. 중국 양금 괘의 재료는 나무나 상아를 사용하였는데, 한국과 일본의 양금 괘의 재료는 모두 나무였다. 중국 양금 괘의 모양은 "일자형"과 "돌출형" 두 가지가 있었으며, 그 특징은 볼록 목제 브래킷, 분리형 목제 브래킷, ㅇ형 목제 브래킷(상단 연결), ㅁ형 목제 브래킷(상단 분리), ㅁ형 목제 브래킷(상단 연결), 볼록 상아 브래킷 및 볼록 상아 브래킷 등 7가지인데, 한국 양금 괘의 모양은 모두 "일자형"으로서 그 특징은 ㅇ형 목제 브래킷(상단 연결)과 ㅇ형 목제 브래킷(상단 분리) 등 두 가지만 있다. 즉 한국 양금 괘의 모양은 중국으로 유입된 이래 거의 변화하지 않았다.

넷째, 한국 전통양금은 하나의 금채만 사용하는 점에서 중국이나 일본의 경우와 다르다. 즉, 중국 양금과 일본 양금은 두 개의 금채를 사용한다. 금채는 대나무로 만들어졌다는 점에서 공통적이다. 세 나라의 금채 모양도 거의 같은데, 중국과 일본의 금채가 한국의 그것보다 크다.

다섯째, 중국 양금의 개량 작업은 한국과 일본의 현대 양금에 영향을 미쳤다. 현재 중국에서는 주로 402호 양금을 보편적으로 사용한다. 최근 일본의 양금연주자도 주로 402호 양금을 사용하고 있다. 그런데 한국에서 양금 개량의 작업은 크게 "양금 형제 개선"과 "음위 추가" 등의 문제를 해결하기 위하여 해방 이후 시작되었지만 현대 한국의 43현 개량양금은 중국 402호 양금의 영향을 받은 것이다.

제5장

동아시아 양금
기보법記譜法

—

동아시아 양금 기보법記譜法

　양금의 기보 방법(또는 방식)은 현지인들이 알 수 있는 음악적인 언어 수단으로 사용되기 때문에 정착과 전승 과정에서 중요한 매개가 된다. 이에 양금의 기보 방법에는 각국의 문화적 특징이 나타난다. 한국의 전통적 양금 기보법으로 음고 기보 방식, 주법 기보 방식, 시가 기보 방식 등이 있는 것은 중국이나 일본의 기보법에 비해 특징적이다. 현재 중국의 양금 고악보에 보이는 음고 기보 방식, 주법 기보 방식 등은 20세기 이후 등장한 것이다. 유구국에서 발견된 양금 고악보는 아직 발견되지 않지만 금면 위에 붙은 음위 표시를 통하여 음고 기보법을 대체로 확인할 수 있다.

　본 장에서는 한국, 중국과 일본 세 나라에서 양금으로 연주했던 음악이 각각 어떤 스타일과 방법으로 기록되었는지, 각국의 역사에서 기보법이 어떻게 변화했는지를 각각 살펴볼 필요가 있다. 먼저, 세 나라의 양금 악보에 나타난 기보법에 대하여 전통 기보법과 서양식 기보법으로 나눠 그 기보 특징을 검토하여 비교하고자 한다. 전통 기보법은 각 나라에서 내려오는 기존의 기보 방식을 이용하여 악보를 적은 경우를 의미한다. 이에 비해서 서양식 기보법으로 살펴볼 대상은 오선보 혹은 숫자보와 같이 20세기 이후 서양 음악의 영향으로 사용되기 시작한 악보를 가리킨다.

1. 전통 기보법 특징

양금 악보에 나타난 전통 기보법은 양금이 처음 동아시아에 유입된 후에 현지인들이 이 악기를 연주하기 위하여 자국의 다른 전통악기의 악보를 참고하여 만들었던 양금 기보법이다. 한국은 음악의 시가, 음고와 주법까지 기보되어 있고, 중국은 음고와 주법만 확인할 수 있으며, 일본(유구국)은 양금음악의 악보가 아직 발견되지 않았으나 양금 금면에 나타난 공척자工尺字를 통해 당시 공척자로 음고를 기보했음을 추정할 수 있다.

1) 한국 양금 악보에 나타난 전통 기보법

양금이 한국에 정착되었을 때 그 수용 계층은 문인 계층과 중인 계층 등 식자층 혹은 이들과 함께 활동한 음악 전문가였기에 일반 민중들 사이에서는 보급이 그다지 뚜렷하지 않았다. 당시 한국 문인들은 양금 연주를 시도하면서 한국적인 양금 연주법을 만들었다. 이런 연유로 현재 한국에 많은 양금 고악보가 남아 있다. 현재 발견된 최초의 양금 고악보는 1817년에 편찬된 이규경의 『구라철사금자보歐邏鐵絲琴字譜』와 1840년경에 편찬된 서유구의 『유예지遊藝志』가 있고, 그 후에도 『아금고보我琴古譜』 등 약 40개 악보가 더 있다. 그 고악보를 기반으로 한국 양금 악보에 나타난 전통 기보 방식의 특징에 대해 음고를 나타낸 방식, 시가를 나타낸 방식, 주법을 나타낸 방식을 중심으로 정리하면 다음 〈표 V-1〉과 같다.

〈표 V-1〉 한국 양금 악보에 나타난 전통 기보 특징

악보	연대	음고 기보방식	시가 기보방식	연주주법 기보방식	출처	기타
歐邏鐵絲琴字譜	1817	율자보		●/●●/●-●[1]	韓國音樂學資料 叢書 14	
遊藝志	1840경	율자보		●/●●/●-●[2]	韓國音樂學資料 叢書 15	

琴譜精選	1870~1	공척보	정간보		韓國音樂學資料叢書 15	
協律大成	1876후	詩句借用譜	글자 크기		韓國音樂學資料叢書 14	ㅇ/ㄷ/ㅇ 삼품
琴譜 初入門	1884경	육보	여백(대충)	ㅣ / ˸	韓國音樂學資料叢書 2	
律譜	1884	육보	여백(대충)		韓國音樂學資料叢書 2	장단
羲琴古譜	1884	육보	여백(대충)		韓國音樂學資料叢書 2	
洋琴註册	19세기 후반	육보	여백	ㅇ/ ꭓ	韓國音樂學資料叢書 15	
嶧陽雅韻	2기5소군	육보		⌐/ㅇ/ㄱ /ㅇ/ ꭓ/ ㅣ II	韓國音樂學資料叢書 17	
園客遺韻	3기2소군	육보			韓國音樂學資料叢書 7	
黑紅琴譜	3기3소군	육보	정간보		韓國音樂學資料叢書 7	
西琴歌曲	3기5소군	육보		⌐/ㅣ/ II	韓國音樂學資料叢書 2	
韶巖 소장 洋琴譜	19세기	육보	여백(대충)	˸	韓國音樂學資料叢書 34	
乙亥琴譜	1875/1935	육보	ㅇ³		韓國音樂學資料叢書 32	
丙午年洋琴譜	1906	육보		⌐/ㅇ/ㅣ/ ꭓ	韓國音樂學資料叢書 15	
楊琴與民樂譜	1906	육보 · 율자보	정간보	ㅇ/⌒/〈/ㅣ/―	韓國音樂學資料叢書 19	
張琴新譜	1910경	육보	여백	⌐/˸/ ꭓ	韓國音樂學資料叢書 15	
芳山韓氏琴譜	1916	육보	정간보		韓國音樂學資料叢書 14	
朝鮮音律譜	1916	육보 · 율자보	정간보	ꭓ/ㅇ/ㄱ/ㅣ/ㄱ /ㅣ)/ㅣ/ㅣ/ㄷ⁴	韓國音樂學資料叢書 25	

海山遺音	1919	육보			韓國音樂學資料叢書 19	
이보형 소장 洋琴譜	1920	육보		ㅣ/ノ/⊥⁵	韓國音樂學資料叢書 18	○/·/D삼품⁶
一蓑洋琴譜	1920경	육보		ノ/:/ㄱ⁷	韓國音樂學資料叢書 7	○/●/◖삼품⁸
西琴譜	1920경	육보		ノ/:/ㄱ	韓國音樂學資料叢書 15	
雅樂部洋琴譜	1930년대	율자보	정간보		韓國音樂學資料叢書 28	
聖學十圖 附禮樂比攷	1932	육보		ノ\/ㅣ/○⁹	韓國音樂學資料叢書 40	
峨洋琴譜	1940경	육보			韓國音樂學資料叢書 16	
西琴	20세기 전반	육보		ノ/:/ ⑊	韓國音樂學資料叢書 15	
楊琴曲譜	20세기 전반	육보	정간보		韓國音樂學資料叢書 15	
양금가곡음보	20세기 전반	육보	정간보	⑊	韓國音樂學資料叢書 54	
양금가곡보	일제시기	육보 · 율자보	정간보		민속원, 2007	영인본
鐵絃琴譜	일제시기	육보		ノ/ㅣ	韓國音樂學資料叢書 34	
蒼下遺筆	1964	육보		ノ/⌃¹⁰	韓國音樂學資料叢書 39	
정악양금보	1982	율자보	정간보		은하출판사, 1982	

1　『歐邏鐵絲琴字譜』(韓國音樂學資料叢書 · 14)의 93쪽에 보면, "●者單擊; ●● 者兩擊; ● ー ●者聯擊而頓竿也"라고 연주기법을 설명했다.

2　『遊藝志』(韓國音樂學資料叢書 · 15)의 144쪽에 보면, "●者單擊也; ●● 者兩擊也; ● ー ●者聯擊而頓竿也"라고 연주기법을 설명했다.

3　『乙亥琴譜』(韓國音樂學資料叢書 · 32)의 102쪽에 권오성의「금보」解題를 보면, 이 양금보의 긴 음뒤에만 시가표시인 "○"를 사용하여 구분하고 있다고 설명한다.

4　『朝鮮音律譜』(韓國音樂學資料叢書 · 25)의 39쪽에 보면, "⑊三音을 合ᄒᆞ야 흔듸붓치ᄂᆞᆫ표; ㅇ三音을 흔

위 〈표 V-1〉의 내용을 살펴보면, 한국에서 가장 먼저 나타난 양금 기보법은『구라철사금자보歐邏鐵絲琴字譜』와『유예지遊藝志』에 등장하는 율자보였다. 특히 주목되는 점은 19세기에 율자보는 이 두 고악보 외에 더 쓰이지 않았다는 사실이다. 즉, 율자보는 한국 초기의 양금 악보에만 한정되어 있다는 특징을 지닌다. 이러한 율자보는 20세기 이후에『아악부양금보雅樂部洋琴譜』,『정악양금보』,『양금여민악보楊琴與民樂譜』,『조선음률보朝鮮音律譜』,『양금가곡보』등의 악보에 다시 등장할 때까지 거의 쓰이지 않는다. 또한, 율자보와 같이 매우 드물게 쓰인 기보법으로 공척보와 시구차용보[11]가 있다. 즉, 공척보 기보법과 시구차용보 기보법은 19세기의『금보정선琴譜精選』(〈악보 V-1〉참고)[12]와『협률대성協律大成』(〈악보 V-2〉참고)[13] 악보에 각각 나타난다. 율자보, 공척보, 시구차용보는 한국 양금 유입의 초창기에 사용된 기보법이다.

특히, 공척보는 중국의 기보법으로서 아마도 양금이 중국에서 유입된 악기이기 때문

딕붓되, 二音은 금ᄒᆞ고 一音을 잠간늘어지ᄂᆞᆫ표(첫二音이 금ᄒᆞ고 後一音이 촉홈); ㄱ二音을 흔딕붓치ᄂᆞᆫ표; ᄀ二音을 흔딕붓치되 上의 一音과 습ᄒᆞ야 三音이 連屬ᄒᆞ되 上音을 늘여지고 後二音이 촉홈표; ᄀ二音을 흔딕붓치되 그表부텀 조곰늘어진 표; ᅵ二音이 흔딕붓치되)表부텀 조곰늘어진 표; ㄷ急々 ᄀ急 ᅵ平"라고 연주기법을 설명했다.

5　『이보형 소장 洋琴譜』(韓國音樂學資料叢書 · 18)의 167쪽에 보면, "ㅣ連續打去之標; 丶各各打去之標; ㅗ停住之標即停字之省而引去之意也"라고 연주기법을 설명했다.

6　『이보형 소장 洋琴譜』(韓國音樂學資料叢書 · 18)의 167쪽에 보면, "去D標上左絃之云也; 上·標中右絃之云也; 平○標外下絃之云也"라고 삼품을 해석했다.

7　『一蓑洋琴譜』(韓國音樂學資料叢書 · 7)의 102쪽에 보면, "丶:連續打去之標也; 丶各各打去之標也; ᅳ停住之標也 ᅳ者即停字之省而引去之意也"라고 연주기법을 설명했다.

8　위의 악보, 102쪽에 보면, "平○標下外絃之云也; 上●標中右絃之云也; 去◗標上左絃之云也"라고 삼품을 해석했다.

9　『聖學十圖 附禮樂比攷』(韓國音樂學資料叢書 · 40)의 277쪽에 의하면, "丶是延音符; ㅣ是特延長音符; ○是合音符"라고 설명했다.

10　『蒼下遺筆』(韓國音樂學資料叢書 · 39)의 320쪽에 의하면, "一点一拍"이라고 설명했다.

11　시구차용보(詩句借用譜)라는 기보법은 김영운에 의해 처음에 제시되었다. (김영운, 앞의 논문(1986), 69-70쪽)

12　『琴譜精選』(韓國音樂學資料叢書 · 15)의 58쪽. 그런데 9쪽에서는, "記譜法은 넓은 井間을 그리고 (劃) 右側에 黑色으로 玄琴 肉譜를 적고, 左側에 紅書로 工尺譜와 비슷한 記譜法을 使用하여 적었다"고 설명했지만 그 공척보로 기보된 악보는 어떤 악보인지를 알려주지 않았다. 다만, 이동복 앞의 논문(1987)의 108쪽에 "洋琴譜와 玄琴譜 收錄"라고 분명히 썼으니 본문에서 이 공척보로 기보된 악보는 양금 악보로 보다.

13　『協律大成』(韓國音樂學資料叢書 · 14), 국립국악원, 1984, 26쪽.

에 사용되었던 것으로 보인다. 『협률대성協律大成』에서 시구차용보를 사용한 점 역시 외래악기인 양금을 악보에 기보하는 한 가지 시험적인 시도였다고 생각된다. 이와 같이 양금 유입 초기에 보이는 율자보나 공척보 또는 시구차용보는 지속적으로 사용되지 않았으며, 양금 악보로 정착되지 않았다.

한국의 양금 악보에서 그 이후에 등장한 기보법은 대부분 육보이다. 육보로 기보된 악보가 가장 큰 비중을 차지한다. 육보 기보법은 1884년의 『금보琴譜 초입문初入門』에 처음에 나타나는데, 이는 양금이 한국에 유입된 시기를 보았을 때, 약 100년 뒤에 해당하는 시점이다. 육보는 한국 기보법에서 음악과 연주법을 모두 나타낼 수 있는 아주 오래된 기보법이기도 하지만 다소 정확하지 못한 한계가 있는 것이 사실이다. 그렇지만 한국에서 육보는 조선 후기에 가장 널리 쓰인 기보법으로서 매우 중요한 가치를 지닌다. 양금 악보 또한 조선 후기에 육보로 널리 기보되었던 것이다. 이러한 양금의 육보 기보방식은 가야금의 육보 기보방식을 많이 차용했음이 밝혀진 바 있다.[14]

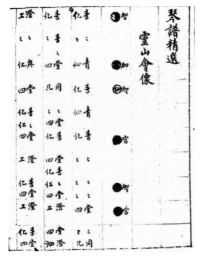 

〈악보 V-1〉『琴譜精選』의 일부 악보   〈악보 V-2〉『協律大成』의 일부 악보

---

14   안소현, 앞의 논문, 86쪽.

다만, 20세기 이후의 육보는 다른 종류의 기보법에 추가하여 보조적으로 사용되었다. 가령, 율자보와 육보가 병행적으로 쓰인 악보로『정악양금보』,『양금여민악보楊琴與民樂譜』,『조선음률보朝鮮音律譜』등이 있다. 그리고 오선보에도 율보를 함께 보조적으로 제시했는데, 1914년의『조선구악朝鮮舊樂 · 영산회상靈山會像』, 2002년의『만년장환지곡 남 · 여창 양금악보집』, 2007년의『양금가곡보』등이 그러하다. 그런데 양금 육보의 특징은 다른 악기의 육보 악보와 차이가 있다. 양금은 농현을 할 수 없으므로 한 음위에 한 음만 낼 수 있다. 이런 면에서 다른 육보 악보에 비해 보다 정확한 음고를 가르킨다고 할 수 있는 것이다. 즉, 19세기의 양금 악보인『율보律譜』(〈그림 III-6〉 참고)와『양금주책洋琴註冊』(〈그림 III-7〉 참고), 20세기의 악보인『양금여민악보楊琴與民樂譜』(〈그림 III-8〉 참고),『장금신보張琴新譜』(〈그림 III-9〉 참고),『방산한씨금보芳山韓氏琴譜』(〈그림 III-10〉 참고),『조선음률보朝鮮音律譜』(〈그림 III-11〉 참고),『일사양금보一簑洋琴譜』(〈그림 III참고),『아양금보峨洋琴譜』(〈그림 III-13〉 참고),『철현금보鐵絃琴譜』(〈그림 III참고),『창하유필蒼下遺筆』(〈그림 III-15〉 참고) 등의 육보로 기록된 산형도를 보면 일정한 음위에서 내는 일정한 음을 구음으로 나타낸다. 대신에 한국 양금 육보에서는 양금음악을 나타나는 다양한 장치를 고안했다. 즉, 구음을 띄어 쓰거나 부호를 사용한 점 등이다.

또, 시대적 흐름에 따른 한국의 전통 시가 기보법은 거의 정간보에 기보되었지만, 정간보[15]를 사용하기 전에 기보할 때 선율의 음고 간의 기보 여백, 글자 크기와 배열 방식 등을 통해 주법이나 리듬 시가를 대략적으로 알 수 있다. 악보의 시가적인 여백이나 글자 크기와 배열 방식이 음악의 정확한 시가는 아니지만 어느 정도 음가를 표현할 수는 있다. 예를 들면,『협률대성協律大成』(〈악보 V-2〉 참고)의 글자 크기 방식 및『아금고보峨琴古譜』(〈악보 V-3〉 참고)[16],『금보琴譜 초입문初入門』,『율보律譜』,『양금주책洋琴註冊』,『소암韶巖 소장 양금보洋琴譜』와『장금신보張琴新譜』의 여백 배열 방식을 통해 시가를 표현할 수 있다. 다만,

---

15 『琴譜精選』의 음고 기보법은 중국의 공척보를 사용했기 때문에 이는 한국에서 정착된 기보법이 아니라고 보아 제외한다. 이 악보는 정간보에 기보된 거문고 악보에서 양금의 음고를 맞추어 공척보로 기보한 것으로 보인다.

16 『峨琴古譜』(韓國音樂學資料叢書 · 2), 국립국악원, 1980, 125쪽.

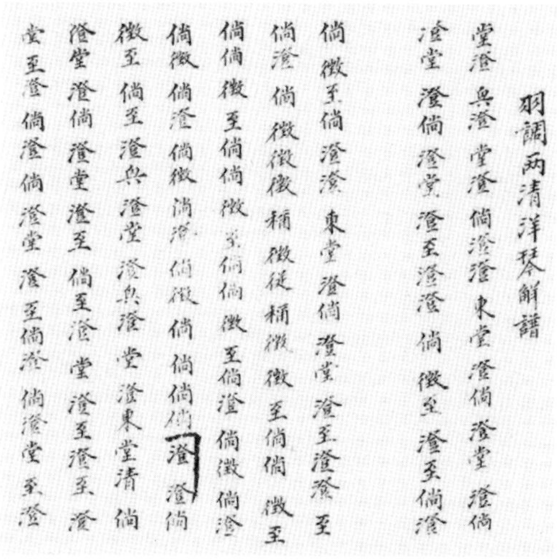

〈악보 V-3〉『羲琴古譜』의 일부 악보

이 악보들은 이미 음악을 알고 있는 연주자에 의해 보조적으로 사용되기 때문에 악보 상에서는 대략적으로 시가를 표기한 것으로 생각된다. 20세기 이후 서양식 기보법을 한국에 유입하면서 전통양금 시가 기보법도 시가를 정확하게 표시할 수 있는 정간보로 정착되었음이 확인된다.

지금까지 양금 악곡의 시가와 선율이 기존 기보 방식으로 기보된 특징을 살펴보았는데, 양금보에는 이밖에도 다양한 부호들이 사용되었다. 예를 들어, 음을 나타내는 문자 옆에 점(●/╱/◦ 등), 선(│ / ⅔ / ∥ / ⅃ 등) 등의 부호를 사용하여 해당 음을 어떤 특정 방식으로 표현하라고 지시하는 것이다. 이런 부호는 『구라철사금자보歐邏鐵絲琴字譜』에서부터 나타난다. 그런데 이러한 부호는 두 가지 의미를 지닌다. 하나는 연주 방식을 지시하는 것이고, 또 하나는 음악의 시가를 지시하는 것이다. 우선, 『철현금보鐵絃琴譜』(〈악보 V-4〉 참고)[17], 『창하유필菖下遺筆』, 『聖學十圖 부례악비고聖學十圖 附禮樂比攷』에 나타난 "╲", " │ ", "⌒", "○" 등 특수 부호(표시한 음들을 빠르게 이어서 치는 것임)는 시가를 표시한 경우이다.

---

17 『鐵絃琴譜』(韓國音樂學資料叢書 · 34), 국립국악원, 1999, 254쪽.

이와 같이 김영운은 정간보, 삼조표, 대강보, 간격보와 원표 등을 양금 고악보의 시가 기보법이라고 분류했다[18]. 예를 들면, 다음 〈악보 V-5〉[19]과 같다.

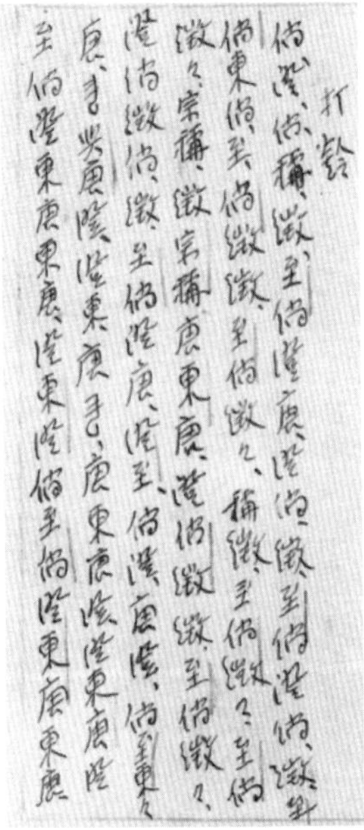

〈악보 V-4〉『鐵絃琴譜』의 일부 악보 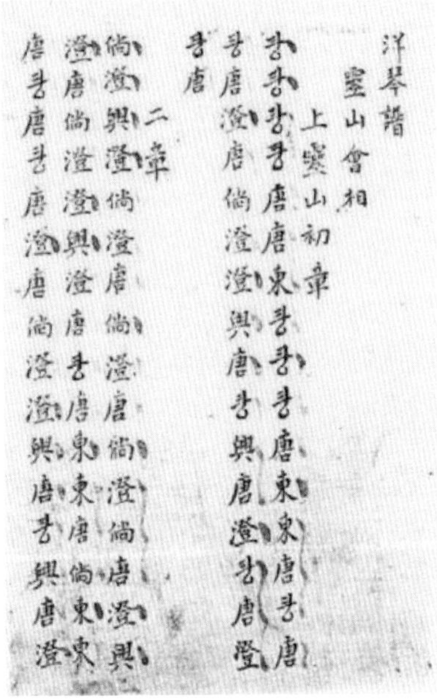 　　〈악보 V-5〉『一蓑洋琴譜』의 일부 악보

그런데, 위의 악보를 보면 이 삼조표의 모양이 " 〵 "인 점으로 보아, 이는 음악의 리듬을 표시하는 것으로 해석된다. 양금의 시가를 표시하는 " ｜ " 기호(〈악보 V-4〉 참고)와는 다르다고 생각된다. 양금은 농현을 할 수 없으므로 이 기호는 양금의 주법과 관련된 것으로 보인다. 그의 논문에 나타난 "〈표 3〉 양금고악보 삼조표의 모양"[20]을 보면 삼조표의 모양은 양금의 주법을 표시한 것으로 보인다. 이와 같이 한국 전통양금곡의 주법 기보는 여러 가지 부호를 지닌 점이 특징이다. 이외에도『구라철사금자보歐邏鐵絲琴字譜』,『유예지遊藝

---

18   김영운, 앞의 논문(1998), 117쪽.
19   『峩琴古譜』(韓國音樂學資料叢書 · 7), 국립국악원, 1981, 103쪽.
20   김영운, 앞의 논문(1998), 119쪽.

志』,『서금가곡西琴歌曲』,『장금신보張琴新譜』,『이보형 소장 양금보洋琴譜』,『서금보西琴譜』,
『서금西琴』등의 악보를 통하여 확인할 수 있는데, 이런 악보에는 대략 세 가지(한번 침,
두번 침, 연속으로 치고 정지) 연주 부호를 사용했고,『역양아운嶧陽雅韻』,『병오년양금보丙午
年洋琴譜』,『양금여민악보楊琴與民樂譜』등의 악보에는 세 가지 이상의 연주 부호를 사용했
다. 특히,『조선음율보』에서 특수 부호가 가장 많이 나타난다.

이밖에도 20세기 이후에는 정간보 기보 방식이 주를 이룸을 알 수 있다. 정간보는 19세
기의『금보정선琴譜精選』와『흑홍금보黑紅琴譜』두 가지로 그 수가 많지 않았으니, 19세기
에는 정간보가 널리 쓰이지 않았다고 볼 수 있다. 하지만 위 표에 보았듯이 20세기에는
『양금여민악보楊琴與民樂譜』,『방산한씨금보芳山韓氏琴譜』,『조선음률보朝鮮音律譜』,『아악
부양금보雅樂部洋琴譜』,『양금곡보楊琴曲譜』,『양금가곡음보』,『양금가곡보』,『양금가곡
보』등 많은 악보가 정간보에 기보되었다. 정간보가 음을 나타낼 수 없으므로 다른 기존
기보법과 함께 사용한 것은 사실이다. 즉, 19세기의 악보를 보면 정간보에 공척보와 육보
를 사용해 음을 기보하였다. 20세기 이후에는 정간보가 거의 육보 및 율자보와 함께 쓰인
다는 것을 알 수 있다.

이상 양금 악보를 살펴본 결과, 첫째, 한국의 양금 악보는 양금이 한국에 정착하는 과정
을 그대로 반영한다는 점에서 매우 흥미롭다. 한국 양금은 한국에 유입되며 한국 본토
전통음악을 연주했기 때문에 한국의 다른 전통악기와 쉽게 동화되어 연주되었다. 그 점
은 악보를 통하여 분명히 드러난다. 다만 양금의 기보법은 다른 전통악기의 기보법에
비하여 양금 자체의 선율 음고나 음의 시가 또는 연주법을 고려한 특징을 지닌다. 둘째,
이러한 양금 악보를 통해, 한국의 양금은 문인 사대부가 주로 향유했던 풍류 계통의 음악
즉 정악을 연주하는 악기로 정착되었음을 알 수 있다. 셋째, 양금 악보의 전통 기보법 중에
음고 기보법의 특징은 처음에 중국의 율자보와 공척보를 사용하다가, 이후 한국식의 시
구차용보를 시험했고,『금보琴譜 초입문初入門』부터 한국식의 육보로 정착되었다. 특히,
양금 악보에 나타난 육보 기보법은 악기의 구조상 절대 음고를 확인할 수 있다는 점이
특징이다. 육보가 비록 정간보나 기타 음의 길이(또는 시가)를 나타나는 장치가 없음에도
불구하고 구음을 적은 글자를 띄어 쓰거나 붙여 쓰는 구분, 혹은 리듬이나 시가, 주법 등을

나타내는 부호를 통해 대략적인 음의 길이를 알 수 있었다. 이러한 기본 기보법 외에 한국식의 특수한 부호를 만들어 사용하거나 시가나 주법, 리듬적으로 구별되는 기보 방식을 사용함으로써 양금 전통 악보 기보를 보완했다. 넷째, 시기적으로 비교해볼 때 양금 악보는 19세기에는 율보가 중심이 되었고, 20세기에는 시가를 기보하는 방식이 중요하게 등장했다. 정간보가 주로 사용되기 시작한 경향은 정간보를 통해 정확한 시가를 어느 정도를 알 수 있었기 때문으로 보인다. 나아가 서양의 시가와 음고 기보법의 영향을 받아, 양금의 기보법도 이전의 대략적인 표기에서 보다 정확한 방식으로 정간보를 사용한 것이다. 즉, 20세기 이후 시가 기보에 있어 한국 양금 악보의 전통 기보 방식은 19세기에 음을 띄어 쓰거나 붙여 쓰거나 글자 크기 등을 통해 대략적 구분하는 방식보다 더 정교해졌다.

2) 중국 양금 악보에 나타난 전통 기보법

대부분의 중국 양금 민간 연주자들은 기록을 남기지 않았는데, 그 이유는 아마도 그들이 주로 생계를 위하여 연주 활동하였으므로 그 음악에 대한 기록까지 할 수는 없었기 때문이었으리라 추정된다. 특히 맹인 연주자들은 더욱 그러했을 것이다. 그러므로 전통 양금에 관한 음악 기록을 찾기는 어려운 실정이다. 현재까지 발견된 악보들 가운데 가장 이른 시기에 속하는 양금 고악보는 1919년에 구학주丘鶴儔(1880~1942)가 저술한『금학신편琴學新編』이다. 이 악보는 공척보의 기보방식으로 기록되었는데, 특이한 점은 양금의 전통적인 주법을 나타내는 부호를 개발하여 악보 상에 부기하였다는 점이다. 특히, 선율적인 부분 외에도 가사와 장단, 주법까지 함께 기록되어 있다.『금학신편』「범례凡例」중에는 이 악보의 전통 기보 방식에 대하여 다음과 같이 기술하였다(〈인용문 V-1〉 참고).

〈인용문 V-1〉

本譜歌調。每句分四行寫。第一行是竹法代字。第二行乃音樂字母 (即反工尺上乙士合等字) 。第三行之紅點。及紅乄等字。是拍板記號。第四行即歌曲及呀口字也 (呀口字即所唱之腔口啞呀等字) 。[21]

위 인용문에서 보는 바와 같이,『금학신편琴學新編』의 수록 악보는 대부분 총 4행으로 이루어진 총보로 이루어져 있다. 즉 제1행에는 양금의 연주기법인 "죽법대자竹法代字"가, 제2행에는 음악의 선율 악보인 공척보 "음악자모音樂字母"가, 제3행에는 박판(장단 또한 판안板眼) 기호를 나타내는 "홍점紅點" 및 "紅乄" 등의 글자가, 제4행에는 악곡의 가사와 "하구자呀口字"가 기록되어있다. 이들 악보에서의 기보 방식을 이해하기 위하여 다음 〈악보 V-6〉[22]을 예로 들어 살펴보기로 한다.

〈악보 V-6〉『琴學新編』 소재
「霸王烏江自刎」 "第五板"의 일부 악보

21   丘鶴儔, 앞의 책(1920), 13頁.
22   위의 책, 200頁.

〈악보 Ⅴ-6〉은 『금학신편琴學新編』 소재 「패왕오강자문霸王烏江自刎」 "제오판第五板" 악보의 일부인데, 악보 중에 표시된 A, B, C, D는 제1-4행을 가리킨다. 제1행인 A에는 양금 연주법이 기보되어 있고, B에는 양금 선율이, C에는 박판이, D에는 가사와 "하구자呀口字"가 각각 기록되어 있다. 또한 A 중 ①-⑩로 나타낸 "죽법대자竹法代字"는 각각 다른 양금주법을 표기한 것이다. 즉 ①번 "죽법대자"는 "순일타順一打"[23]를, ②번 "죽법대자"는 "순이타順二打"[24]를, ③번 "죽법대자"는 "순삼타順三打"[25]를, ④번 "죽법대자"는 "순사타順四打"[26]를, ⑤번 "죽법대자"는 "만일타慢一打"[27]를, ⑥번 "죽법대자"는 "만이타慢二打"[28]를, ⑦번 "죽법대자"는 "만삼타慢三打"[29]를, ⑧번 "죽법대자"는 "만사타慢四打"[30]를, ⑨번의 "죽법대자"는 "제타齊打"[31]를, ⑩번 "죽법대자"는 "밀타密打"[32]를 각각 부호로 나타낸 것이다.

---

23 광동파 양금 연주법의 한 가지로서 "不論左竹或右竹打一正字母", 즉 좌 금채나 우 금채를 막론하고 한 금현을 두드린다는 것이다. (위의 책(1920), 21頁)
24 광동파 양금 연주법의 한 가지로서 "左竹打一正字母, 右竹打一襯字母(即嗙字)", 즉 좌 금채로 한 음을 친 후에 우 금채로 이 음의 한 옥타브 낮은 옥타브 음을 친다는 것이다. (위의 책, 21頁)
25 광동파 양금 연주법의 한 가지로서 "左竹打一正字母, 右竹打一襯字, 再用左竹打一正字母", 즉 먼저 좌 금채로 한 음을 치고, 우 금채로 이 음의 낮은 옥타브 음을 치다가, 마지막에 또 좌 금채로 이 음을 다시 친다는 것이다. (위의 책, 22頁)
26 광동파 양금 연주법의 한 가지로서 "兩度順二打", 즉 "순이타"의 연주법을 두 번으로 연주한다는 것이다. (위의 책, 22頁)
27 광동파 양금 연주법의 한 가지로서 "左竹或右竹, 當打順竹之時, 忽將其竹間斷一順一打之竹(即窒一竹)", 즉 좌 금채나 우 금채를 막론하고 한 금현을 친 후에 다른 한 금채는 잠시 멈춰야 한다는 것이다. (위의 책, 23頁)
28 광동파 양금 연주법의 한 가지로서 "將左竹打一正字母, 隨將右竹阻滯一息, 而後將右竹打一襯字", 즉 좌 금채로 한 음을 친 후에 우 금채는 먼저 잠시 멈추고, 이 음의 한 옥타브 낮은 옥타브 음을 친다는 것이다. (위의 책, 23頁)
29 광동파 양금 연주법의 한 가지로서 "將左竹打一正字母, 隨將右竹一停, 乃打襯字, 而後再將左竹打回原位正字母", 즉 좌 금채로 한 음을 친 후에 우 금채는 먼저 잠시 멈추고, 이 음의 한 옥타브 낮은 옥타브 음을 치다가, 마지막에 또 좌 금채로 이 음을 다시 친다는 것이다. (위의 책, 23-24頁)
30 광동파 양금 연주법의 한 가지로서 "兩度之慢二打", 즉 "만이타"의 연주법을 두 번으로 연주한다는 것이다. (위의 책, 24頁)
31 광동파 양금 연주법의 한 가지로서 "左右竹同時齊下", 즉 좌우의 두 개 금채로 8도 관계에 있는 두음의 금현을 동시에 두드린다는 것이다. (위의 책, 20頁)
32 광동파 양금 연주법의 한 가지로서 "左右竹密手而打", 즉 좌우 두 개의 금채로 8도 관계에 있는 두음의 금현을 차례로 밀접하게 두드린다는 것으로서 연주 속도는 '순일타'보다 1배 혹은 2배 빠르다고 한다. (위의 책, 20-21頁)

이와 같이 다양한 광동 양금의 연주법에 따른 기보 특징을 정리하면 다음 〈표 Ⅴ-2〉와 같다.

〈표 Ⅴ-2〉『琴學新編』에 활용된 양금 연주법 부호와 연주방법

순서	연주법	표시부호	연주 방법 설명	기타
①	順一打	、	不論左竹或右竹打一正字母	
②	順二打	リ	左竹打一正字母, 右竹打一襯字母(即唞字)	
③	順三打	川	左竹打一正字母, 右竹打一襯字, 再用左竹打一正字母	
④	順四打	ㄨ	兩度順二打	
⑤	慢一打	ㅗ	左竹或右竹, 當打順竹之時, 忽將其竹間斷一順一打之竹(即窒一竹)	
⑥	慢二打	ㅛ	將左竹打一正字母, 隨將右竹阻滯一息, 而後將右竹打一襯字	
⑦	慢三打	川	將左竹打一正字母, 隨將右竹一停, 乃打襯字, 而後再將左竹打回原位正字母	
⑧	慢四打	ㄨ	兩度之慢二打	
⑨	齊打	—	左右竹同時齊下	
⑩	密打	ㅇ	左右竹密手而打	

〈표 Ⅴ-2〉에서 설명한 것은 광동파 양금의 연주법을 기록한 전통 기보 방식이다. 이 악보에서는 양금음악의 선율이 공척보로 기록됨으로써 음고가 정확하다는 장점이 있지만 시가를 나타내는 기보 특징이 없어 매 음의 정확한 길이를 알 수 없다. 특히『금학신편琴學新編』중의「음악자모音樂字母」에는 세 음역에 달하는 양금 공척보의 음을 숫자보의 음과 대조하여 제시해줌으로써 공척보의 음을 더욱 분명하게 드러내고 있다.[33]『금학신

	4	3	2	1	7	6	5
高音字母	彶	玒	伬	生	—	五	六
低音字母	凡	仁	伏	仕	亿	仕	佮
中音字母	反	工	尺	上	乙	士	合

[33] （위의 책, 26頁에 있던「音樂字母」）; 百度百科에 丘鶴儔를 소개한 내용 가운데 "在教学过程中, 他采用图解的方法, 介绍各种乐器的性能、演奏入门、指法等, 并注意中（工尺谱）西（简谱）乐谱的对照, 这种教学方法受到学员们的欢迎。"(www. baike.baidu.com, 2020.11.20.)라고 한 내용을 보면, 丘鶴儔는 교학시에 중국의 공척보와 서양의 간보

편』은 중국 양금음악계에서 광동지역의 악보라는 점에서 특별하다. 광동지역의 악보가
남아있다는 사실은 이 지역에서 양금음악이 그만큼 활성화되었다는 것을 방증하는 사례
이기도 하다.

양금은 광동음악에서 중요한 연주 악기였고, 공척보는 광동음악 뿐만 아니라 중국의
전국 민간음악의 표기에 활용되어온 악보이다. 예컨대 1916년에 이루어진 구학주의 다
른 저술인『현가필독絃歌必讀』에는 광동음악의 이현二絃, 삼현三絃, 제금提琴, 월금月琴 등
의 악보가 수록되어있는데, 악곡의 대다수가 공척보로 이루어져있다.『현가필독絃歌必讀』
은 양금보가 아니므로 양금의 기보에 관한 정보를 담고 있지는 않지만,『금학신편琴學新
編』에 수록되어있는 악곡과 동일 곡명의 악곡이 많이 수록되어있으므로『금학신편』과
상호 비교할 필요가 있다. 한편, 1935년에 이루어진 금자신의『최신금현곡보最新琴絃曲
譜』에서도 광서문장음악廣西文場音樂의 선율 음고를 공척보로 기보하였다. 비록 양금 연
주법은 기보되지 않았지만, 그 가운데 "학타금법學打琴法"[34]을 보면 양금의 연주 방법은
공척보를 숙지한 후 판안(장단)대로 연주하는 것이라고 하였다. 이와 같이 양금음악 악보
에서 활용되어온 전통적 표기는 공척보를 바탕으로 기보되었음을 알 수 있다.

3) 일본 양금 악보에 나타난 전통 기보법

앞의 Ⅳ장에 살펴본 내용처럼 양금은 일찍이 1664년 유구국에 유입되었고, 유구국 궁
정에서 명청明淸 어좌악 "창곡唱曲" 음악을 연주했음을 확인했다. 따라서 일본에도 분명
양금 악보가 존재했을 것으로 추정된다. 하지만, 당시 연주되었던 "창곡" 음악의 악보는
아직까지 발견되지 않았다.[35] 그런데 〈그림 Ⅱ-9〉의 양금 금면에 공척자로 기록했던 양

를 대조하는 방식에 주의를 기울였는데 이 방식은 당시 배우는 사람들의 환영을 받았던 것으로 알려져
있다. 순전히 중국 전통음악의 실기와 이론을 학습한 丘鶴儔가 서양음악에도 식견이 있었음을 짐작하게
해준다.

34 金紫臣(著), 何紅玉, 小敏(編), 앞의 책, 1-2頁. 원문: "記熟工尺按和眼板然後打琴, 須分勻左右手各邊派
打倘有不合之時, 最多每雙手可多打一二字。如工尺字多定眼板者, 則連速打去。如工尺字少定眼板者, 則
須勻緩打去。如逢底眼, 底板或叚句吞腔重字者, 則須搭音就合之。總之, 以合眼板為度可也。"

금의 음위를 넣었으니 당시 양금연주자가 공척보를 읽을 수 있었음을 알 수 있고, 당시 악보의 선율 음고를 공척보로 기보한 것으로 추정할 수 있다.

2. 서양식 기보법 특징

20세기 초반 서양의 학교 음악교육이 한국이나 중국에 유입되면서 서양의 음악 이론도 이때부터 동아시아의 여러 나라(또는 지역)에 수용되었다. 그 중 서양의 기보법은 시가와 음고를 동시에 나타낼 수 있다는 점에서 동아시아의 전통 기보법과는 다른 특징을 지녔다. 특히, 당시 일본 침략자들은 한국의 전통 기보법을 독보하지 못했으니 20세기 초부터 한국의 전통 악보를 서양의 기보법으로 역보하기 시작했다. 그때부터 오늘날까지 양금 악보는 주로 서양의 기보법으로 기보되고 있다. 그런데 현재 서양식 기보법으로 기보된 양금 악보는 다른 전통악기 악보에 비해 연주 주법까지 기재되어 있는 특징을 지닌다. 한국의 양금 악보는 서양 오선보만 사용하고 있지만 중국과 일본은 숫자보도 많이 사용하고 있다. 이에 한국과 중국 및 일본의 서양식 기보법으로 기보된 양금 악보의 기보 특징을 비교하여 살펴볼 필요가 있다.

1) 한국 양금 악보에 나타난 서양식 기보법

한국의 양금 악보 중에 서양식 기보법으로 기보된 악보는 1914년에 일찍이 출판되었다. 현재 개량양금 악보, 창작 양금곡의 악보, 북한의 양금 악보, 전통양금 악보의 역보 등은 서양식으로 기보되는데 이 양금 악보들의 서양 기보 성격을 정리하면 다음 〈표 V-3〉과 같다.

---

35 2020년 5월 2일에 中國 廣州大學校 유부림(劉富琳, 1968~) 교수는 "御座樂只留下曲名或唱詞, 沒有樂譜, 所以現在要通過唱詞考證中國的曲譜然而得出御座樂的曲譜"라고 소개하였다.

<표 V-3> 한국 양금 악보의 서양식 기보 특징

악보	연대	음고 기보방식	시가 기보방식	연주주법 기보방식	출처	기타
朝鮮舊樂 · 靈山會像	1914	오선보 · 육보	오선보		朝鮮正樂傳習所, 1914	大正三年(1914) 三月
양금(북한)	1985	오선보	오선보		문예출판사, 1985	
만년장환지곡 남 · 여창 양금악보집	2002	오선보 · 육보	오선보	ᅪ/ᅪ/ᅣ[36]	민속원, 2002	
양금가곡보	2007	오선보 · 육보	오선보		민속원, 2007	역보(문재숙)
18현 양금 창작 독주곡집	2016	오선보	오선보	$C_{\sim\sim}$, $\}$, $+$, $—$ 등	나비꿈, 2016	

위의 표를 통하여 1914년의『조선구악朝鮮舊樂 · 영산회상靈山會像』부터 2007년 출판된『양금가곡보』까지 모두 전통양금의 악보(북한 양금 악보 제외)이다. 이 악보들을 보면 음고의 기보 방식은 모두 오선보 · 육보 병행(북한 양금 악보 제외) 방식으로 기보되었는데, 전통양금 악보의 서양식 기보법적 특징으로 보인다. 음악의 시가는 오선보를 통하여 정확하게 기보되었는데, 이는 전통 시가 기보 방식과 다른 점이다. 주법 기보 방식에 있어, 윤은화 · 양미지[37]와 홍순욱[38]의 연구를 정리하자면 다음 〈표 V-4〉와 같다.

36　「만년장환지곡 남 · 여창 양금악보집」(김천홍 감수, 박성연 채보)의 4쪽에 의하여 "ᅪ: 강하게 치는 표; ᅪ: 약하게 치는 표; ᅣ: 아주 약하게 치는 표"로 연주기법의 부호를 설명했다. 한편, 홍순욱은 김기수의 『국악입문』(서울: 세광출판사, 1983, 54쪽)에 서술된 "발상기호"에 의하여 이런 부호를 "음강"으로 설명했다. 즉, "ᅪ 小强表(좀센음): 조금 세게 연주하라는 부호; ᅪ 小弱表(좀여린음): 조금 여리게 연주하라는 부호; ᅣ 中弱表(여린음): 보통 여리게 연주하라는 부호"이다. (홍순욱, 「20세기 정간보 기보체계 형성 연구」, 서울대학교 박사학위논문, 2018, 177-178쪽)

37　윤은화 · 양미지, 앞의 논문(2015), 151쪽.

38　홍순욱, 앞의 논문, 178쪽.

부호	연주법(윤은화·양미지)	강약 해석(홍순욱)
♪	강하게 치는 표	小强表(좀센음): 조금 세게 연주하라는 부호
十	약하게 치는 표	小弱表(좀여린음): 조금 여리게 연주하라는 부호
十	아주 약하게 치는 표	中弱表(여린음): 보통 여리게 연주하라는 부호
C~~	채를 굴리는 표	-
犬	'안칭'의 약자로 임종줄을 칠 때 좌괘 왼편의 임종줄을 치지 말고 오른편의 입종줄을 치라는 표(영산회상 군악에만 사용)	-

위의 표를 비교해 보면, 양자의 해석 방식이 다르지만 같은 뜻으로 표현하고 있다는 점에 이런 부호가 양금 연주법에만 사용하는 게 아니라 다른 악기의 악보에도 사용되었음을 확인할 수 있다. 본 글에서는 양금 연주법으로 서술하고 있지만 정간보 거보체계에서 일반적인 기보 부호인 점을 알 수 있다.

그리고 박성연이 채보한『만년장환지곡 남·여창 양금악보집』의 13쪽에는 오선보와 육보 병행으로 음고를 기보하고 양금 연주기법을 표시한" 十" 등 특수 연주법 기보법도 확인할 수 있는데 다음 〈악보 V-7〉과 같다.

〈악보 V-7〉「초수대엽(東窓이)」의 일부 악보

현재의 양금 악보에 나타난 양금주법은 주로 연주의 강세 조절에 중점을 둔 것임이 확인된다. 이는 전통양금 악보에 나타난 3가지(한번 침, 두번 침, 연속으로 치고 정지) 연주법에 비해, 현재 양금 연주법이 연주의 다이내믹을 많이 강조한 것으로 보인다. 그런데 양금을 연주할 때 언제부터 이런 연주 기호를 통해 강약 조절에 중점을 두었는지는 분명하지 않다. 하지만 이왕직 아악부의 김천흥이 양금을 가르칠 때 강약 연주를 가장 강조했었다고 한다.[39]

---

[39] 한국학중앙연구원 김인숙교수가 김천흥선생님께 양금을 배울 당시 김천흥선생님은 강약을 가장 중요하게 강조했다고 했다. (2020년 10월 23일에 대담)

또한, 2016년에 출판된『18현 양금 창작 독주곡집』만 개량양금의 악보이다. 윤은화·양미지의 연구에 의하면,[40] 이 악보에 나타난 기보법은 양금채, 농현, 채굴림, 한번밀기, 두 번 밀기, 아래음에서 밀기, 글리산도, 꾸밈음, 연속기법, 화음기법, 격판치기 기법, 왼손주법, 오른손주법, 아르페지오, 반채기법, 스타카토, 트레몰로, 두음 트레몰로, 뮤트기법 등 약 30가지 주법의 기보 방법이 있다. 예를 들면, 전인평 작곡, 박성연 편곡의「풍령風鈴」[41]의 앞부분 악보는 다음〈악보 V-8〉과 같다.

〈악보 V-8〉「風鈴」의 일부 악보

---

40   윤은화·양미지, 앞의 논문(2015), 156-157쪽.
41   박성연 편저,『18현 양금 창작 독주곡집』, 서울: 나비꿈, 2016, 7쪽.

개량양금의 연주법이 다양한 것으로 알려져 있지만, 위 악보를 보면 그 연주법들을 모두 악보에 모두 기재하지 않은 점은 전통양금 주법 기보법과 다른 점이다. 그리고 윤은화의 〈바람의 노래〉는 43현 개량양금을 위해 창작한 양금음악인데 "오선보로 음의 높이와 길이가 기보되어 있으며 연주주법으로는 채굴림기법, 화음기법, 아르페지오, 반채, 트레몰로 등 기존의 18현 개량양금 주법뿐만 아니라 뮤트기법, 하모닉스기법, 페달링기법, 활음기법, 쌍음채기법, 반음기법 등 다양한 기법이 연주된다"[42]고 소개하였는데, 모두 43가지[43] 주법 기보 방법이 확인된다.

위에서 서술한 바를 종합하면, 한국의 개량양금 악보는 서양의 오선보로 기보되었을 뿐만 아니라 전통양금의 악보도 오선보 악보로 1914년에 일찍이 역보되었음이 확인된다. 1914년의 『조선구악朝鮮舊樂 · 영산회상靈山會像』악보는 현재 한국에서 전통음악을 서양식 기보법으로 기보한 최초 악보로 확인된다. 그 특징은 두 가지로 볼 수 있다. 하나는 서양의 오선보로 처음 전통음악을 기보했다는 사실이고, 또 하나는 이 악보가 양금 악보라는 점이다. 우선 당시 일본에는 양금이란 악기가 없었고, 또한 일본인들이 한국의 특수한 양금 기보법에 대해서 알지 못했으며, 이 신기한 악기의 음악에 대한 호기심이 있었으니, 우선 양금 악보를 오선보로 역보한 것으로 보인다. 한편, 한국은 현재 18현 개량양금과 43현 개량양금을 주로 사용하고 있는데, 양금 창작음악도 주로 이 두 종류의 개량양금을 위주로 창작된다. 43현 개량양금의 창작곡의 악보에 나타난 주법 기보법(43가지)은 18현 개량양금의 창작음악 악보(30가지)보다 많다. 음고 기보법과 시가 기보법은 주로 오선보를 사용함이 확인된다.

2) 중국 양금 악보에 나타난 서양식 기보법

중국의 경우는 주로 20세기 중엽부터 시작된 각색 양금음악에서 서양식 기보법을 사

---

42 윤은화 · 양미지, 앞의 논문(2015), 159쪽.
43 위의 논문, 165-168쪽.

용하기 시작했다. 현재 중국 양금음악은 각색한 양금음악과 창작음악 두 가지가 있지만 각색 음악은 20세기 중엽부터 시작되었다는 점에서, 각색한 양금음악의 기보 방법은 전통양금 음악의 기보법보다 다양하다. 진준영陳俊英의 『월악명곡선粤樂名曲選』에는 「우타 파초雨打芭蕉」, 「한천뢰旱天雷」, 「도춘래到春來(또는 도춘뢰到春雷)」의 3개의 각색한 양금음악을 숫자보로 기보했다. 보례를 들면 「도춘래到春來」의 악보[44]는 다음 〈악보 V-9〉와 같다.

〈악보 V-9〉 『粤樂名曲選』 소재 「到春來」의 일부 악보

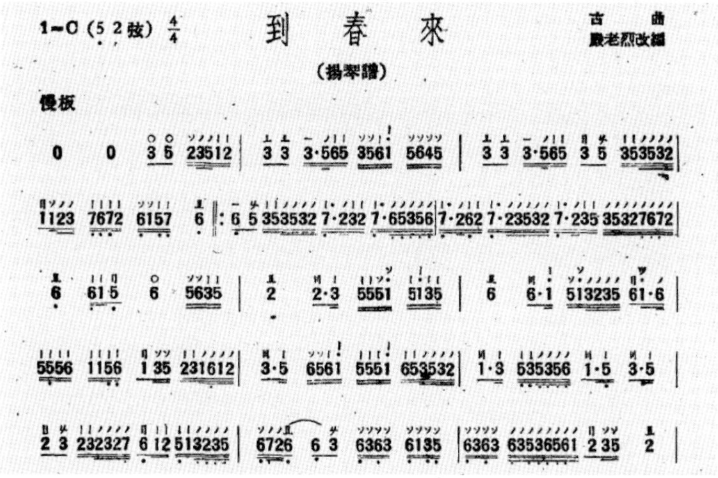

위 악보는 숫자보로 기보되었지만, 숫자보 위에 특수 기호가 있으니 이 기호들은 바로 양금의 연주 방법을 표시한 것이다. 『월악명곡선粤樂名曲選』에 나타난 양금 연주법 기호는 양금 연주법에 따라 악보 27페이지의 "양금죽법표揚琴竹法表(좌죽법左竹法)"를 참고하여 이러한 기호의 기보 성격을 요약하면 다음 〈표 V-5〉와 같다.

44   陳俊英(編), 『粤樂名曲選』, 上海: 上海文藝出版社, 1958, 24頁.

〈표 V-5〉『粤樂名曲選』에 나타난 양금 연주법 기보 특징

연주법	기보 특징	연주 방법	기타
順一打	|	一竹(左或右)	1/4拍
順二打	||	兩竹(一左一右)均落一音	2/4拍
順三打	|||	三竹(左右左)右竹落低八度音	3/4拍
順四打	×	四竹(左右兩次)右竹落低八度音	1拍
慢一打	⊥	一竹(左或右)	1/2拍
慢二打	⊥⊥	兩竹(一左一右)右竹落低八度音	1拍
慢三打	⊥⊥⊥	三竹(左右左)右竹落低八度音	3/2拍
慢四打	✕	四竹(左右兩次)右竹落低八度音	2拍
快一打	⁄	一竹(左或右)	1/8拍
快二打	⁄⁄	兩竹(一左一右)均落一音	2/8拍
快三打	⁄⁄⁄	三竹(左右左)均落一音	3/8拍
快四打	⁄⁄⁄⁄	四竹(左右兩次)均落一音	4/8拍
齊打	-	左右竹同時齊落(右竹落低八度音)	-
密打	0	左右竹輪流密打	-
緊打	手	右竹打下, 左手無名指急按線上勿使延音	-
3/4拍慢一打	⊥	一竹(左或右)	3/4拍
1拍慢一打	⊥	一竹(左或右)	1拍
混合慢打	⊥	二竹(左竹慢一打, 右竹順一打)	3/4拍
3/8拍順一打	|·	一竹(左或右)	3/8拍

　　〈표 V-5〉와 〈표 V-2〉를 비교해 보면, 『월악명곡선粤樂名曲選』에 나타난 양금음악 주법 기보법은 『금학신편琴學新編』에 더하여 발전된 것임을 알 수 있다. 『월악명곡선』에서 특수한 연주법은 "3/4박만일타拍慢一打", "1박만일타拍慢一打", "혼합만타混合慢打", "3/8박순일타拍順一打" 등이고 "쾌타快打"의 연주법도 포함하였다. 이 새로운 주법 기보법은

각색한 양금음악의 특징이다. 두 악보의 큰 차이는 선율의 음고가 공척보에서 숫자보로 기보되었다는 점과, 서양식 기보법으로 기보된 악보에는 시가도 나타난다는 점이다.

한편,『화악대전華樂大典 · 양금권揚琴卷 · 악곡편樂曲篇』에 수록된 각색한 양금음악은 오선보로 기보했는데, 보례를 들면「도수렴倒垂簾」의 악보[45]는 다음 〈악보 V-10〉과 같다.

〈악보 V-10〉『華樂大典 · 揚琴卷 · 樂曲篇』소재「倒垂簾」의 일부 악보

이 악보에서 양금의 연주법을 기보한 것은 "┿" 및 "┩" 이상 두 개만 확인할 수 있다. 각색한 양금음악은 숫자보로 기보된 것도 있는데 다음 〈악보 V-11〉과 같다.[46]

---

45 中國民族管弦樂學會(編),『華樂大典 · 揚琴卷』, 樂曲篇(上), 上海: 上海音樂出版社, 2016, 1頁.

〈악보 V-11〉『揚琴』소재 「山丹丹開花紅艶艶」의 일부 악보

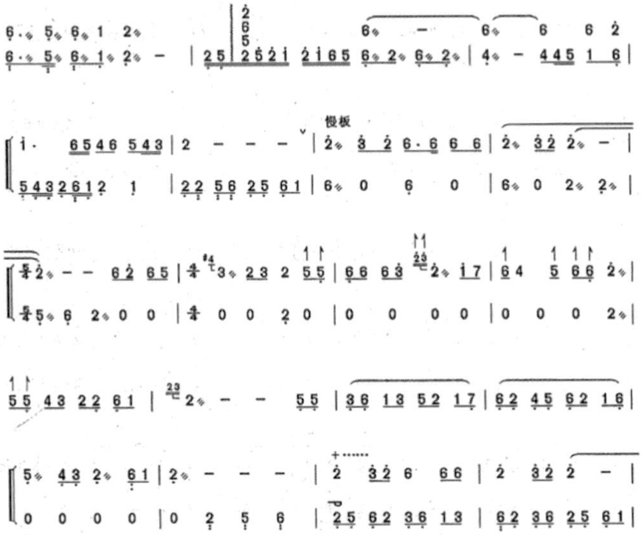

이 악보를 보면 양금의 연주법을 표시한 기보법은 " ", " ", " ", " ", " +······ "와
" ▬ " 이상 6개의 기록뿐이다. 그리고 이 악보에서는 좌채와 우채에 따라 기보되었다는
것도 특징이다. 〈악보 V-10〉과 〈악보 V-11〉을 보면, 현재 양금 악보에서 전통양금 기보
법으로 기보된 악보와 20세기 중엽 숫자보로 기보된 악보는 모두 양금 연주법을 잘 기보
하지 않고 중요한 연주법만 기보한 것으로 보인다. 다만, 현재의 양금 악보에서 숫자보와
오선보를 같이 기보하는 것은 현재 양금 악보의 보편적인 특징이다. 즉, 음고와 시가를
모두 반영할 수 있는 유용한 악보이다.

한편, 양금 창작곡의 기보 성격은 위에서 언급한 최근 출판의 여러 가지 양금악보에서
각색한 양금음악의 기보 특징과 똑같다.『화악대전華樂大典·양금권揚琴卷·악곡편樂曲
篇』에서는 오선보로 기보했고,『양금揚琴』에서는 숫자보로 기보했다. 보례를 들면『화악
대전·양금권·악곡편』395페이지에 있던 「봉황어비鳳凰於飛」의 앞부분 악보는 다음

---

46   詹皖(編),『揚琴』, 南京: 南京師範大學出版社, 2011, 91頁.

〈악보 V-12〉와 같고, 『양금揚琴』94페이지에 있던 「쌍수개출행복천雙手開出幸福泉」의 앞
부분 악보는 다음 〈악보 V-13〉과 같다.

〈악보 V-12〉「鳳凰於飛」의 일부 악보

〈악보 V-13〉「雙手開出幸福泉」의 일부 악보

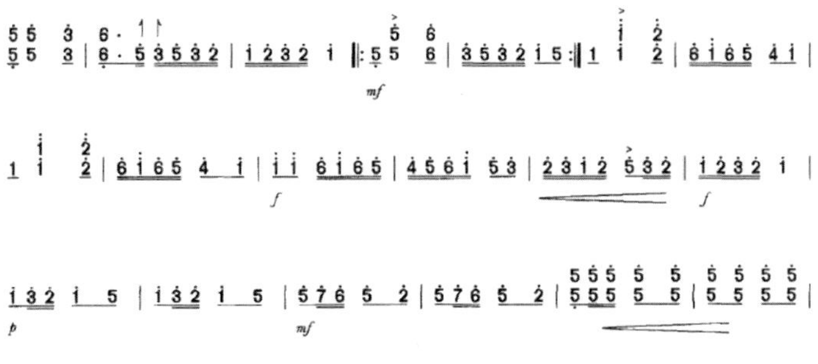

위의 두 악보에 나타난 특수 기보법은 "0", "-", "♥", "┃", "┃" 및 "┃"만이 확인된다.
〈악보 V-13〉에서는 "┃" 등의 기보 방식도 있는데, 이는 두 손을 동시 연주하는 연주법인
것이다. 다만 현재 양금 악보에서는 양금 연주법을 잘 기보하지 않지만 양금 연주법에
따라 기보법을 정리한 바가 있다. 즉 이영영李玲玲의 『중국양금악기법中國揚琴樂器法』안

의 "揚琴技法分類、術語、符號總表"[47]에 보면, 현재 중국 양금의 기보법은 타현류[擊弦類], 발현류拔弦類, 슬라이딩류[滑揉類], 음효류音效類와 제음류制音類 등으로 구분했으며 모두 86종의 주법 기보법이 확인된다.

다시 정리하면, 1950년대 이후 각색한 양금음악의 유행과 서양 숫자보 기보법의 유행으로 각색한 양금 악보는 숫자보가 주를 이루었고, 악보에도 양금 연주 방법에 관한 19종이 실려 있었다. 오늘날 양금 창작곡이 점점 많아지면서 오선보와 숫자보를 병행하여 사용하기 시작했고, 현재 양금 악보에는 개별적으로 중요한 양금 연주법을 담고 있는 기보 부호만 있을 뿐이다. 그리고 현재 양금의 연주 기호(연주법)는 모두 86종이다.

3) 일본 양금 악보에 나타난 서양식 기보법

현재 일본에서 연주하는 음악은 주로 중국에서 유입된 음악이라 현재 중국 양금 창작곡과 각색한 음악의 기보 특징과 똑같다. 장림은 일본에서 양금음악을 작곡했지만 그는 중국 중앙음악학원에서 양금을 배웠기 때문에 이 창작곡의 기보 특징은 중국 학원파의 양금음악의 기보 특징과 같다고 할 수 있다. 장림에 의하면 현재 일본의 양금 연주법의 기보법은 중국과 똑같다고 한다.[48]

3. 소결

본 장에서는 한국과 중국 및 일본 세 나라의 양금 악보에 나타난 전통 기보 성격과 서양 기보 성격에 대해 살펴보았는데 그 결론은 다음과 같다.

---

47 李玲玲, 앞의 책, 146-150頁.
48 일본양금협회 회장인 장림(張林)은 2020년 5월 8일에 인터뷰를 통하여 소개하였다. 다만 저작권 문제로 인하여 본 논문에는 악보를 싣지 못하였다.

첫째, 한국의 양금 전통양금 악보는 중국 및 일본과 비해서 굉장히 이른 시기의 것부터 많이 남아있다. 이것은 식자층이 주도가 되어 양금을 수용하고 직접 연주했던 사실과 관련이 있다고 본다. 이러한 문화적 배경으로 인해 전통양금 악보의 기보법도 발전될 수 있었던 것으로 생각된다.

둘째, 한국의 전통 기보법이 중국과 일본보다 다양하다. 세 나라의 양금주법 전통 기보 특징(일본의 것이 확인되지 못함)은 모두 자국 사람들이 독창적으로 만든 부호(또는 표標)였지만, 이를 세 나라가 공유하지 않았음을 확인하였다. 고악보의 전통 음고 기보 특징을 살펴보면, 세 나라 모두 공척보를 사용했다는 점이 특징이다. 중국과 일본은 공척보만 사용했지만, 한국에서는 처음 중국에서 유입된 율자보와 공척보를 먼저 사용하다가 한국식의 시구차용보도 만들어 시험했고 결국 육보로 정착되었다. 중국과 일본의 양금 악보에는 전통 시가 기보법이 없지만, 한국의 양금 악보에는 정간보, 악보의 여백과 연음표 등에 의한 시가 기보 방식이 있으며, 20세기부터 서양식 기보법의 영향을 받은 시가 기보 방식이 정간보로 정착되었다. 뿐만 아니라 중국의 양금 고악보의 창작 배경도 서양식 기보법의 영향을 받았음이 확인된다.

셋째, 현재 서양식 기보법(오선보 및 숫자보)을 보편적으로 사용하기 때문에 서양식 기보법은 동시에 음고와 시가를 표시할 수 있으니 한국과 중국 및 일본 양금음악의 기보법은 전통 기보법보다 간단화되었다. 또 현재 개량양금을 많이 사용하기 때문에 개량양금의 주법 기보법도 다양하다. 하지만 중국과 일본의 경우는 한국보다 많다. 오늘날 중국과 일본은 약 86종에 달하는 연주법이, 한국에는 약 43종의 연주법이 보인다. 이 모든 주법 중 악보에는 주요한 연주법만 표시되었는데, 연주자의 재량에 따라 가감될 수 있어 더욱 유연하다. 또한, 중국과 일본은 오선보와 숫자보를 병행하여 사용하고 있지만 한국의 양금음악의 기보법은 오선보(오선보, 오선보·육보)로 변화하는 경향을 보인다. 왜냐하면, 숫자보 기보법이 한국에서 유행하지 않았기 때문에 오선보 기보법이 채택된 것으로 보인다. 특히, 1914년에 한국에서 최초의 오선보로 역보된 악보가 양금악보였음은 특징적이다.

결론

결론

이 책은 한국과 중국 및 일본 각국에서 양금의 연원과 수용 및 정착과정, 그리고 음악문화적인 특징을 비교·고찰하였으며, 동아시아 양금사를 정리하였다. 구체적으로 양금의 동아시아 유입과 전파, 음악문화 속에 수용된 양금, 양금의 형제와 양금악보의 기보방식을 통하여 한국과 중국 및 일본에서 양금의 유입과 전승 양상을 검토하였다. 그에 따른 연구 내용 및 결론을 정리하자면 다음과 같다.

첫째, 동아시아 양금의 유입과 전파를 살펴본바, 세 나라 양금의 유입 경로, 유입 목적, 유입 시기가 각기 다름을 알 수 있다. 중국과 일본은 해로로 유입되었고, 한국은 육로로 유입되었다. 중국은 1582년에 선교 수단으로서 유입되었고, 한국은 1750년대에 음악적인 목적으로 유입되었으며, 일본(유구국)은 1663년에 중국의 외교 선물로서 유입되었다. 즉 양금은 동아시아 세 나라 가운데 가장 먼저 중국으로 유입되었고, 그것은 이후로 각각 다른 목적으로 일본과 한국으로 전해졌다. 특히, 중국이나 일본의 양금 유입은 피동적인데 비해 한국은 양금을 자국의 음악문화에 보다 주도적으로 수입한 면이 있다.

둘째, 한·중·일 음악문화 속에 수용된 양금의 양상을 살펴본바, (1) 조율체계: 양금의 동아시아 현지화 배경 및 문화적 특수성과 관련하여, 한·중·일 개량양금의 조율체계는 서양의 12평균율인 점에서는 같지만, 전통양금의 조율체계가 서로 다르다. 한국은 장2도·단2도로 조율하고, 중국은 괘마다 단3도로, 일본은 서양 온음 체계로 조율한다. (2) 수용된 음악 갈래: 현재 양금의 연주 형식은 독주·중주·합주 등으로 비슷하지만, 양금을 수용한 전통음악 갈래가 서로 다르다. 한국은 줄풍류 음악에 합주 악기로서 수용되었고, 중국은 설창·희곡·민간합주 등에서 반주나 합주 악기로서, 일본은 명청악인 어좌악에서 합주 악기로서 수용되었다. (3) 연주된 음악: 창작 양금곡은 서양음악 이론을 바탕으로 창작된 악곡이라는 특징이 같지만, 전통양금 음악의 특징이 다르다. 한국은 주로 문인음악, 중국은 민간음악, 일본은 궁정음악에서 양금이 사용되었다. (4) 연주법: 현재 개량양금의 연주법은 기법의 다양성 및 양손 연주라는 점에서 비슷하지만, 전통양금의 연주법은 서로 다르다. 한국은 한손으로 연주하고, 중국과 일본은 양손으로 연주한다. (5) 수용 계층: 전통양금의 수용 계층이 다르다. 한국은 중인 이상의 계층에서 주로 수용했고, 중국은 시민층[市井]에서, 일본은 궁정에서 수용했다.

셋째, 한·중·일 양금의 형제를 비교한바, (1) 공명상자: 양금 공명상자(몸통)의 재질은 오동나무라는 점에서 모두 같지만, 모양이 서로 다르다. 중국 양금의 모양은 사다리꼴형(부채형)과 나비형의 두 가지가 있다. 한국과 일본은 사다리꼴형의 양금만 확인되었다. (2) 금현: 양금 현의 재질은 구리라는 점에서 같았지만, 각국에 정착하면서 금현의 현수 및 구성 원리가 변화했다. 중국 금현의 특징은 청말까지 금현 구성 원리가 3가닥 한 벌, 4가닥 한 벌, 2가닥 한 벌 등으로 불규칙하였다. 이와 달리 한국의 금현은 거의 대부분 4가닥 한 벌이어서 큰 변화가 없었으며, 그 밖에 5가닥 한 벌로 구성된 양금도 있었음이 확인된다. 일본 양금의 금현은 시종일관 3가닥 한 벌 체제를 유지하였다. 중국에서 양금 금현의 수는 14현, 16현, 12현/17현이었는데, 한국과 일본은 모두 14현 양금만 확인된다. (3) 괘: 양금 괘의 수량은 모두 2개(고정괘)로 같지만, 모양과 재질은 다양하다. 중국 양금 괘의 재질은 나무 또는 상아인데, 한국과 일본의 양금 괘의 재질은 모두 나무이다. 중국 양금의 괘의 모양은 "일자형"과 "돌출형" 두 가지가 있으며, 한국 양금의 모양은 모두 "일자형"이다. (4) 금채: 한국 전통양금은 하나의 금채만 사용하지만, 중국·일본은 금채 두 개를 사용한다. 그러나 세 나라의 금채는 재질(대나무)과 모양이 거의 같다. (5) 개량양금: 중국 양금의 개량 작업은 한국과 일본의 현대 양금에 영향을 미쳤다. 특히 기존 전통양금과 개량양금의 관계에서 두드러지는 특징은 중국 양금은 각종 개량양금이 대두되면서 그것들이 기존 전통양금의 위치를 대신하였지만, 한국 양금은 비록 현대의 개량양금이 대두되었다 하더라도 기존의 전통양금과 병존하면서 각각 다른 장르의 음악을 연주한다는 점이다. (6) 기타: 중국 전통양금의 장식물은 소리창이고, 일본은 금면에 그림이 있다는 점이 확인된다.

넷째, 한·중·일에 양금이 정착한 후 양금음악의 기보 방식을 살펴본바, (1) 전통 기보법: 한국의 전통 기보법은 중국과 일본의 경우보다 다양하다. 일본의 양금주법 기보법은 확인되지 않지만, 한국과 중국 두 나라의 전통 기보법에 사용된 양금주법은 모두 자국인이 독창적으로 만든 부호(또는 표標)로서 그것들은 두 나라 사이에서 공유되지는 않았던 것으로 확인된다. 전통 음고 기보의 특징은 세 나라가 모두 공척보를 사용한다는 점이었다. 단, 중국과 일본은 공척보만 사용하였지만, 한국에서는 처음에는 중국에서 유입된 율자보와 공척보를 사용하다가 한국식의 시구차용보도 만들어 시험하는 등의 과정을 거친 뒤, 최종적으로 육보로 정착되었다. 중국과 일본의 양금 악보에는 전통 시가 기보법이 없었지만, 한국의 양금 악보에는 정간보, 악보의 여백과 연음표 등에 의한 시가 기보 방식이 있었으며, 20세기부터 서양 기보법의 영향을 받은 시가 기보 방식이 정간보로 정착되었다. (2) 서양식 기보법: 중국과 일본은 오선보와 숫자보를 병행하여 사용하고 있지만, 한국은 오선보(오선보, 오선보·육보)로 변화하는 경향을 보인다. 현재 보편적으로 사용되고 있는 서양식 기보법(오선보 및 숫자보)은 음고와 시가를 동시에 표시할 수 있는 이점을 지니고 있기 때문에 한·중·일 양금음악의 기보법은 전통 기보법에 비해 보다 간편화되었다고 할 수 있다. 개량양금의 연주법은 매우 다양한데 악보 상에는 주요한 연주법만 표시한 채 연주자의 재량에 따라 가감될 수 있어 더욱 유연하다.

이상의 논의에 따라 양금이 동아시아에 폭넓게 전승될 수 있었던 배경에는 양금이라는 악기가 가진 장점이 크게 자리하고 있었다고 볼 수 있다. 그 장점이란 양금의 크기 및 형제의 간편성과 조율에서 나타나는 음악적 친화력일 것이다. 서양 종교와 문물의 유입으로 인해 여러 가지 악기가 전해졌는데, 선교사가 중국으로 가져온 악기 중에는 천금(관풍금管風琴 또는 파이프 오르간), 고대 피아노(고강금古鋼琴 또는 클라비코드) 등도 있었다. 서양으로부터 전래한 이러한 악기들은 처음으로 동아시아에 소개된 새로운 것들이었기에 자연스레 많은 동아시아 사람들의 이목을 끌었다. 그런데 양금은 다른 악기보다 크기가 작고, 휴대도 용이하기에 점차 대중적 악기로 수용될 수 있었고, 아울러 양금이 동아시아의 전통악기와 매우 다른 구조 및 음색, 조율을 가진 악기임에도 불구하고 동아시아 음악 문화에 뿌리를 내릴 수 있었다. 이렇게 새로운 외래악기가 동아시아 전통음악 문화에 충실히 수용될 수 있었다는 점은 양금 유입의 문화적 의의로서 부각되어야 할 것이다. 양금은 또한 12음을 모두 낼 수 있는 악기로서 두 옥타브 반의 음역을 가졌기 때문에 동아시아 각국의 음악어법에 맞는 음들을 선택하여 사용할 수 있었다. 즉, 동아시아의 어떤 전통 음계라도 양금을 통하여 모두 연주할 수 있다는 것이다. 다양한 종류의 음악을 연주할 수 있는 적응력에서 양금은 매우 유리한 위치에 있었다고 할 수 있다.

양금이 동아시아의 전통악기와 매우 다른 구조, 음색, 조율체계를 가진 악기임에도 동아시아에 뿌리를 내릴 수 있었던 배경에는 전통과의 자연스러운 조화에 있었음을 알 수 있다. 한국에서 양금은 동양철학인 음양, 천지인 삼재, 동양 12율려 이론, 사계 등과 더불어 새로운 의미를 부여받았다. 중국에서는 이런 기록이 아직 발견되지 않았다. 양금에 부여된 이와 같은 음악적 상징과 철학은 본래 양금에는 없었던 것이다. 한국에서 양금을 적극적으로 자국의 문화 속으로 수용함으로써 양금은 동아시아의 전통악기로서 정착할 수 있었다.

지금까지 한 · 중 · 일의 세 나라가 공통적으로 받아들인 외래악기로서 양금의 유입, 전파, 정착, 전승, 변모, 기보 방식 등을 비교 검토하면서 세 나라 간의 음악 전파 및 음악 교류 상황을 일정 정도 파악할 수 있었다. 흥미로운 점은 양금을 처음 수용한 중국보다 한국과 일본(유구국)의 양금 자료에서 중국 양금 초기 모습을 유추할 수 있었다는 점이다. 즉, 한국의 『구라철사금자보』와 『유예지』는 양금 조율의 반음 체계를, 유구국의 시마네현 구 츠와노번 가에 소장된 양금 실물에는 온음 체계의 조율을 가진 양금의 흔적을 드러내고 있다. 이런 자료를 통해 양금이 중국에 유입되었을 당시 온음 체계의 조율 악기와 반음 체계의 조율 악기가 모두 존재했었음을 짐작하게 된다. 양금 연주 전통이 활발하지 못한 일본의 예를 제외하면 중국과 한국은 모두 이러한 외래의 조율체계를 벗어나 자국의 음악 체계 안에 양금을 수용하여 발전시키고 있음을 알 수 있다.

일반적으로 알려진 한국의 전통양금은 4가닥 한 벌로 구성되었지만, 조선왕조의 의궤에 나타난 양금 도상이나 대전광역시시립박물관의 "향사역민기증662"호 양금 실물 등에서 5가닥 한 벌 양금이 발견되었다. 이런 정황으로 볼 때, 한국 전통양금에는 비교적 이른 시기에 5가닥 한 벌의 양금도 존재하였음을 확인할 수 있다.

현재 한·중·일 양금 창작곡을 보면 대부분 서양 음악어법으로 만들어져 일종의 "전면서화(전면서화全面西化 또는 모두 면에서 서양화)" 경향이 나타나는데, 이는 동아시아적인 양금 음악문화 발전에는 저해되는 측면이 있다. 동아시아 양금 창작곡은 앞으로 국가별 정체성에 입각한 전통음악 문화에서 새로운 활로를 찾아야 각국의 음악적 특성에 맞는 양금 음악문화를 더욱 발전시킬 수 있다고 생각한다. 나아가 국가별 전통 음악문화를 구현할 수 있는 소재, 방법과 내용을 모색할 수 있도록, 특히 전통음악 기보법에 더해 새로운 연주기법을 개발하는 것은 더 중요하다고 본다. 서양의 덜시머Dulcimer와만 비교하다 보면 결국에는 자기 문화의 특성과 우위를 잃을 수밖에 없다.

오늘날 한국에서는 전통양금을 사용하고 있지만, 중국과 일본에서는 전통양금의 역사가 이미 단절된 지 오래이다. 양금의 개량이 꾸준히 이루어지고 있고 양금 창작곡도 많이 나오면서 동아시아의 양금 음악문화를 이루어온 전통적 특색을 잃어버릴지도 모른다는 우려가 나오고 있다. 이는 앞으로 동아시아 각국 양금 음악문화의 발전 측면에서 큰 손실이라고 생각된다. 동아시아 양금의 다양한 발전 방향을 모색하기 위해 동아시아적인 전통양금에 바탕을 둔 음악문화를 보호하고 존중해야 한다.

양금은 애초 페르시아에서 기원한 악기이지만 동아시아에 유입된 후 한·중·일 각 나라에서 저마다 다른 역사와 문화적 전통 속에 정착하면서 고유의 음악문화를 형성하였다. 동아시아 음악사를 살펴보면 고대로부터 서역음악이 중국과 한국 및 일본으로까지 유입되어 각국의 음악문화를 풍부히 해 온 사실을 발견하게 된다. 특히 세 나라 양금의 유입과 조율체계를 고찰하는 과정에서 비교 연구의 의미를 발견할 수 있었다. 이 책이 한·중·일 각국의 전통음악과 문화에 대한 이해를 증장하여 민족적 특징을 이해하고 문화적 자부심을 확장하는 데 이바지 할 수 있기를 바란다.

1. 악보

『琴譜 初入門』(韓國音樂學資料叢書 · 2), 국립국악원, 1980.

『西琴歌曲』(韓國音樂學資料叢書 · 2), 국립국악원, 1980.

『峩琴古譜』(韓國音樂學資料叢書 · 2), 국립국악원, 1980.

『律譜』(韓國音樂學資料叢書 · 2), 국립국악원, 1980.

『園客遺韻』(韓國音樂學資料叢書 · 7), 국립국악원, 1981.

『一蓑洋琴譜』(韓國音樂學資料叢書 · 7), 국립국악원, 1981.

『黑紅琴譜』(韓國音樂學資料叢書 · 7), 국립국악원, 1981.

『歐邏鐵絲琴字譜』(韓國音樂學資料叢書 · 14), 국립국악원, 1984.

『靈山會像』(韓國音樂學資料叢書 · 14), 국립국악원, 1984.

『芳山韓氏琴譜』(韓國音樂學資料叢書 · 14), 국립국악원, 1984.

『協律大成』(韓國音樂學資料叢書 · 14), 국립국악원, 1984.

『琴譜精選』(韓國音樂學資料叢書 · 15), 국립국악원, 1984.

『丙午年洋琴譜』(중앙도서관 소장본)(韓國音樂學資料叢書 · 15), 국립국악원, 1984.

『西琴(또는 玄琴譜)』(김동욱 소장본)(韓國音樂學資料叢書 · 15), 국립국악원, 1984.

『西琴譜』(김동욱 소장본)(韓國音樂學資料叢書 · 15), 국립국악원, 1984.

『楊琴曲譜』(韓國音樂學資料叢書 · 15), 국립국악원, 1984.

『洋琴註冊』(韓國音樂學資料叢書 · 15), 국립국악원, 1984.

『遊藝志』(韓國音樂學資料叢書 · 15), 국립국악원, 1984.

『張琴新譜』(韓國音樂學資料叢書 · 15), 국립국악원, 1984.

『峨洋琴譜』(韓國音樂學資料叢書 · 16), 국립국악원, 1984.

『嶧陽雅韻』(韓國音樂學資料叢書 · 17), 국립국악원, 1985.

『이보형 소장 洋琴譜』(韓國音樂學資料叢書 · 18), 국립국악원, 1985.

『琴學入門』(韓國音樂學資料叢書 · 19), 국립국악원, 1985.

『楊琴與民樂譜』(韓國音樂學資料叢書 · 19), 국립국악원, 1985.

『海山遺音』(韓國音樂學資料叢書 · 19), 국립국악원, 1985.

『朝鮮音律譜』(韓國音樂學資料叢書 · 25), 국립국악원, 1988.

『雅樂部洋琴譜』(韓國音樂學資料叢書 · 28), 국립국악원, 1989.

『乙亥琴譜』(성낙범 소장본)(韓國音樂學資料叢書 · 32), 국립국악원, 1997.

『韶巖 소장 洋琴譜』(韓國音樂學資料叢書 · 34), 국립국악원, 1999.

『鐵絲琴譜』(韓國音樂學資料叢書 · 34), 국립국악원, 1999.

『蒼下遺筆』(韓國音樂學資料叢書 · 39), 국립국악원, 2004.

『聖學十圖 附禮樂比攷』(韓國音樂學資料叢書 · 40), 국립국악원, 2005.

『李王職雅樂部 五線樂譜 萬年長歡之曲 男唱』(韓國音樂學資料叢書 · 42), 국립국악원, 2011.

『李王職雅樂部 五線樂譜 萬年長歡之曲 女唱』(韓國音樂學資料叢書 · 43), 국립국악원, 2011.

『李王職雅樂部 五線樂譜 萬年長歡之曲 洋琴譜』(韓國音樂學資料叢書 · 44), 국립국악원, 2011.

『洋琴歌曲音譜』(韓國音樂學資料叢書 · 54), 국립국악원, 2017.

金仁湜, 『朝鮮舊樂靈山會上』, 서울: 朝鮮正樂傳習所, 1914.

김천흥(엮음), 『정악양금보』, 사단법인 대악회, 1982.

김천흥, 『正樂洋琴譜』, 서울: 銀河出版社, 1988.

박성연(편), 『18현양금 창작 독주곡집』, 서울: 나비꿈, 2016.

_____(편), 『양금창작독주곡집』, 서울: 북촌, 2007

_____(편), 『전통양금 악보집』, 서울: 민속원, 2005.

『歌曲寶鑑』(韓國 雜歌全集 · 4), 서울: 啓明文化社, 1984.

『朝鮮雅樂 · 洋琴譜概要』(한국학중앙연구원 장서각소장본)

丘鶴儔, 『琴學新編』, 香港: 香港正昌隆號出版, 1920.

_____, 『絃歌必讀』, 香港: 香港正昌隆號出版, 1921.

金紫臣(著), 何紅玉, 小敏(編), 『最新琴弦曲譜(影印本)』, 桂林: 廣西師範大學出版社, 2011.

中國民族管弦樂學會(編), 『華樂大典 · 揚琴卷』, 樂曲篇, 上海: 上海音樂出版社, 2016.

陳俊英(編), 『粤樂名曲選』, 上海: 上海文藝出版社, 1958.

詹 皖(編), 『揚琴』, 南京: 南京師範大學出版社, 2011.

2. 고문헌

(朝鮮)姜世晃, 『豹菴遺稿』, 성남: 한국정신문화연구원 고전자료편찬실, 1979.

(朝鮮)金景善, 『燕轅直指』(장서각 소장본).

(朝鮮)朴宗采, 『過庭錄』.

(朝鮮)朴趾源(著), 朴宗侃(編輯), 『燕巖集』, 韓國古典飜譯院, 1932.

(朝鮮)_____, 『燕巖集』.

(朝鮮)洪大容, 『湛軒書』, 新朝鮮社, 1939.

(朝鮮)進宴都監(編), 『純宗28年 戊子進爵儀軌(1828)』.

(朝鮮)_____(編), 『純宗29年 乙丑進饌儀軌(1829)』.

(朝鮮)_____(編), 『憲宗14年 戊申進饌儀軌(1848)』.

(朝鮮)_____(編), 『高宗5年 戊辰進饌儀軌(1868)』.

(朝鮮)_____(編), 『憲宗10年 癸酉進爵儀軌(1873)』.

(朝鮮)_____(編), 『高宗14年 丁丑進饌儀軌(1877)』.

(朝鮮)_____(編), 『高宗24年 丁亥進饌儀軌(1887)』.

(朝鮮)_____(編), 『高宗29年 壬辰進饌儀軌(1892)』.

(朝鮮)_____(編), 『光武5年 辛丑進饌儀軌(1901)』.

(朝鮮)_____(編), 『光武5年 辛丑進宴儀軌(1901)』.

(朝鮮)_____(編), 『光武6年 壬寅進宴儀軌(1902)』(고종 耆老所 입사).

(朝鮮)_____(編), 『光武6年 壬寅進宴儀軌(1902)』(고종 등극 40년).

(唐)杜 佑(撰), 王文錦, 王永興, 劉俊文, 徐庭雲, 謝方(點校), 『通典』(第八冊), 北京: 中華書局, 2016.

(唐)李延壽, 『南史』(第四冊), 北京: 中華書局, 1975.

(唐)魏 徵, 『隋書』⇨『文淵閣四庫全書 史部二二』, 台北: 台灣商務印書館, 1983.

(明)劉 侗, 於奕正, 『帝京景物略』, 北京: 北京古籍出版社, 1980.

(明)宋 濂, 『元史』⇨『文淵閣四庫全書 史部五三』, 台北: 台灣商務印書館, 1983.

(明)張 燮, 『東西洋考』⇨ 王雲五(主編), 『國學基本叢書 554 東西洋考 徐霞客遊記 一』, 台北: 台灣商務印書館, 1968.

(明)陳 誠, 『西域行程記 西域番國志』, 北京: 中華書局, 1991.

(明)馮時可, 『蓬窗續錄』⇨『續修四庫全書』編纂委員會(編), 『續修四庫全書 1190』, 上海: 上海古籍出版社, 2002.

(宋)鄭 樵, 『通志』⇨『文淵閣四庫全書 史部一三二』, 台北: 台灣商務印書館, 1983.

(宋)陳 暘, 『樂書』⇨『文淵閣四庫全書 經部二〇五』, 台北: 台灣商務印書館, 1983.

(五代)劉 昫, 『舊唐書』⇨『文淵閣四庫全書 史部二六』, 台北: 台灣商務印書館, 1983.

(元)劉 郁, 『西行記』⇨『文淵閣四庫全書 史部二一八』, 台北: 台灣商務印書館, 1983.

(元)馬端臨, 『文獻通考』(清乾隆戊辰年版本).

(淸)顧季慈(輯), 謝鼎容(補輯), 『江上詩鈔 1』, 上海: 上海古籍出版社, 2003.

(淸)顾 禄, 『桐橋倚棹錄』, 上海: 上海古籍出版社, 1980.

(淸)崑 岡, 劉啟端等, 『欽定大淸會典圖』⇨ 『續修四庫全書』編纂委員會(編), 『續修四庫全書795』, 上海: 上海古籍
　　　出版社, 2002.

(淸)＿＿＿, 李鴻章等, 『欽定大淸會典事例』⇨ 『續修四庫全書』編纂委員會(編), 『續修四庫全書806』, 上海: 上海古籍
　　　出版社, 2002.

(淸)金 焜, 『妙明書屋遺集』.

(淸)段玉裁, 『說文解字注』⇨ 王雲五主編, 『國學基本叢書160』, 台北: 台灣商務印書館, 1969.

(淸)劉錦藻, 『皇朝續文獻通考』⇨ 『續修四庫全書』編纂委員會(編), 『續修四庫全書 818』, 上海: 上海古籍出版社,
　　　2002.

(淸)劉統勳, 傅恆等(撰), 『欽定皇輿西域圖誌』⇨ 『文淵閣四庫全書 史部二五八』, 台北: 台灣商務印書館, 1983.

(淸)六對山人, 『錦城竹枝詞百首』⇨ 雷夢水等(編), 『中華竹枝詞』, 北京: 北京古籍出版社, 1997.

(淸)李 斗, 汪北平, 塗雨公點校, 『揚州畫舫錄』, 北京: 中華書局, 1960.

(淸)李聲振, 『百戲竹枝詞』⇨ 路工(編), 『淸代北京竹枝詞(十三種)』, 北京: 北京出版社, 2018.

(淸)李 楷, 「洋琴歌」⇨ (淸)劉大櫆, 『历朝詩約選』, 1985~1987.

(淸)林蘇門, 『續揚州竹枝詞』⇨ 雷夢水等(編), 『中華竹枝詞』, 北京: 北京古籍出版社, 1997.

(淸)樊 彬, 『問靑閣詩集』⇨ 『淸代詩文集彙編』編纂委員會(編), 『淸代詩文集彙編592』, 上海: 上海古籍出版社, 2010.

(淸)範祖述, 『杭俗遺風』, 上海: 上海文藝出版社, 1989.

(淸)捧花生, 『秦淮畫舫錄』⇨ 蟲天子(編), 『香艶叢書 第7冊 第14集』, 上海: 上海書店出版社, 2014.

(淸)徐 珂(編), 『淸稗類鈔』, 上海: 商務印書館, 1917.

(淸)蘇爾德, 『回疆志』, 台北: 成文出版社, 1968.

(淸)顔自德(選), 王廷紹(編), 『霓裳續譜』⇨ 『續修四庫全書』編纂委員會(編), 『續修四庫全書1744』, 上海: 上海古籍
　　　出版社, 2002.

(淸)吳 璹, 『黃琢山房集』⇨ 『淸代詩文集彙編』編纂委員會(編), 『淸代詩文集彙編360 黃琢山房集』, 上海: 上海古籍
　　　出版社, 2010.

(淸)王友亮, 『雙佩齋詩集』⇨ 『淸代詩文集彙編』編纂委員會(編), 『淸代詩文集彙編401 雙佩齋詩集』, 上海: 上海古籍
　　　出版社, 2010.

(淸)王維新(著), 彭君梅 等(校), 『《海棠橋詞集》校注』, 北京: 光明日報出版社, 2013.

(淸)允 祿, 蔣溥等, 『皇朝禮器圖式』⇨ 『文淵閣四庫全書 史部四一四』, 台北: 台灣商務印書館, 1983.

(淸)＿＿＿, 張照等, 『御製律呂正義後編』⇨ 『文淵閣四庫全書 經部二一一』, 台北: 台灣商務印書館, 1983.

(淸)＿＿＿ 等, 『皇朝禮器圖』⇨ 曲延鈞, 『中國淸代宮廷版畫』, 合肥: 安徽美術出版社, 2002.

(淸)印光任, 張汝霖, 『澳門記略』⇨ 『續修四庫全書』編纂委員會(編), 『續修四庫全書676』, 上海: 上海古籍出版社,
　　　2002.

(淸)張開東, 『白蒓詩集』⇨ 『淸代詩文集彙編』編纂委員會(編), 『淸代詩文集彙編333』, 上海: 上海古籍出版社, 2010.

(淸)張廷玉, 嵇 璜, 劉 墉等, 『皇朝文獻通考』⇨ 『文淵閣四庫全書 史部三九三』, 台北: 台灣商務印書館, 1983.

(清)張　塤,『竹葉庵文集』⇨『清代詩文集彙編』編纂委員會(編),『清代詩文集彙編 375 竹葉庵文集』, 上海: 上海古籍出版社, 2010.

(清)田明燿修, 陳　澧等,『香山縣志』⇨『續修四庫全書』編纂委員會(編),『續修四庫全書 713』, 上海: 上海古籍出版社, 2002.

(清)宗聖垣,『九曲山房詩鈔』⇨『清代詩文集彙編』編纂委員會(編),『清代詩文集彙編 391 九曲山房詩鈔』, 上海: 上海古籍出版社, 2010.

(清)朱象賢,『聞見偶錄』⇨『昭代叢書』庚集卷(23), 嘉慶十一年(1806).

(清)脱　律等,『欽定大清會典圖』⇨ 曲延鈞,『中國清代宮廷版畫』, 合肥: 安徽美術出版社, 2002.

(清)稽　璜, 劉墉等,『皇朝通典』⇨『文淵閣四庫全書 史部四0一』, 台北: 台灣商務印書館, 1983.

(漢)劉　熙,『釋名』⇨『文淵閣四庫全書 經部二一五』, 台北: 台灣商務印書館, 1983.

(漢)司馬遷,『史記』⇨ 王雲五(主編),『國學基本叢書』, 台北: 台灣商務印書館, 1969.

中央研究院歷史語言研究所(編),『明太祖实录』, 台北: 中央研究院, 1962.

3. 단행본

국립국악원,『근현대 음악 풍경』(韓國音樂學資料叢書 · 41), 국립국악원, 2007.

_____,『舊王宮雅樂部 · 肄習會 · 演奏曲目』(韓國音樂學資料叢書 · 53), 국립국악원, 2015.

국립민속박물관,『엽서속의 기생읽기』, 서울: 민속원, 2009.

김기수,『국악입문』, 서울: 세광출판사, 1983.

성경린,『寬齋成慶麟先生九旬記念 寬齋論文集』, 서울: 은하출판사, 2000.

성무경(역주),『교방가요』, 서울: 보고사, 1990.

_____,『교방가요』, 서울: 보고사, 2002.

송방송(색인), 이진원(해제),『조선미인보감』, 서울: 민속원, 2007.

송혜진(글), 강운구(사진),『韓國樂器』, 서울: 열화당, 2001.

張師勛,『國樂의 傳統的인 演奏法 I 거문고 · 가야고 · 양금 · 장고편』, 서울: 세광출판사, 1982.

_____,『한국악기대관』, 서울: 한국국악학회, 1969.

전통예술원(편),『조선후기 문집의 음악사료』, 서울: 한국예술종합학교 전통예술원, 2000.

정옥자,『조선후기 조선중화사상연구』, 서울: 일지사, 2001.

정재훈,『조선시대의 학파와 사상』, 성남: 신구문화사, 2008.

최석로,『민족의 사진첩 III』, 서울: 서문당, 1994.

代梓又,『四川扬琴史稿』, 上海: 上海音樂出版社, 2006.

利瑪竇(Matthew Ricci)(著), 羅漁(譯),『利瑪竇全集4』, 台北: 光啟出版社, 輔仁大學出版社, 1986.

_____, 金尼閣(Nicolas Trigault)(著), 何高濟, 王尊仲, 李申(譯),『利瑪竇中國札記』, 桂林: 廣

　　　西師範大學出版社, 2001.

李　坦, 劉立人, 陳應鐘,『揚州歷代詩詞(三)』, 北京: 人民文學出版社, 1998.

萬桐書(編),『維吾爾族樂器』, 烏魯木齊: 新疆人民出版社, 1986.

方寶璋, 鄭俊暉,『中國音樂文獻學』, 福州: 福建教育出版社, 2006.

傅崇矩,『成都通覽』, 成都: 巴蜀書社, 1987.

新疆維晉爾自治區文化廳十二木卡姆整理工作組,『十二木卡姆』, 北京: 音樂出版社 · 民族出版社, 1960.

楊蔭瀏,『中國古代音樂史稿』, 北京: 人民音樂出版社, 1981.

王耀華,『琉球御座樂與中國音樂』, 北京: 人民教育出版社, 2003.

＿＿＿＿,『三線藝術論』, 福州: 海峽文藝出版社, 1991.

李玲玲,『中國揚琴樂器法』, 上海: 上海音樂出版社, 2015.

中國民族管弦樂學會(編),『華樂大典 · 揚琴卷』, 文論篇, 上海: 上海音樂出版社, 2016.

中國藝術研究院音樂研究所(編),『中國樂器圖鑑』, 濟南: 山東教育出版社, 1992,

中國藝術研究院音樂研究所資料室(編),『中國音樂書譜志 先秦 - 1949年音樂書譜全目』, 北京: 人民音樂出版社, 1994.

中央音樂學院民族音樂研究所(編),『樂器改良參考資料彙刊』, 北京: 中央音樂學院 民族音樂研究所, 1956.

中央音樂學院中國音樂研究所(編),『民族樂器改良文集』, 北京: 音樂出版社, 1961.

加藤和秀,『ティームール朝成立史の研究』, 北海道: 北海道大学大学図書刊行会, 1999.

林謙三(著), 錢稻孫(譯),『東亞樂器考』, 上海: 上海書店出版社, 2013.

岸邊成雄(著), 郎櫻(譯),『伊斯蘭音樂』, 上海: 上海文藝出版社, 1983.

田邊尚雄(著), 陳清泉(譯),『中國音樂史』, 上海: 上海書店出版社, 1984.

David Kettlewell, *The Duicimer*, PhD diss., Loughborough University, 1976.

Ferdinand von Richthofen, *China : Ergebnisse eigener Reisen und darauf gegrüdeter Studien,* Berlin: Dietrich Reimer, 1877.

Paul M. Gifford, *The Hammered Dulcimer: A History*, Scarecrow Press, 2001.

Ready Reference and Index, *The New Encyclopædia Britannica in 30 Volumes*, William Benton, 15th Edition, 1974.

Stanley Sadie, *The New Grove Dictionary of Music and Musicians Volume 5,* Oxford University Press, 2001

＿＿＿＿＿＿, *The New Grove Dictionary of Music and Musicians Volume 7,* Oxford University Press, 2001.

＿＿＿＿＿＿, *The New Grove Dictionary of Music and Musicians Volume 10,* Oxford University Press, 2001.

＿＿＿＿＿＿, *The New Grove Dictionary of Music and Musicians Volume 20,* Oxford University Press, 2001.

4. 학술지 논문

김영운, 「洋琴 古樂譜의 記譜法에 關한 硏究 -『協律大成』洋琴譜의 時價記譜法을 中心으로」, 『한국음악연구』, 1986(15), 67-92.

_____, 「洋琴古樂譜의 三條標 解析에 關한 硏究 - 上靈山·細靈山·念佛도드리·打令에 基하여」, 『한국음악연구』, 1998(26), 115-148.

김우진, 「양금 수용 과정에 관한 연구」, 『한국음악연구』, 2009(46), 31-48.

송지원, 「朝鮮 中華主義의 음악적 실현과 淸文物 수용의 의의」, 『국악원논문집』, 1999(11), 231-250.

송혜진, 「조선 후기 중국 악기의 수용과 正樂문화의 성격 - 양금, 생황, 칠현금을 중심으로」, 『동양예술』, 2002(05), 127-142.

서인화, 「한국 양금 수용과 전승에 대한 세기별 고찰」, 『제8회 아시아·태평양 민족음악학회 국제학술회의 논문집』, 2003, 178-196.

안선희, 「양금의 기원과 유입에 관한 연구」, 『국악교육』, 2009(27), 185-210.

위 철, 「양금고악보 선·후 관계 연구」, 『생활문물연구』, 2002, 37-57.

윤은화·양미지, 「한국과 중국의 양금기보법 비교연구: 개량양금 기술표현체계 개발을 전제로」, 『음악과 문화』, 2015(32), 137-175.

이동복, 「『歐邏鐵絲琴字譜』와 『遊藝志』中 '洋琴字譜'의 比較硏究」, 『경북대논문집』, 1987(43), 105-150.

이상주, 「『慶壽圖帖』에 실린 申仲淹의 慶壽宴圖에 대한 고찰」, 『열상고전연구회』, 2015(47), 418-419쪽.

장사훈, 「歐邏鐵絲琴字譜의 해독과 평시조의 관계」, 『국악논고』, 1966, 314-332.

조석연, 「양금(딜시머)의 유형과 기원에 관한 연구」, 『한국음악사학보』, 2008(41), 131-148.

조유회, 「양금의 수용: 문헌으로 본 양금의 수용과 정착」, 『한국전통음악학』, 2005(6), 737-752.

_____, 「조선후기 실학자의 자주적 양악수용」, 『국악원논문집』, 2009(20), 217-158.

_____, 「한국 양금의 연주기법에 관한 연구」, 『한국음악사학보』, 2013(50), 319-349.

최선아, 「『歐邏鐵絲琴字譜』의 七調」, 『한국음악연구』, 2008(44), 215-231.

최윤진, 「19세기 초기 양금선율 연구 - 구라철사금자보(歐邏鐵絲琴字譜)·동대가야금보(東大伽倻琴譜)·동대금보(東大琴譜)의 '상령산'을 중심으로 -」, 『우리 춤과 과학기술』, 2016(35), 115-137.

賈曉莉, 「中國民族樂器(之二十四) 卡龍」, 『音樂生活』, 2015(12), 57.

桂習禮, 「中國揚琴之再造」, 『演藝設備與科技』, 2005(05), 42-49.

高賀傑, 「在改造與融合的"漩渦"中: 20世紀中葉中國的樂器改良 - 由1954、1959、1961年北京三次樂器改良會議說起」, 『中國音樂』, 2017(01), 83-94.

廓晴, 「我國第一部揚琴教材《琴學新編》的歷史價值」, 『中央音樂學院學報』, 2003(4), 92-104.

連晨曦, 「明代冊封琉球使臣的福州行跡」, 『三明學院學報』, 2016(33), 60-64.

劉安良, 「東北揚琴的衍生與發展」, 『交響·西安音樂學院學報』, 1991(02), 24-28.

劉音璇, 「點線相間 絲絲入扣 - 揚琴協奏曲《狂想曲》的技法處理及表現特徵」, 『天津音樂學院學報』, 2018(04), 81-90.

劉寒力,「東北揚琴學派的形成與發展」,『中國音樂』, 1998(01), 29-32.

李玲玲,「揚琴改革的歷史和思考」,『中國音樂』, 2014(01), 225-228.

李成渝,「四川揚琴宮調研究」,『中國音樂學』, 1992(01), 88-97.

李向陽,「揚琴記譜法改革淺談」,『當代戲劇』, 2006(05), 42-43.

_____,「揚琴起源諸說述評」,『中國音樂』, 2000(04), 75-76+51.

毛清芳,「揚琴歷史淵源與流變軌跡覓踪」,『交響 · 西安音樂學院學報』, 1998(03), 50-52.

潘 黎,「論揚琴的調律」,『樂府新聲 · 瀋陽音樂學院學報』, 2000(01), 57-58.

方 媛,「新疆揚琴的源流探考」,『昌吉學院學報』, 2012(5), 33-36.

卞秀峰,「江南絲竹對中國揚琴藝術影響之探究」,『音樂創作』, 2012(9), 127-129.

徐 治,「中國揚琴及其演奏藝術的發展沿革」,『運城學院學報』, 2003(04), 58-59.

徐平心,「中外揚琴的發展與比較[續]」,『樂器』, 1992(02), 11-15.

_____,「中外揚琴的發展與比較[續]」,『樂器』, 1992(03), 1-5.

_____,「中外揚琴的發展與比較[續]」,『樂器』, 1992(04), 8-11.

_____,「中外揚琴的發展與比較」,『樂器』, 1992(01), 7-10.

如 鐘,「揚琴溯源」,『樂器科技』, 1980(04), 29-30.

葉長海,「明清冊封使記錄的琉球演劇」,『文化遺產』, 2014(4), 87-99+158.

吳 瓊,「揚琴傳入中國考」,『歌海』, 2016(04), 58-65.

王 亮, 吳煥賢,「從三件外來的民族樂器看我國音樂傳統的發展」,『中國音樂』, 1999(03), 2-4.

王與昌,「杭州花調考略」,『杭州師範學院學報(社會科學版)』, 1989(05), 98-101.

王義茹,「揚琴在說唱音樂伴奏中的運用」,『山東師大學報(社會科學版)』, 1997(04), 108+111.

王 婕,「廣東音樂揚琴源流考述」,『黃河之聲』, 2016(19), 76-77.

張榮弟,「論揚琴伴奏藝術」,『中國音樂』, 1999(03), 66-67.

張志遠,「中國揚琴傳統流派比較研究」,『齊魯藝苑』, 2004(3), 46-50.

張翠蘭,「存見清代洋琴考述」,『人民音樂』, 2007(12), 50-52.

_____,「中國揚琴史料研究 - 江南"洋琴"稀見史料三則」,『南京藝術學院學報(音樂與表演版)』, 2011(02), 30-38.

_____,「清代政書所見洋琴資料叢考」,『中國音樂』, 2007(04), 133-138.

_____,「稀見清代洋琴史料二題」,『中國音樂』, 2006(03), 55-58.

_____,「稀見清詞中的洋琴史料」,『江蘇教育學院學報(社會科學版)』, 2007(06), 99-101.

_____,「『百戲竹枝詞』洋琴史料考釋」,『藝術百家』, 2007(01), 92-94+119.

_____,「續揚州竹枝詞』洋琴史料考釋」,『黃鐘 · 武漢音樂學院學報』, 2007(04), 65-71.

_____,「『清稗類鈔』洋琴史料考源」,『南京藝術學院學報(音樂與表演版)』, 2005(04), 45-49+64.

張 昊,「中樂西樂的婚嫁」,『省交樂訊』, 1996(59), 비지(扉紙).

田克儉,「談談中國揚琴的形成及發展」,『樂器』, 1998(02), 37-38.

錢偉宏,「揚琴演奏與京劇音樂的深度交織」,『戲曲藝術』, 2009(03), 100-102.

_____,「揚琴在呂劇發展演變中的作用與伴奏技巧研究」,『藝術教育』, 2018(03), 100-101.

_____, 「揚琴地方戲曲風格演奏技巧研究」, 『戲曲藝術』, 2013(04), 126-128.

鄭世連・張翠蘭, 「廣州濠畔街樂器作坊遺存洋琴輯考」, 『藝術百家』, 2009(25), 167-173.

_____, 「清代方誌所見洋琴史料叢考」, 『中央音樂學院學報』, 2008(02), 101-108.

_____, 「『清稗類鈔・音樂類・洋琴』考略」, 『交響・西安音樂學院學報』, 2009(04), 44-47.

程宗駿, 「蘇劇發展史考」, 『中華戲曲』, 1997(1), 194-211.

趙艷芳, 「揚琴在中國發展的文化機理」, 『中國音樂學』, 2001(01), 104-110.

周景春, 「揚琴在山東琴書中的伴奏藝術特色」, 『菏澤學院學報』, 2011(03), 106-111.

周菁葆, 「絲綢之路上的揚琴(上)」, 『樂器』, 2010(01), 58-61.

_____, 「絲綢之路上的揚琴(下)」, 『樂器』, 2010(02), 60-63.

_____, 「絲綢之路上的揚琴源流考」, 『中國音樂』, 2010(02), 13-18+26.

陳鳳蘭, 「揚琴在二人台音樂中的藝術表現」, 『音樂創作』, 2008(06), 149-150.

陳鳳玲, 「也談揚琴演奏中的記譜法問題」, 『樂府新聲・瀋陽音樂學院學報』, 1998(04), 23-25.

陳正生, 「鄭覲文與20世紀初民族樂器改革」, 『演藝設備與科技』, 2008(01), 3-7.

楚 音, 「我國民族樂器創新成果"電聲多功能揚琴"」, 『湖南師範大學社會科學學報』, 1988(02), 128.

肖子博, 「揚琴採用雙側調音的優勢分析」, 『樂器』, 2018(12), 19-21.

馮之餘, 「明代"隆慶開放"與海上貿易發展」, 『社科縱橫』, 2008(2), 139-141.

項祖華, 「世界揚琴三大體系」, 『演藝設備與科技』, 2005(9), 38-41.

_____, 「揚琴技法分類、術語、符號規範化之我見」, 『中央音樂學院學報』, 1985(01), 60-64.

_____, 「揚琴的源流及其發展」, 『中國音樂』, 1981(03), 30-32.

胡運籍, 斯爾古楞, 「揚琴・洋琴」, 『樂器科技』, 1979(04), 50.

矢野輝雄(著), 金秋(譯), 「琉球對中國音樂的吸收」, 『中國音樂』, 1994(4), 54-56.

Erich M. von Hornbostel and Curt Sachs, Classification of Musical Instruments: Translated from the Original German by Anthony Baines and Klaus P. Wachsmann. *The Galpin Society Journal* Vol. 14, 1961. pp. 3-29.

5. 학위 논문

고영미, 「구라철사금자보와 현행양금보의 비교 연구: 영산회상 상령산의 선율을 중심으로」, 단국대학교 석사학위 논문, 2000.

구은희, 「洋琴 古樂譜의 旋律에 關한 硏究: 靈山會相中 上靈山을 中心으로」, 경북대학교 석사학위논문, 2008.

김아름낭, 「『黑紅琴譜』와 현행 『正樂洋琴譜』의 선율 비교에 관한 연구: 『黑紅琴譜』中 下絃을 중심으로」, 경북대학교 석사학위논문, 2015.

김은경, 「서공철류 양금 산조와 가야금 산조에 관한 연구」, 이화여자대학교 석사학위논문, 2007.

김은자, 「朝鮮時代 使行을 통해 본 韓·中·日 音樂文化」, 한국학중앙연구원 박사학위논문, 2011.

도희주, 「羽調 初數大葉의 旋律 比較 研究: 洋琴 古樂譜를 中心으로」, 경북대학교 석사학위논문, 2013.

박민정, 「『방산한씨금보』 영산회상 가야금과 양금의 선율비교」, 이화여자대학교 석사학위논문, 2006.

설보라, 「양금 고악보에 수록된 영산회상 종지선율 연구」, 서울대학교 석사학위논문, 2009.

손경남, 「양금과 가야금의 旋律比較: 靈山會上과 千年萬歲에 基하여」, 이화여자대학교 석사학위논문, 1990.

송승은, 「박위철 작곡 "개량 양금과 25현 가야금을 위한 '한오백년'"분석: 양금 선율을 중심으로」, 중앙대학교 석사학위논문, 2005.

안선희, 「양금의 한국 유입에 관한 고찰」, 영남대학교 석사학위논문, 2008.

안소현, 「양금 조현법과 기보에 대한 역사적 고찰」, 한국학중앙연구원 석사학위논문, 2019.

원우가, 「중국양금과 비교를 통한 한국양금의 발전 방향 연구 - 연주기법을 중심으로 - 」, 중앙대학교 석사학위논문, 2012.

윤은화, 「중국 양금 연습 99수 연주 기법 연구: 黃河著 연습 교본을 중심으로」, 중앙대학교 석사학위논문, 2015.

이서윤, 「별곡의 해금과 양금 선율형태 비교」, 이화여자대학교 석사학위논문, 2016.

이수은, 「현행 與民樂의 가야금과 양금 선율 비교 분석」, 이화여자대학교 박사학위논문, 2015.

이시원, 「20세기 전기 양금 교육 및 연주 양상」, 한국예술종합학교 석사학위논문, 2020.

임은정, 「영산회상의 양금 선율 비교 연구: 1930년대 고음반과 현행 가락을 중심으로」, 한양대학교 석사학위논문, 2003.

전홍도, 「한국 전통양금과 개량양금, 북한양금, 중국양금의 비교: 북한양금을 중심으로」, 부산대학교 석사학위논문, 2006.

정　진, 「현행 步虛詞의 가야금과 양금 선율 비교 연구」, 경북대학교 석사학위논문, 2018.

홍선숙, 「이종구 작곡 〈서역향〉 분석연구: 양금연주법을 중심으로」, 한양대학교 석사학위논문, 2005.

홍순욱, 「20세기 정간보 기보체계 형성 연구」, 서울대학교 박사학위논문, 2018.

郭蕾華, 「揚琴在淸代的傳播與接受」, 武漢音樂學院 碩士學位論文, 2012.

塗　贊, 「中國揚琴四大流派風格的比較」, 湖南師範大學 碩士學位論文, 2015.

藍綺文, 「呂文成對廣東揚琴發展的貢獻與思考」, 中國音樂學院 碩士學位論文, 2012.

梁嘉桐, 「中國揚琴伴奏藝術」, 哈爾濱師範大學 碩士學位論文, 2016.

梁江歌, 「論中國揚琴伴奏藝術」, 南京師範大學 碩士學位論文, 2002.

呂文怡, 「中國揚琴傳統流派差異特徵研究」, 河北師範大學 碩士學位論文, 2009.

連　贇, 「論中國揚琴形制的演變」, 南京藝術學院 碩士學位論文, 2003.

劉月寧, 「廣東音樂的揚琴演奏藝術」, 中央音樂學院 碩士學位論文, 1994.

劉海玲, 「沙勿略遠東傳敎活動的硏究」, 浙江大學 博士學位論文, 2015.

李　陽, 「明末淸初中國揚琴形成學說與流變軌跡探索」, 西安音樂學院 碩士學位論文, 2017.

李銀珠, 「韓國揚琴的傳統和演變」, 中國音樂學院 碩士學位論文, 2011.

傅　瑜, 「揚琴的傳入與流變」, 四川師範大學 碩士學位論文, 2012.

蘇遠尚, 「山東呂劇調查與研究」, 山西師範大學 碩士學位論文, 2010.

孫　雪, 「淺論揚琴在山東琴書中的地位和作用」, 西安音樂學院 碩士學位論文, 2012.

楊　佳, 「揚琴中國化研究」, 中國音樂學院 博士學位論文, 2016.

楊奕坤, 「梅花大鼓中的揚琴伴奏研究」, 天津音樂學院 碩士學位論文, 2016.

吳　瓊, 「清代揚琴考」, 武漢音樂學院 碩士學位論文, 2013.

吳　迪, 「粵派揚琴音樂之變遷」, 星海音樂學院 碩士學位論文, 2009.

王　楊, 「揚琴藝術在北京的發展史研究」, 首都師範大學 碩士學位論文, 2007.

王　珍, 「揚琴流派再研究」, 山西大學 碩士學位論文, 2006.

王　婕, 「論中國揚琴伴奏藝術」, 西安音樂學院 碩士學位論文, 2009.

張劍婷, 「山西地方劇種中的揚琴」, 山西大學 碩士學位論文, 2009.

張　莉, 「新疆揚琴研究」, 西北師範大學 碩士學位論文, 2008.

張　敏, 「江南絲竹音樂對揚琴發展的影響」, 山西大學 碩士學位論文, 2009.

張倩楠, 「東北揚琴發展歷程研究」, 哈爾濱師範大學 碩士學位論文, 2015.

張　欣, 「蘇劇伴奏音樂中的揚琴演奏研究」, 蘇州科技大學 碩士學位論文, 2017.

鄭曉俐, 「晚明戲曲評本《六合同春》研究」, 浙江師範大學 碩士學位論文, 2017.

曹夢琪, 「民族音樂文化視域下東北揚琴藝術流派風格研究」, 吉林大學 碩士學位論文, 2017.

鐘　珊, 「論江南絲竹樂中的揚琴音樂」, 西安音樂學院 碩士學位論文, 2012.

周少婧, 「從"洋琴"到"揚琴" - 揚琴中國化的成因分析研究」, 上海音樂學院 碩士學位論文, 2010.

肖銀芬, 「中國揚琴傳統流派比較研究」, 西北師範大學 碩士學位論文, 2007.

馮長春, 「20世紀上半葉中國音樂思潮研究」, 中國藝術研究院 博士學位論文, 2005.

6. 기타자료

MIMO 현상 악기 박물관: https://www.mimo-international.com

국립국악원: http://www.gugak.go.kr

국립중앙박물관 e뮤지엄: http://emuseum.go.kr

영국 대영박물관: https://www.britishmuseum.org

중국 무한음악학원: http://www.whcm.edu.cn

중국 新疆維吾爾自治區 阿克蘇博物館: http://www.aksmuseum.com

중국 호남성 박물관: http://www.hnmuseum.com

현재 국내외 소장 한국 양금

시기	모양	사진	구조 특징	소장지 /출처
19 세기	사다 리꼴		현수: 56줄, 4가닥 한 벌로 총 14현 괘: ㅇ형 목제 브래킷(상단 연결), 2개 공명상자: 위가 좁고 아래가 넓은 사다리꼴 음위: ? 기타: 뚜껑, 2금채	뉴욕 메트로폴리탄 미술관 (재고 번호: 1979.202)
19 세기	사다 리꼴		현수: 56줄, 4가닥 한 벌로 총 14현 괘: ㅇ형 목제 브래킷(상단 연결), 2개 공명상자: 위가 좁고 아래가 넓은 사다리꼴 음위: ? 기타:	뉴욕 메트로폴리탄 미술관 (재고 번호: 89.4.148)

---

1 이 양금 괘 옆에 율자보로 기록된 음위가 19개 있는데 좌괘 우측의 음위와 우괘의 음위도가 새롭게 만들었으니 이 양금의 실제 음위를 알 수 없다고 본다. 특히 우괘의 음위도는 실제 양금 우괘의 음위와 다르게 나타난다. 또한, 이 양금의 유래는 "1994년 대전향토사료관에 일괄기증되어 대전광역시시립박물관로 이관된 유물로 유물에 대한 자세한 사항은 기록되어있지 않음"(2020년 1월 28일, 대전광역시시립박물관 이메일으로 알려주셨음)인 것이라서 대전광역시시립박물관로 이관할 때 이미 있었던 음위 표기라고 본다. 언제 누가 만들었는지를 자세히 확인할 수 없다고 본다.

시대	명칭	사진	세부사항	소장처
?	사다리꼴		현수: 56줄, 4가닥 한 벌로 총 14현 괘: ? 공명상자: 위가 좁고 아래가 넓은 사다리꼴 음위: ? 기타: 뚜껑	음악의 도시 파리 필하모니 (재고 번호: E.1598)
?	사다리꼴		현수: 56줄, 4가닥 한 벌로 총 14현 괘: ㅇ형 목제 브래킷(상단 분리), 2개 공명상자: 위가 좁고 아래가 넓은 사다리꼴 음위: ? 기타: 뚜껑, 금채 1개	베를린 구 국립미술관 (재고 번호: VII c 280 a, b)
?	사다리꼴		현수: 56줄, 4가닥 한 벌로 총 14현 괘: 2개 공명상자: 위가 좁고 아래가 넓은 사다리꼴 음위: ? 기타: 뚜껑, 2금채	베를린 구 국립미술관 (재고 번호: 2011.210)
조선	사다리꼴		현수: 56줄, 5가닥 한 벌로 총 14현 괘: ㅇ형 목제 브래킷(상단 연결), 2개 공명상자: 위가 좁고 아래가 넓은 사다리꼴 음위: 률자보로 표시된 음위 19개[1] 기타:	대전광역시 시립박물관 (재고 번호: 향사역민기증 662)

		현수: 56줄, 4가닥 한 벌로 총 14현	
광복 이후	사다 리꼴	괘: ㅇ형 목제 브래킷(상단 연결), 2개	세계민속악기 박물관 (재고 번호: 영월전시관 88)
		공명상자: 위가 좁고 아래가 넓은 사다리꼴	
		음위: ?	
		기타: 뚜껑	
?	사다 리꼴	현수: 56줄, 4가닥 한 벌로 총 14현	국립국악원 (재고 번호: 기증 1269)
		괘: ㅇ형 목제 브래킷(상단 연결), 2개	
		공명상자: 위가 좁고 아래가 넓은 사다리꼴	
		음위: ?	
		기타:	
?	사다 리꼴	현수: 56줄, 4가닥 한 벌로 총 14현	국립국악원 (재고 번호: 보유 460)
		괘: ㅇ형 목제 브래킷(상단 연결), 2개	
		공명상자: 위가 좁고 아래가 넓은 사다리꼴	
		음위: ?	
		기타: 뚜껑	
조선	사다 리꼴	현수: 56줄, 4가닥 한 벌로 총 14현	국립민속박물관 (재고 번호: 민속 5121)
		괘: ㅇ형 목제 브래킷(상단 연결), 2개	
		공명상자: 위가 좁고 아래가 넓은 사다리꼴	
		음위: ?	
		기타: 뚜껑	

	사다리꼴		현수: 42줄, 3가닥 한 벌로 총 14현	국립민속박물관 (재고 번호: 민속 87573)
			괘: ㅁ형 목제 브래킷(상단 분리), 2개	
			공명상자: 위가 좁고 아래가 넓은 사다리꼴	
			음위: ?	
			기타: 서랍, 뚜껑	
?	사다리꼴		현수: 56줄, 4가닥 한 벌로 총 14현	국립민속박물관 (재고 번호: 민속 32235)
			괘: ㅇ형 목제 브래킷(상단 연결), 2개	
			공명상자: 위가 좁고 아래가 넓은 사다리꼴	
			음위: ?	
			기타: 뚜껑	
?	사다리꼴		현수: 56줄, 4가닥 한 벌로 총 14현	국립민속박물관 (재고 번호: 민속 32400)
			괘: ㅇ형 목제 브래킷(상단 연결), 2개	
			공명상자: 위가 좁고 아래가 넓은 사다리꼴	
			음위: ?	
			기타: 뚜껑	
?	사다리꼴		현수: 56줄, 4가닥 한 벌로 총 14현	국립중앙박물관 (재고 번호: 신수 4058)
			괘: ㅇ형 목제 브래킷(상단 연결), 2개	
			공명상자: 위가 좁고 아래가 넓은 사다리꼴	
			음위: ?	
			기타: 뚜껑	

일제 강점기	사다 리꼴		현수: 56줄, 4가닥 한 벌로 총 14현	경운박물관 (재고 번호: 4949)
			괘: ㅇ형 목제 브래킷(상단 연결), 2개	
			공명상자: 위가 좁고 아래가 넓은 사다리꼴	
			음위: ?	
			기타: 뚜껑	
일제 강점기	사다 리꼴		현수: 56줄, 4가닥 한 벌로 총 14현	경운박물관 (재고 번호: 4948)
			괘: ㅇ형 목제 브래킷(상단 연결), 2개	
			공명상자: 위가 좁고 아래가 넓은 사다리꼴	
			음위: ?	
			기타: 뚜껑	

찾아
보기

동아시아 양금사

초판1쇄 발행 2024년 9월 30일

지은이 학영광
펴낸이 홍종화

주간 조승연
편집 · 디자인 오경희 · 조정화 · 오성현
　　　　　　　 신나래 · 박선주 · 정성희
관리 박정대

펴낸곳 민속원
창업 홍기원
출판등록 제1990-000045호
주소 서울 마포구 토정로25길 41(대흥동 337-25)
전화 02) 804-3320, 805-3320, 806-3320(代)
팩스 02) 802-3346
이메일 minsokwon@naver.com
홈페이지 www.minsokwon.com

ISBN　　978-89-285-2054-1　94900
S E T　　978-89-285-0359-9　94080